영남대학교

인문학

육성총서

• • • 25

저자 소개

주형일

서울대학교 언론정보학과를 졸업하고 프랑스 파리 5대학교와 1대학교에서 공부했다. 현재 영남대학교 언론정보학과 교수로 재직 중이다. 주요 저서로는 『사진과 죽음』, 『영상커뮤니케이션과 기호학』, 『랑시에르의 무지한 스승 읽기』, 『문화연구와 나』, 『영상미디어와 사회』, 『이미지를 어떻게 볼 것인가?』, 『미디어학교』, 『이미지가 아직도 이미지로 보이니?』, 『똑똑한 이상한 꿈틀대는 뉴미디어』 등이 있다. 『문화의 세계화』, 『일상생활의 혁명』, 『중간예술』, 『미학 안의 불편함』, 『가장 숭고한 히스테리환자』, 『정치실험』 등을 번역했다.

미디어와 성 - 사회생물학에서 여성혐오까지

초판 발행 2020년 9월 15일
저자 주형일
디자인 정재완
펴낸곳 영남대학교출판부
펴낸이 서길수
출판등록 1975년 9월 5일 경산 제16-1호
주소 경북 경산시 대동 214-1
전화 053) 810-1801~3
FAX 053) 810-4722
홈페이지 book.yu.ac.kr

ISBN 978-89-7581-819-6 93070

이 도서의 국립중앙도서관 출판예정도서목록(CIP)은
서지정보유통지원시스템 홈페이지(http://seoji.nl.go.kr)와
국가자료종합목록 구축시스템(http://kolis-net.nl.go.kr)에서
이용하실 수 있습니다. (CIP제어번호 : CIP2020037492)

미디어와 성

-사회생물학에서 여성혐오까지

주형일 지음

영남대학교 출판부

"가장 단순한 초현실주의적 행위는 양손에 권총을 들고 거리로 내려가 군중 속으로, 힘이 미치는 한, 무턱대고 총알을 쏘아대는 데 있다. 아직도 시행 중인 예속화와 우민화의 친절한 제도와 이런 식으로 끝장을 내겠다는 생각을, 최소한 한 번만이라도 품어 보지 않은 자는 이 군중 속에서 아주 눈에 띄는 자리를 차지하고 총구의 높이에 배를 내밀고 있다."

앙드레 브르통. 『초현실주의 제2선언』1930

서론

성性은 매우 폭넓은 영역의 다양한 개념과 양태, 태도, 행위 등을 가리키는 용어로 어떤 영역을 다루느냐에 따라 완전히 다른 의미로 사용된다. 생물학적 성별을 의미할 수도 있고, 사회적으로 규정된 성별을 의미할 수도 있으며 육체적인 성관계를 의미할 수도 있다. 또한 성에 대한 태도나 감정, 가치관 등의 성적 지향성을 의미할 수도 있다. 이런 다양한 의미들을 분별하기 위해 생물학적 성이나 성행위를 지시하는 섹스sex, 사회적으로 규정된 성별을 지시하는 젠더gender, 성적 지향성을 의미하는 섹슈얼리티sexuality 등의 외래어를 사용하기도 한다. 영어를 잘 모르는 사람이 처음 해외여행시 입국할 때 작성하는 서류에 기재된 'sex'라는 항목에 부끄러운 마음으로 '0'이라고 적었다는 우스갯소리가 있을 정도로 성은 은밀하고 사적인 영역에서부터 공적인 영역에 이르기까지 우리 삶의 곳곳에서 다양한 방식으로 이해되고 실천된다.

성은 다양한 영역에 걸쳐 있으며 각 영역이 독립되어있지 않고 매우 복잡하게 얽혀 있기에 서로 다른 여러 관점에서 접근되고 거론되면서 더욱 많은 오해와 갈등을 일으키는 경향이 있다. 특히 생물적 요인에 의해 발생하는 성의 문제와 사회적 요인에 의해 발생하는 성의 문제를 명확히 분리하기 곤란하다는 점이 성과 관련된 이야기를 더욱 어렵게 만든다. 남성이 여성에게 성욕을 느끼는 것이 생물적인 현상인가 아니면 사회적인 현상인가? 여성이 모성애를 가지는 것은 자연적인 현상인가 아니면 문화적 현상인가? 간단해 보이는 이런 질문들에 대한 답변과 관련해 수많은 논쟁이 벌어진다.

성이 대체로 은밀한 사생활의 활동으로 이해된다는 점도 문제를 복잡하게 만든다. 성과 관련된 정보를 공개하는 것은 부끄러운 일이거나 사회적 규범에 어긋나는 일로 이해되기 때문에 성 문제를 은폐하는 경향이 있다. 공공장소에서 성기를 드러내고 나체로 돌아다니는 것은 대부분의 사회에서 금기시된다. 성행위는 사적인 공간에서만 허용되는 극히 개인적인 행위이다. 성적인 묘사나 성욕의 표현도 사회적으로 규제를 받는다. 성은 누구나 갖고 태어나는 자연적인 것이지만 성이 표현되는 양태들에 대해서는 사회적 의미가 부여되면서 어떤 양태는 허용되거나 심지어 찬양되고 다른 양태는 금지되거나 억압된다. 성에 대한 허용과 금지는 시대와 사회, 문화에 따라 다르게 나타나기 때문에 성을 둘러싼 논란은 더욱 커진다.

성을 직접 다루는 포르노그래피는 모든 사회에서 발생하는 성과 관련된 논란의 한복판에 있는 대표적 표현물이다. 포르노그래피처럼 노골적으로 성을 다루지는 않지만 다양한 방식으로 성을 재현하는 미디어 콘텐츠도 성에 대한 논쟁의 불씨를 제공한다. 현대사회를 지배하는 각종 미디어는 사회적 규범을 표현하고 생산하며 재생산하는 텍스트를 제공하는 대표적인 담론 장치이다. 담론은 다양한 언어의 사용을 통해 발생하는 의미와 행위의 복합체라고 할 수 있다. 사회에서 형성되는 담론은 세상에 존재하는 사물과 사건에 대해 의미를 부여함으로써 사람들의 의식과 행위에 큰 영향을 미친다. 각종 미디어가 생산하는 성에 대한 다양한 콘텐츠는 성을 묘사하고 재현하는 과정을 통해 성을 특정한 방식으로 분류하고, 분류된 성에 특정한 의미를 부여한다. 이 미디어들은 사회적 제도와 경제적 조직의 형태로 운영되기 때문에 그 자체로 자신이 속한 사회의 담론에 의해 규정되는 산물이며, 사회의 담론 구조를 반영하는 콘텐츠 생산자의 역할을 한다. 따라서 미디어가 성을 재현하는 방식을 분석하는 것은 성에 대한 사회적 담론이 어떤 방식으로 구성되어 있는지를 파악할 수 있는 길이다.

이 책은 미디어가 성을 재현하면서 성에 대한 의미를 부여하고 사회적 담론을 만드는 방식을 분석하면서 한국 사회의 성 담론이 어떻게 구성되고 변화되는지를 보여주려는 목적을 갖고 만들어졌다. 이 책에서 나는 그동안 한국 사회에서 잘 다뤄지지 않았던 포르노그래피를 분석함으로써 성을 재현한다는 것이 갖는 의미에 대해 생각해 보고자 했다. 이 책은 미디어가 성을 재현하는 문제가 결국 젠더와 섹슈얼리티를 둘러싼 권력 관계를 중심으로 구성되고 있음을 보여준다. 여성혐오와 성차별에 대한 사회적 논의가 어느 때보다 활발한 상황에서 이 책이 여성차별주의를 극복하고 성 해방과 성 평등을 이룰 수 있는 방법에 대해 모두가 성찰하는 시간을 갖는 데 도움이 되기를 바란다.

차례

4장. 포르노와 여성

5장. 섹슈얼리티의 정치학

6장. 이성애와 낭만적 사랑

7장. 디즈니 애니메이션과 젠더

8장. 한국영화의 젠더 재현

1장

성과 사회

1. 성 개념의 복잡성

성은 인간을 구성하는 핵심적 요소 중의 하나이다. 성은 인간의 생산과 재생산을 가능하게 만드는 근본적 장치이면서 인간의 정체성을 만들어내는 기본 요소이다. 이것은 성이 생물적이면서 동시에 문화적이라는 것을 의미한다. 성은 인간의 육체를 구성하는 결정적 요소이면서 인간의 정신을 지배하는 토대이다. 성은 인간을 구분하고, 성에 의해 구분된 인간들 사이의 관계를 통해 사회가 구성된다.

인간은 특별한 경우가 아닌 이상 남성과 여성, 두 가지 성 중의 하나를 갖고 태어난다. 남성과 여성의 구분은 생식기의 차이에 의해 가시적으로 드러나며 염색체나 호르몬 등의 생물학적 요소들의 차이에 의해 남성과 여성의 신체 내부에서는 서로 다른 생리적 활동이 일어난다. 이렇게 2차 성징이 발현되면서 남성과 여성은 비교적 뚜렷이 구분되는 육체를 갖게 된다. 2차 성징을 통해 드러난 육체의 특징들은 성적 욕망을 자극하는 매력으로 작동하기 때문에 개인은 신체적 특징들을 부각하고 강조하는 방식으로 몸을 꾸미게 된다. 개인이 자신의 몸을 꾸미는 방식은 사회적으로 관습화되면서 개인의 성 정체성을 가시적으로 드러내는 기능을 한다.

개인의 성 정체성을 기반으로 형성되는 성적 욕망은 성행위로 이어지고 성행위의 결과로 임신과 출산을 통한 인간의 재생산이 가능해진다. 이 재생산 과정을 사회적으로 통제하기 위해 결혼과 같은 다양한 제도들이 발명되고 남성과 여성의 사회적 역할을 구분하는 담론들이 규범이 되면서 사람들의 행동을 구속하고 통제한다. 이렇게 해서 성이라는 단순한 생물적인 현상이 지극히 문화적인 의미와 효과를 가진 것이 된다.

성이 생물적인 현상이면서 동시에 문화적인 산물이라는 점은 우리가 성을 이해하고 활용하는 방식에 근본적인 영향을 미친다. 우선 성에 대해 접근하는 방식이 크게 둘로 나뉜다. 하나는 생물학적 접근이고 다른 하나는 사회과학적 접근이다. 이 두 가지 접근방식은 상호 보완적이라기보다는 대개는 서로 대립하면서 상대에 대해 비난하고 공격하는 모습을 보인다. 예를 들어, 여성의 정체성과 관련해 여성으로 태어난다고 보는 관점과 여성으로 만들어진다는 관점은 양립할 수 없는 것처럼 보인다. 여성으로 태어난다고 말할 경우, 우리는 여성의 정체성이 생리적 요소들에 의해 선천적으로 결정된다고 본다. 태어날 때 생식기의 모습이 이미 결정되어 있듯이 여성의 정체성은 여성 자신의 후천적 경험과는 관계없이 기본적인 방향성을 갖고 있다고 이해된다. 반면에 여성으로 만들어진다고 말하는 경우, 여성의 정체성은 사회문화적으로 부여되는 것이다. 생식기의 모습과 관계없이 어떤 사람이 남성이나 여성처럼 생각하고 말하고 행동하는 것은 후천적인 교육을 통해 만들어진다고 이해된다.

첫 번째 관점에서 보면, 임신과 출산을 하는 여성이 모성애를 갖고서 육아에 적합한 태도와 행동을 보이는 것은 자연스러운 일이다. 생리적인 이유로 여성은 관계 지향적인 태도를 갖고서 타인을 배려하고 돌봐주는 행동을 취하기 때문에 가정 안에서 구성원들을 돌보는 가사노동에 더 적합하다. 하지만 두 번째 관점에서 보면, 여성이 육아나 가사노동에 적합해 보이는 태도와 행동을 보여주고 타인을 위한 돌봄 노동에 친화적인 모습을 보이는 것은 여성의 정신이 선천적으로 그렇게 프로그램되어 있기 때문이 아니라 사회문화적으로 여성에게 그런 태도와 행동을 교육하고 강요하기 때문이다. 여성은 사회문화적 교육과 규범적 압력을 통해 가사노동과 돌봄 노동에 특화된 자세를 받아들인다.

첫 번째 관점의 생각은 인류의 오랜 역사를 통해 거의 모든 사회에서 지배적인 위치를 차지하면서 큰 영향을 끼쳐 왔다. 두 번째 관점의 생각은 20세기 이후 여성의 인권과 사회적 권리에 대한 관심이 증가하는 가운데 첫 번째 관점의 생각에 대항하면서 자리를 잡아 왔다. 특히 20세기 이후 발달한 사회과학이 두 번째 관점의 생각에 대한 이론적 근거들을 제공했기 때문에 인간의 정체성 문제를 생리적인 요인이 아닌 사회문화적 요인을 바탕으로 이해하려는 경향이 확산되었다. 그런데 최근 들어 생물학, 의학, 뇌과학 등의 자연과학이 크게 발달하면서 인간의 성과 관련해 유전적이고 생리적인 요인들이 결정적 역할을 한다는 주장들이 증가하고 있다. 사회생물학, 진화심리학 등을 중심으로 제기된 이런 주장들은 격렬한 반대와 공격을 받으면서 논쟁을 발생시키고 있다. 따라서 미디어와 성에 대한 본격적인 논의를 전개하기에 앞서 인간의 성과 관련해 사회생물학과 진화심리학에서 하는 주장들과 이에 반박하는 주장들에 대해 알아보고 우리가 어떤 입장을 취하는 것이 좋을지에 대해 알아보는 것이 좋을 것이다.

2. 사회생물학

진화론이 인간과 사회를 이해하는데 있어서 중요한 이론으로 자리를 잡게 된 것은 1859년 찰스 다윈Charles Darwin이 『종의 기원』을 출간하면서부터이다. 다윈 이전에도 라마르크Jean-Baptiste Lamarck가 용불용설을 주장하는 등 진화에 대한 생각들이 존재했지만, 다윈은 진화가 자연선택에 의한 무작위적 결과라는 점을 밝힘으로써 사회에 큰 충격을 주었다. 라마르크의 진화론에 따르면 진화는 생물의 의식적인 노력이 축적된 결과이기에 인간은 의식적인 노력을 통해 진화된 우월한 종이 될 수 있지만, 다윈의 진화론에 따르면 인간은 우발적인 자연선택의 결과로 등장하기에 다른 생물체와 별 차이가 없는 종이 되기 때문이다.

다윈이 주장한 자연선택에 의한 진화는 한 생물체 집단에서 다양한 변이에 의해 나타난 개체들 중에서 주어진 환경에 잘 적응할 수 있는 형질을 가진 개체가 다른 개체들보다 더 많이 살아남아 그 형질을 후손에게 유전시키는 방식으로 일어난다. 생명체의 노력에 의해 획득된 형질은 다음 세대로 유전될 수 없고 단지 무작위적인 돌연변이에 의해 생긴 형질들 중에서 자연에 의해 선택되는 것만이 유전된다. 이렇듯 우연히 환경에 잘 적응할 수 있는 형질을 갖게 된 개체가 살아남아 그 형질을 후손에게 물려주면서 진화가 일어나기 때문에 인간도 결국은 우연의 산물인 셈이다. 이런 이유로 다윈의 진화론에는 생명체가 시간이 지남에 따라 더 나은 상태로 단선적으로 발전한다는 진보의 개념이 없다고 할 수 있다. 자연에 의해 선택되어 환경에 잘 적응한 개체가 번식에 성공하기 때문에 결과적으로는 멸종한 개체들보다는 더 우수한 종처럼 보일 수 있지만, 그 개체가 더 나은 방향으로 나아가는 진보적 운동의 결과로 등장한 것은 아니다.

그러나 다윈의 진화론은 당시 사람들에 의해 다른 방식으로 수용되었다. 진화론이 등장한 19세기는 자본주의가 발달하면서 유럽의 강대국들이 해외 시장을 확보하기 위해 아시아와 아프리카 등에 식민지를 만들기 시작한 제국주의의 시기였다. 새롭게 등장한 경제학, 인류학, 사회학 등의 사회과학이 원활한 식민지배를 위해 이용되었다. 다윈의 진화론은 당시 등장한 사회진화론과 결합하면서 제국주의 국가의 식민지배를 정당화하는 데 사용되었다. 19세기 중반 허버트 스펜서Herbert Spencer와 같은 사회학자는 사회진화론을 내세우면서 생물체와 마찬가지로 사회도 단순한 상태에서 복잡한 상태로 진화할 뿐만 아니라 적자생존의 원칙이 사회에도 적용된다고 주장했다. 이에 따르면, 더 진화된 우월한 사회가 진화의 아래 단계에 위치한 열등한 사회를 지배하는 것은 자연스러운 일이 된다. 즉, 진화를 진보라는 관점에서 이해하고 인종과 사회들 사이의 우열을 나누고 더 진보한 인종과 사회가 그렇지 못한 인종과 사회를 지배하는 것을 당연시한 것이다. 다윈의 진화론과는 달리 사회진화론은 사회가 단순한 구조에서 복잡한 구조로, 야만의 상태에서 문명의 상태로 진보한다고 보고 서구의 제국주의 국가들에 의한 제3세계 국가들의 식민지배를 정당화했다.

사회진화론은 적자생존의 원칙을 인간에게도 적용했다. 게으르고 열등한 사람은 도태할 수밖에 없고 부지런하고 우수한 사람만이 살아남는 것이 자연스러운 일이기 때문에 사회가 발달하기 위해서는 우수한 지능과 뛰어난 신체 능력을 가진 사람들을 중심으로 사회를 구성하는 것이 좋다는 생각이 사회진화론과 함께 확산되었다. 대표적인 것이 유전학적으로 더 우수한 인간을 만들기 위해 필요한 조건과 요인 등을 연구하는 우생학이다. 찰스 다윈의 외사촌형인 인류학자 프랜시스 골턴Francis Galton은 1869년 『유전적 천재Hereditary Genius』에서 인류의 발전을 위해서는 열등한 자질을 가진 인간의 출생률을 낮추고 우수한 자질을 가진 인간의 출생률을 높여야 한다고 주장했다. 신체적, 정신적 결함이나 질병을 가진 사람들이 후손을 갖지 못하도록 사회적으로 강제해야 한다는 것이다. 이에 따라 미국과 유럽에서는 장애인, 범죄자, 흑인이나 유색인종을 강제로 거세하는 일이 벌어졌다. 우생학이나 사회진화론이 만들어낸 가장 비극적이고 극단적인 사건은 바로 제2차 세계대전 동안 독일의 나치에 의해 자행된 소수민족의 체계적인 학살이다. 나치는 건강한 독일 사회를 만들기 위해 아리아인의 순수 혈통을 보존하고 열등한 인간을 제거한다는 명목으로 유대인, 집시, 장애인, 동성애자 등을 수용소에서 대량 학살했다.

우생학과 사회진화론은 남성과 여성의 우열관계를 정당화하는 논거로도 사용되었다. 19세기에는 우생학의 진단 방법으로 인체측정이 이뤄졌다. 특히 두개골의 크기는 인종, 계급, 성에 따른 인간의 우열을 측정할 수 있는 믿을 만한 기준으로 여겨졌다. 프랑스의 의사이자 인류학자 폴 브로카Paul Broca, 1861는 두개골과 뇌에 대한 연구를 통해 지능과 뇌 용량 사이에는 직접적인 상관관계가 있다고 주장하면서 보통 사람들보다 뛰어난 능력을 갖춘 사람이, 노인보다는 장년의 성인이, 여성보다는 남성이 뇌 용량이 더 크다고 말했다. 여성은 자연적으로 남성보다 열등한 지능을 가진 것으로 간주된 것이다.

군중심리에 대한 연구로 유명한 프랑스 사회학자 귀스타브 르 봉Gustave Le Bon은 『인간 진화의 심리학적 법칙Les Lois psychologiques de l'évolution des peuples』에서 여성의 열등함에 대해 다음과 같이 말한다. "열등한 민족 안에서 또는 우수한 민족의 열등한 계층 안에서 남성과 여성은 지적으로 아주 근접해 있다. 반대로 민족이 문명화됨에 따라 성별 차이는 점점 더 커진다. 내가 하였듯이 동일 연령, 동일 신장, 동일 체중을 가진 사람들만을 비교할 때도 남성과 여성의 두개골 용량은 문명의 정도에 따라 매우 빠르게 증가하는 차이를 보인다. 이 차이는 열등한 인종 안에서는 매우 미약하지만 우수한 인종 안에서는 거대해진다. 이 우수한 인종의 여성들 두개골은 매우 열등한 인종의 여성들 두개골보다 대부분 아주 조금 더 발달한 수준이다. 파리 남성들의 두개골 평균이 알려진 가장 큰 두개골 중에 속하는 반면, 파리 여성들의 두개골 평균은 관찰된 가장 작은 두개골 중에 속한다. 거의 중국 여성들의 두개골 수준이거나 누벨칼레도니 여성들의 두개골보다 조금 위이다"Le Bon, 1895, 41-42. 이런 두개골의 차이는 남성과 여성의 지능 차이로 이어진다. 남성과 여성은 지능과 논리적 사고력에서 뛰어넘을 수 없는 차이를 갖고 있다. 이러한 이유로 남성과 여성은 평등할 수 없다. 르 봉은 평등이란 이름으로 "근대적 여성이 여성과 남성 사이의 커다란 정신적 차이를 망각하고서 남성과 동일한 권리와 동일한 교육을 요구하는데, 만약 여성이 승리한다면 유럽인은 결국 가정도 가족도 없는 유랑민이 될 것이다"라고 주장했다Le Bon, 1895, 12.

오늘날의 관점에서 보면 황당하기까지 한 우생학과 사회진화론에 입각한 주장들은 곧 다양한 비판과 반박을 받으면서 비과학적인 것으로 간주되고 폐기되었다. 하지만 1970년대부터 다시 진화론에 바탕을 두고 인간과 사회에 대해 설명하려는 새로운 시도들이 등장하기 시작했다. 생물학 분야에서 시작된 이런 시드는 사회생물학sociobiology이란 이름으로 대중에게 알려졌다. 사회생물학의 진화론적 생각을 대중화시킨 대표적 학자로 에드워드 윌슨Edward Osborne Wilson과 리처드 도킨스Richard Dawkins가 있다. 윌슨은 1975년 『사회생물학Sociobiology: The New Synthesis』과 1979년 『인간 본성에 대하여On Human Nature』를 출간하면서 생물학의 관점에서 접근할 때 인간과 사회를 온전히 이해할 수 있다고 주장했다. 도킨스는 1976년 『이기적 유전자The Selfish Gene』를 출간하면서 유전자의 진화라는 관점에서 인간의 행동과 문화를 설명할 수 있다고 주장했다. 이들은 20세기 중반 이후 생물학, 뇌과학, 인지과학 등에서 이룩한 과학적 성과를 기반으로 해서 진화론적 주장을 펼치고 있다는 점에서 19세기와 20세기 초의 우생학과 사회진화론이 가진 비과학성에서 벗어나 있기 때문에 이들의 주장은 많은 논쟁을 불러일으키면서도 여러 분야에서 폭넓게 이용되고 있다.

사회생물학이 우생학이나 사회진화론과 다른 점은 다윈의 진화론이 가진 원칙에 충실하고자 한다는 점이다. 사회생물학은 진화론에서 미개에서 문명으로 가는 단선적인 진보의 개념을 배제한다. 사회진화론이 단선적인 진보의 관점에서 인간과 사회의 발전 방향을 예측하고 설명하려 한 것과는 달리, 사회생물학은 인간과 사회가 가진 보편적 특성을 유전자와의 관계 속에서 설명하려 한다. 한마디로 사회진화론이 역사적이라면 사회생물학은 몰역사적이라고 할 수 있다. 사회생물학에서는 인간 사회나 동물 사회나 모두 유전자의 진화를 통해 구성되기 때문에 공통적이고 보편적인 속성을 갖는다고 본다. 그래서 동물 사회를 이해한다면 인간 사회도 이해할 수 있다고 주장한다. 윌슨은 개미나 벌의 사회에 대한 연구를 바탕으로 인간 사회를 설명하고자 시도한다. 이 과정에서 자연스럽게 생물학은 사회과학을 아우르는 기초 학문이 된다.

생물학자 프란츠 부케티츠Franz M. Wuketits는 사회생물학의 기본적 생각을 다음과 같이 정리한다. "인간과 동물의 공동생활은 저마다의 생존 원리에 따라 조직되어 있으며 자연선택에 의한 진화 단계를 거치면서 나름대로의 형태로 발전해 왔다. 생존에 유리한 것으로 입증된 사회적 행동 양식이 선호됨으로써, 생존에 별로 도움이 되지 않는 다른 행동 양식에 대해 확고한 우위를 점하고 살아남았다. 모든 사회적 행동들은 결국 유전적으로 프로그램되어 있으며, 인간에게나 다른 생물에게나 적어도 하나의 유전적 성향이 특정한 사회적 행동방식에 깃들이게 되는데, 이들 행동방식 역시 진화가 엮어내는 최적화 과정의 결과이다"Wuketits, 1990/1999, 6.

사회생물학은 유전자를 통한 진화라는 관점에서 인간의 행동을 설명하려고 하는데 이때 특히 성과 관련된 행동이나 도덕에 속하는 행위를 설명하면서 철학, 윤리학, 사회과학 등에서 만들어진 이론들과 마찰을 빚게 된다. 사회생물학은 특히 이타적 행위, 도덕, 마음 등과 같이 인문학이나 사회과학에서 주로 다뤄지는 것을 생물학적 이론을 기반으로 설명하면서 학문 사이의 경계를 깨뜨리고자 한다.

윌슨은 인간의 이타성이 자연선택을 통한 진화 과정에서 등장한다고 주장한다. 윌슨은 해밀톤William Donald Hamilton의 유전적 근친도 개념을 바탕으로 생명체의 행동을 유전자의 이기적 복제 성향으로 설명한다. 그가 주목한 것은 꿀벌 사회에서 여왕벌을 제외한 모든 암벌이 불임이 되어 오직 여왕벌의 생식을 위해 봉사하는 현상이다. 사회생물학에 따르면, 이 현상은 자신의 유전자를 재생산하려는 목적에 의해 설명된다. 암컷과 수컷 사이의 수정을 통해 재생산이 이뤄지는 양성생식의 경우, 아버지의 유전자와 어머니의 유전자가 각각 절반씩 결합해 자식의 유전자가 만들어지기 때문에 한 개체의 특정 유전자가 자식에게도 있을 확률, 즉 근친도는 50%이고 형제자매와의 근친도도 50%이다. 어떤 개체가 자신의 유전자를 최대한 많이 남기고자 할 경우, 근친도의 관점에서 보면 자식과 형제자매는 모두 동일하게 중요하다. 다만 어린 자식이 형제자매보다 생식력이 더 왕성할 가능성이 높기 때문에 대부분의 개체는 자식에게 투자하는 것을 선택한다. 이런 이유로 자식에 대한 모성애나 부성애가 나타난다.

꿀벌의 경우, 양육상태에 따라 선택된 여왕벌 한 마리를 제외하고는 모든 암벌이 불임이 된다. 꿀벌은 다른 생명체와는 달리 수벌의 염색체가 2n개가 아니라 n개이다. 수벌은 양성생식 없이 여왕벌의 n

개의 염색체를 그대로 받아 만들어지기 때문이다. 반면에 암벌의 염색체는 여왕벌의 염색체 n개와 수벌의 염색체 n개가 만나 2n개로 만들어진다. 그래서 암벌의 암컷 자매와의 근친도는 75%인 반면, 수컷 형제와의 근친도는 25%가 된다. 암벌의 입장에서 보면, 근친도가 50%인 자식을 낳는 것보다 근친도가 75%인 자매를 많이 번식하도록 하는 것이 합리적이다. 암벌은 자신의 유전자를 많이 남기기 위해 불임을 선택하는 것이다. 여왕벌을 위해 자신을 희생하는 꿀벌의 이타적 행동은 사실은 자신의 유전자를 많이 남기기 위한 이기적 행동인 셈이다.

윌슨은 이런 생물학적 이론을 인간의 동성애를 설명하는 데에도 적용한다. 윌슨에 의하면 인간의 동성애는 친족을 위해 자신을 희생하는 이타적인 행동이다. 동성애는 자신의 유전자를 남기는 것을 포기하는 대신에 가까운 친족이 더 많은 아이를 갖도록 유도하는 행위라는 것이다. 윌슨은 원시 사회에서 동성애자들은 부모의 특수한 의무에서 해방되면서 남는 힘을 부모나 형제자매 같은 가까운 친족을 위해 사용함으로써 그들의 생존율과 번식률을 더 높아지게 만들었고 이를 통해 친족의 유전자가 안정적으로 널리 확산될 수 있도록 도왔다고 주장한다. 실제로 동성애자가 속한 모계 친족의 출생률이 그렇지 않은 경우의 출생률보다 높다는 통계가 존재한다Iemmola & Camperio Ciani, 2008.

근친상간을 금기시하는 것은 모든 인간 사회에서 발견되는 보편적 현상이다. 근친상간은 다양한 유전적 결함과 질병을 유발하기 때문에 근친상간 금기는 개체의 생존능력 강화, 번식능력 강화라는 생물학적 원리에 따르면 자연스러운 것이다. 유전자 적합성을 강화하기 위해 근친상간을 피하는 방향으로 자연선택이 일어나기 때문이다. 여성이 경제력이나 사회적 지위가 높은 남성과 결혼하고자 하는 경향도 유전적 적합성의 강화라는 관점에서 이해될 수 있다.

남성과 여성의 성적 행동의 차이도 생물학적으로 설명된다. 여성은 한 번에 하나의 난자를 만드는 데 비해 남성은 수많은 정자를 만들어낸다. 남성은 생리적으로 여러 여성과 관계를 해서 자신의 유전자를 동시에 많이 퍼뜨릴 수 있지만, 여성은 한 명의 남자와의 관계를 통해서만 재생산할 수 있다. 게다가 출산과 양육에 이르기까지 들어가는 비용을 고려하면 성과 관련한 여성의 투자는 남성보다 훨씬 더 크다. 따라서 성과 관련해 남성은 공격적인 태도를 가지며 여성은 방어적인 태도를 갖게 된다. 성과 관련된 인간 사회의 제도와 문화는 다양하지만, 남성과 여성의 태도가 모든 인간 사회에서 비슷한 양상을 갖는 것은 이처럼 생물학적으로 설명될 수 있다.

또한, 다른 동물의 암컷과는 달리 인간 여성에게는 발정기가 없으며 배란의 가시적 징후가 거의 나타나지 않는다. 이 때문에 인간은 번식과 관계없이 빈번하게 성행위를 하는 것이 가능해졌다. 빈번한 성행위로 인해 짝짓기를 위한 남성들 사이의 경쟁은 약화되고 구성원 사이의 결속이 강화되어 사회를 유지하기 쉽게 된다. 인간이 빈번한 성행위를 통해 얻는 쾌락은 번식을 위한 것으로 한정되지 않고 배우자와의 결합과 유대를 촉진하는 강화제로 쓰이면서 가족을 기반으로 한 인간 사회를 유지하는 데 중요한 역할을 한다.

윌슨은 남성과 여성 사이의 이런 생물학적 차이로부터 사회문화적 차이도 발생한다고 생각한다. 예를 들어, 윌슨이 보기에 오스트랄로피테쿠스에서 최초의 진정한 인간으로 진화되는 과정에서 중요한 역할을 한 것은 사냥이다. 남성은 사냥을 하고 여성은 집에서 식물을 채집하는 성별 분업이 정착되는 과정에서 가족을 중심으로 재생산과 양육이 이뤄졌다는 것이다. 따라서 그는 남성이 가족의 생계를 부양하고 여성이 양육과 가사노동을 책임지는 성별 분업은 인간 사회의 보편적 특성이라고 주장한다. "양육은 더 큰 사냥감을 사냥하러 집을 떠난 남성과, 아이들을 돌보고 식물 식량의 대부분을 채취하는 여성 사이의 긴밀한 사회적 결합을 통해 개선되어왔을 것이다. … 인간의 성적 행동과 가정생활에서 볼 수 있는 구체적인 사항들 중 많은 부분은 이런 기본적인 분업에서부터 쉽게 유추해낼 수 있다"Wilson, 1979/2000, 131.

사회생물학에 따르면, 인간의 생각도 유전자의 영향으로 만들어진다. 왜냐하면, 생각이란 뇌의 활동인데 뇌 자체가 유전적 진화의 결과물이기 때문이다. 따라서 유전자와 문화는 밀접히 연결되어 있다. 환경에 의해 유전자가 선택되고 진화되어 오는 과정에서 환경에 적응하는 데 유리한 특정한 생각과 태도가 형성되고 환경에 의해 선택되고 강화된 생각과 태도는 다시 유전자에 영향을 미친다. 이것이 바로 윌슨이 내세운 '유전자-문화 공진화gene-culture coevolution' 이론이다. "문화는 공동의 마음에 의해 창조되지만, 이때 개별 마음은 유전적으로 조성된 인간 두뇌의 산물이다. 따라서 유전자와 문화는 긴밀히 연결되어 있다. 하지만 이 연결은 유동적이다. 얼마나 그런지는 불분명하지만 말이다. 또한, 이 연결은 편향되어 있다. 즉 유전자는 인지 발달의 신경 회로와 규칙적인 후성 규칙epigenetic rules을 만들어내고 개별 마음은 그 규칙을 통해 자기 자신을 조직한다. 마음은 태어나서 무덤에 들어갈 때까지 성장한다. 물론 자기 주변의 문화를 흡수하면서 성장한다. 하지만, 그런 성장은 개체의 두뇌를 통해 유전된 후성 규칙들의 안내를 받아 이뤄진다"Wilson, 1998/2005, 232.

도킨스는 인간을 비롯한 모든 생물을 유전자가 만들어내고 유전자를 운반하는 기계로 보기까지 한다. "우리는 생존 기계다. 여기서 '우리'란 인간만을 가리키는 것이 아니다. 모든 동식물, 박테리아, 그리고 바이러스를 포함한다. … 생존 기계는 종류에 따라 그 외형이나 체내 기관이 매우 다양하다. 문어는 생쥐와 전혀 닮지 않았으며 이 둘은 참나무와 전혀 다르다. 그러나 그들의 기본적인 화학 조성은 다소 균일하다. 특히 그들이 갖고 있는 자기 복제자, 즉 DNA는 박테리아에서 코끼리에 이르기까지 기본적으로 동일한 종류의 분자이다. 우리 모두는 같은 종류의 자기 복제자, 즉 DNA라고 불리는 분자를 위한 생존 기계다. 그러나 세상을 살아가는 데는 여러 종류의 생활 방법이 있는데, 자기 복제자는 이 방법을 이용하기 위해 다종다양한 기계를 만들었다. 원숭이는 나무 위에서 유전자를 유지하는 기계이고, 물고기는 물속에서 유전자를 유지하는 기계다"Dawkins, 2016/2019, 79.

3. 진화심리학

사회생물학의 기본 이론을 좀 더 인간에게 특화해 전개한 것이 진화심리학이다. 진화심리학은 인지과학과 진화생물학이 결합하여 생겨났다. 인지과학은 1950년대부터 마음을 컴퓨터의 작용과 비교하면서 발전해 왔다. 인지과학은 뇌 과학이 발달하면서 좀 더 생물학적인 방향성을 갖게 되었다. 뇌의 신경망이 가진 패턴들이 어떻게 인간의 심리와 마음을 만들어내는지에 대한 연구가 진행되었다. 뇌 자체가 진화의 산물이기 때문에 신경망의 패턴들도 진화의 산물이라는 가설을 토대로 진화심리학이 전개되었다. 진화심리학에 따르면, 마음은 진화 과정에서 인간이 직면했던 문제들을 해결하는 과정에서 자연선택된 패턴들이 모여 구성된다. 따라서 인간의 생각과 태도는 기본적으로 생물학적 진화의 결과물이다.

진화심리학은 남성과 여성 사이에서 나타나는 성적 태도와 행동의 차이도 진화의 결과로 설명한다. 진화심리학자 도널드 시먼스 Donald Symons는 동성애자 연구를 통해 남성과 여성이 기본적으로 다른 성적 태도를 보이는 것은 자연적으로 진화한 결과라고 주장한다 Symons, 1979, 292-305. 동성애자들은 이성애자들과는 달리 상이한 성적 태도를 가진 상대방에 대한 적응이나 절충을 필요로 하지 않기 때문에 남성과 여성의 본성에 따른 성적 태도와 행동을 보여줄 가능성이 높다. 동성애자들은 이성에 대한 성적 타협이 필요하지 않기 때문에 거리낌 없이 게이의 경우에는 남성 전형적인, 레즈비언의 경우에는 여성 전형적인 성적 태도와 행동을 보여준다. 남성 동성애자의 경우에는 대화나 전희보다는 성행위에 집중하고 상대를 가리지 않는 공격적이고 적극적인 성적 행동을 보이지만, 여성 동성애자의 경우에는 지속적인 파트너와의 안정적 관계를 중요시하는 좀 더 신중하고 방어적인 태도를 보인다.

남성이 다수의 상대와의 섹스 중심적인 태도를 보이고 여성이 지속적 파트너와의 관계 중심적인 태도를 보이는 것은 사회생물학에서 말하는 양육투자의 원리에 의해 설명된다. 유전자를 쉽게 퍼뜨려서 많은 수의 자식을 만들 수 있는 남성과 최대 20명 내외의 자식만을 가질 수 있으며 출산과 양육의 부담이 있는 여성의 생물학적 특성이 성에 대한 남성과 여성의 태도 차이를 만들어냈다는 것이다.

이처럼 생명체가 하는 행동의 이기적 동기를 중요시하는 진화론에 입각해 인간의 행동을 설명하려 한다는 점에서 사회생물학과 진화심리학은 기본적으로 동일한 땅을 밟고 있지만, 사회생물학과 진화심리학 사이의 차이도 존재한다. 동물 사회의 구성 원리를 인간 사회에 적용하는 사회생물학과는 달리 진화심리학은 기본적으로 인간을 중점적으로 연구하기 때문이다. 예를 들어, 사회생물학에서 남성이 생계를 부양하고 여성이 가사와 돌봄을 책임진다는 성별 분업을 진화의 결과로 받아들이는 것에 반해, 진화심리학에서는 성별 분업에 기반을 둔 핵가족을 자연적인 것으로 보지 않는다. 진화심리학은 남성과 여성 사이의 관계를 사회를 위한 역할과 기능의 관점에서 보기보다는 다양성과 갈등의 조정이란 관점에서 본다.

사회생물학은 인간의 행동을 유전자의 진화에서 기인한 것으로 보지만, 진화심리학은 인간의 행동이 심리 기제에 의해 발생하는 것으로 본다. 인간의 심리 기제는 오랜 진화를 거치는 동안에 직면했던 문제를 해결하는 과정에서 형성된다. 따라서 남성과 여성의 성적인 행동과 사회적 태도의 원인도 유전자에서 찾기보다는 심리 기제에서 찾는다. 물론, 심리 기제도 유전적으로 프로그램된 것으로 이해되기 때문에 유전자와 인간 행동을 직접 연결하지 않을 뿐 기본적으로는 인간의 행동을 환경에 따른 진화의 결과로 파악한다.

사회생물학이 인간의 행동을 무리하게 유전자 진화의 결과로 이해하면서 유전자 환원주의나 유전자 결정주의라는 비판을 받는 것에 비해 진화심리학은 좀 더 사회적이고 문화적인 관점에서 인간 행동의 다양성과 변화를 설명하려 한다. 이런 진화심리학의 특성은 인간 사회의 가족을 설명할 때 잘 드러난다. 사회생물학에서 인간 사회의 가족을 동물의 친족 관점에서 보기 때문에 가족의 다양성과 시대에 따른 변화를 잘 설명하지 못하는 것과는 달리, 진화심리학에서는 좀 더 유연한 설명을 제공한다.

앞에서 봤듯이, 사회생물학에서는 성별 분업에 기초한 핵가족을 보편적인 가족의 형태로 보지만 진화심리학에서는 그런 핵가족이 보편적이고 자연적인 현상이 아니라고 설명한다. 성별 분업에 기반한 핵가족은 산업혁명 후 발달한 자본주의 사회 초기에 존재했을 뿐 대부분의 문화권에서 성별 분업에 기초한 핵가족은 보편적인 현상이 아니라는 것이다. 오히려 모든 문화권에서는 이혼이 보편적인 현상이며 현대사회로 오면서 이혼률은 계속 증가한다. 남성과 여성이 부부가 되어 평생 함께 살면서 남성은 가족의 생계를 책임지고 여성은 양육과 가사노동을 책임지는 가족 형태는 특정 사회와 특정 시기에 나타난 현상이다.

진화심리학자 데이비드 버스David Buss, 1994는 가족을 평생 결혼이란 관점에서 보기보다는 이혼과 혼외정사를 포함하는 다양한 짝짓기 전략이라는 관점에서 보는 것이 더 적절하다고 주장한다. 버스는 짝짓기를 장기적 짝짓기와 단기적 짝짓기로 구분한다. 결혼이나 동거와 같은 장기적 짝짓기와 하룻밤 정사나 연애와 같은 단기적 짝짓기는 남성과 여성이 각각 개인의 필요에 따라 선택하는 것이다. 버스는 장기적 짝짓기가 유리한 상황이라면 결혼이나 동거를 하는 것이고 그렇지 않다면 단기적 짝짓기를 하는 것이지 결혼과 같은 장기적 짝짓기가 보편적인 남녀관계는 아니라고 주장한다. 따라서 가족의 구성과 해체는 남성과 여성 각자가 처한 상황에 대한 개인의 전략적 판단에 의해 결정되는 가변적인 성격을 갖는다.

진화심리학은 남성이 여성보다 더 많이 가족 부양의 역할을 하고 여성이 남성보다 더 많이 양육에 관여한다는 경향이 있다는 것을 인정하지만 그런 성별 분업이 유전자나 진화에 의해 결정되는 보편적인 현상은 아니라고 본다. 가족과 성별 분업에 대해 진화심리학이 사회생물학과는 다른 입장을 보이는 것은 실제로 현대사회의 가족 구성 형태가 사회생물학이 태동하던 1970년대와는 많이 달라졌기 때문이다. 이혼과 여성의 사회적 노동이 일반화된 현대사회에서 성별 분업을 말하는 것은 시대착오적이라고 할 수 있다. 따라서 진화심리학은 현대사회에서 가족이 불안정해진 현상을 개인의 짝짓기 전략을 통해 이해하고자 한다.

4. 사회생물학 비판

사회생물학에 대한 비판은 크게 세 가지로 나뉘진다. 하나는 유전자의 적응과 진화를 경쟁의 관점에서만 본다는 비판이다. 유전자는 어떻게 해서든 자신의 형질을 남기고 싶어하는 이기적 속성을 바탕으로 움직이기보다는 서로 협력하고 공존하는 이타적 속성을 바탕으로 움직이는데 사회생물학은 이 점을 간과한다는 비판이다. 이것은 주로 생물학 내부에서 나오는 비판이다. 다른 하나는 인간과 사회에 대한 모든 설명이 유전자를 기반으로 이뤄지는 유전자 환원주의에 대한 비판이다. 이 비판은 사회생물학이 인간 행동의 원인에는 항상 유전자가 있다고 주장하는 것이 문제라고 본다. 이것은 대부분 인문학이나 사회과학 분야에서 제기되는 비판이다. 마지막 하나는 사회생물학이 비록 우생학이나 사회진화론처럼 남녀차별, 인종차별, 계급차별을 정당화하는 이데올로기의 역할을 적극적으로 하지는 않는다고 하더라도 여전히 경쟁을 통한 선택을 강조함으로써 사회적 불평등 구조의 유지와 재생산에 기여하는 생물학 결정론의 혐의가 있다는 비판이다.

분자생물학자 요아힘 바우어Joachim Bauer는 『협력하는 유전자』에서 유전자는 협력과 소통을 통해 형성되고 진화한다고 주장한다. “생명은 소위 말해 RNA 세계에서 시작되었다. 최초의 생명은 자기 복제와 재생산이 가능한 RNA 분자들과 단백질 분자들이 협력하고 소통하는 형태로 구성되었다. 이와 같은 생명체의 특징은 ‘유대connectedness’였다”Bauer, 2008/2010, 38. RNA 분자들을 안전하게 만들기 위해 세포들이 안전 복제를 할 때 재료로 사용한 것이 바로 DNA이고 이 안전 복제를 통해 존재하게 된 것이 바로 유전자이다. 이를 통해 생명은 RNA 세계에서 DNA 세계로 진화했다. 이 진화의 핵심 원리도 ‘협력’이라는 것이 바우어의 주장이다. 바우어는 도킨스의 『이기적 유전자』에서 전개된 주장을 비판하면서 유전자가 독자적으로 자기 복제를 하고 이를 위해 생명체를 이용한다는 도킨스의 가설은 ‘사회생물학적 사이언스픽션’이라고 말한다.

20세기 초 러시아의 생물학자 크로포트킨Peter Kropotkin은 동물은 경쟁이 아니라 협력과 상호부조를 통해 생존하고 환경에 맞서 진화한다고 주장했다. 동물은 “엄청난 생존경쟁 속에서 - 최소한의 에너지를 소비해서 가능한 최대한도로 생의 충만함과 강렬함을 추구하기 위해서 - 자연선택은 지속적으로 가능한 한 경쟁을 피하는 방법을 추구한다”는 것이다Kropotkin, 1902/2005, 105. 크로포트킨이 보기에, 동물 세계에서는 경쟁을 하는 것보다는 가능한 한 경쟁을 피하고 서로 돕는 것이 생존에 더 유리하다. 그는 특히 적대적인 환경에 처했을 때는 서로 돕고 협력을 함으로써 환경에 적응할 수 있다고 보았다. 개미, 조류, 설치류, 순록, 버펄로, 비버 등 수많은 종의 동물들이 생존하기 어려운 시기가 다가오면 다양한 방법으로 경쟁을 피함으로써 모든 개체가 생존할 수 있도록 노력한다. 따라서 경쟁을 피하고 상호부조하는 것은 자연에 항상 존재하는 경향이라는 것이다. “경쟁하지

마라! 경쟁은 항상 그 종에 치명적이고 경쟁을 피할 수 있는 방법은 많다. … 결합해서 상호부조를 실천하라! 이것이야말로 각자 그리고 모두가 최대한의 안전을 확보하고 육체적으로, 지적으로 그리고 도덕적으로 살아가고 진보하는 데 제일 든든하게 받쳐 주는 가장 확실한 수단이다"는 것이 자연이 우리에게 주는 교훈이다Kropotkin, 1902/2005, 106. 이와 같은 협력과 상호부조는 유전자와 세포 단위에서도 일어난다. 매트 리들리Matt Ridley는 크로포트킨의 의견을 이어받아서 유전자는 이타적이라고 주장했다. "유전자가 협동해서 염색체를 만들고, 염색체는 협동해서 게놈이 되고, 게놈은 협동해서 세포를 형성하고, 세포는 협동해서 복합 세포를 이루고, 복합 세포는 협동해서 개체를 만들고, 개체는 협동해서 군체를 이룬다"Ridley, 1996/2001, 30.

도킨스에 따르면, 유전자는 경쟁과 투쟁 속에서 자기 복제를 하고 증식한다. 하지만 바우어Bauer, 2006/2007는 생물학자 린 마굴리스Lynn Margulis 등의 연구에 기대면서, 진핵세포 안의 핵과 미토콘드리아는 원시 박테리아들의 공생symbiosis을 통해 생성되었기 때문에, 진화의 원동력은 경쟁이 아니라 미생물 간의 공생이라고 주장한다. "예컨대 DNA의 분자 구조인 이중 나선 구조에서부터 생체 분자와 그 수용체의 적응, 기관과 조직 차원에서 이루어지는 세포들의 상호작용에 이르기까지 협력과 공감이라는 특징을 보여준다. 유전자는 그 자체로 고도의 협력 체계이며, 주변의 신호에도 끊임없이 반응한다. 요컨대 유전자는 작동 방식뿐만 아니라 후성학적인 구조 역시 그와 같은 신호에 적합하게 맞출 수 있다"Bauer, 2006/2007, 186.

철학자 엘리엇 소버Elliot Sober는 생물학자 데이비드 슬로안 윌슨David Sloan Wilson과 함께 자연선택이 개체 단위가 아닌 집단 단위에서도 작용한다고 주장하면서 집단 선택을 통해 진화가 이뤄진다는 것은 개체가 집단을 위해 자신을 희생하는 이타적 행동을 통해 진화한다는 의미이며 자연선택이 순수하게 개체의 이기적인 동기를 기반으로 일어나지는 않는다는 의미라고 말한다. 이기적 동기를 중요시하는 사회생물학에서는 개체의 이타적 행동도 기본적으로는 이기적 동기에서 비롯된다고 본다. 여왕벌을 위해 불임이 되는 암벌들은 사실은 자신의 유전자를 더 많이 남기고자 하는 이기적 동기에서 그런 희생을 한다는 것이다. 하지만 소버는 진화를 그렇게 단일한 동기와 관점에서만 이해하는 것은 문제라고 생각한다Sober & Wilson, 1998/2013, 151-156.

소버는 동물과 인간 사회에서 모두 발견되는 보편적으로 보이는 현상도 이기적 유전자와 같은 단일한 관점에서 설명하기보다는 그런 현상이 나타날 수 있는 다원적인 이유와 동기를 발견해야 한다고 주장한다. 예를 들어, 근친상간의 금기 현상도 궁극적 원인과 근접한 원인으로 구분해 볼 수 있다. 궁극적 원인은 유전자의 적합성을 강화하기 위해서이다. 하지만 근접한 원인의 하나로는 교배 전에 개체 분산이 일어남으로써 발생하는 근친 회피 현상이 있고 다른 하나는 근친상간을 금기시하는 규범이 있다. 식물이나 동물은 교배전 분산을 통해 자연스럽게 근친 회피가 일어나며 인간은 근친상간 금기 문화를 통해 근친 회피가 일어난다. 식물과 동물의 근친 회피는 산란과 양육 방식 때문에 발생하지만, 인간의 경우는 문화적인 이유로 발생한다.

동물과 인간 사회에서 모두 발견되는 강간 행위도 여러 가지 원인을 갖는다. 사회생물학에 따르면, 강간은 성적으로 소외당한 개체가 자신의 유전자를 남기기 위한 적응 전략으로 진화한 행동이다. 그렇다면 강간의 궁극적 원인은 번식의 이점이다. 반면에, 강간을 하게 만드는 근접한 원인은 강간 욕구와 자극이다. 사회생물학의 논리를 따르자면, 번식의 이점 때문에 강간은 유전자에 입력된 행동이며, 강간 유전자가 강간 욕구와 자극이라는 후성 규칙을 통해 강간이라는 행동을 만들어낸다. 그런데 실제로 사람들이 강간을 하는 이유에는 타인을 모욕하고 처벌하려는 욕구도 있다. 소버에 따르면, 타인을 모욕하고 처벌하려고 강간을 하는 행위는 강간이 번식의 이점을 위해 진화된 행동이라는 설명에 전혀 들어맞지 않는다. 이것은 유전자와 후성 규칙 사이의 관계가 임의적이라는 것을 의미한다. 더구나 강간은 구강, 항문 등의 신체 부위를 통해 이뤄지기도 하고 동성 간에 일어나기도 한다. 번식과 관계없는 강간이 있는 것이다. 따라서 우선 강간의 개념부터 명확히 해야 한다.

이런 문제는 근친상간이나 동성애에서도 동일하게 발생한다. 근친상간의 금기는 보편적 현상이라고 하지만 실제로 근친상간을 어떻게 정의하느냐에 따라 이것은 다르게 해석될 수 있다. 친족 내부의 번식을 위한 근친상간은 드문 현상이지만 자녀에 대한 성적 학대와 같이 친족 내부의 성적 접촉을 의미하는 근친상간은 상당히 빈번하게 일어나는 일일 수 있다. 따라서 근친상간의 금기를 유전자의 진화에 의한 보편적 현상으로 보기 힘들 수도 있다. 동성애도 어떻게 정의하느냐에 따라 자신의 번식을 포기하는 행위가 될 수도 있고 그렇지 않을 수도 있다.

소버는 성행위를 단순히 유전자의 재생산을 위한 번식 행위가 아니라 다양한 사회문화적 의미를 가진 행위로 봐야 한다고 주장한다. 유전자를 재생산하기 위한 본능이라는 관점에서 성을 이해할 수도 있지만 모든 성적 태도와 행동을 유전자로 환원시키기에는 인간 사회의 성에는 너무나 많은 의미가 담겨 있다는 것이다. "성적 행동을 번식과의 관련 하에서만 이해하는 것은 마치 음식문화를 영양학적 관점에서만 이해하는 것만큼이나 소득 없는 일일 수 있다. 먹는 것에는 생존 이상의 의미가 있듯이 성, 특히 인간의 성에는 번식 이상의 의미가 있다"정상모, 2009, 118에서 재인용.

스티븐 로우즈 등Lewontin, R. C., Rose, S., and Kamin, L. J., 1988/1993, 275-281은 생물학적 결정론이 계급차별, 인종차별, 성차별을 강화할 위험이 있다고 경고한다. 특히 성과 관련해 생물학적 결정론이 여성을 억압하는 데 이용되는지, 여성을 해방하는 데 기여하는지는 중요한 문제가 아니라고 본다. 문제는 생물학적 결정론이 현재의 상태를 정당화할 가능성이 크다는 것이다. 로우즈 등에 따르면, 사회생물학은 단지 과학적 사실을 기술할 뿐이라고 말하지만, 사회생물학의 주장을 통해 결과적으로는 과학적 사실이 사회문화적 당위를 폐지하는 정치적 효과를 발생시킨다는 것이 문제이다.

5. 자연적 성과 문화적 성

사회생물학의 옹호자들은 사회생물학에 대한 비판들이 사회생물학의 논지를 오해하는 데서 발생한다고 주장한다. 우선, 사회생물학에서는 유전자가 모든 것을 결정한다고 보지는 않는다. 이미 우생학과 사회진화론이 저지른 잘못을 잘 알고 있기 때문에 어떤 사회생물학자도 단순히 유전자가 인간의 행동과 문화를 결정한다고 말하지는 않는다. 대신에 사회생물학에서는 유전자와 환경 사이의 상호작용을 강조한다. 사회생물학에서는 오랫동안 인간의 자유의지에 의해 나타난 행동이나 문화적으로 결정된 태도라고 여겨온 것들도 사실은 유전자와의 상호작용의 결과일 수 있다고 주장하는 것이다.

사회생물학에 대한 비판의 상당 부분은 자연주의적 오류naturalistic fallacy에 빠진 결과라는 주장도 있다. 자연주의적 오류란 사실에 대한 진술을 당위에 대한 진술로 이해하는 행위를 의미한다. 예를 들어, 사회생물학에서는 성적 관계에서 남성은 적극적이고 공격적인 태도를 보이고 여성은 신중하고 방어적인 태도를 보인다고 말한다. 사회생물학 비판자들은 이런 사실에 대한 진술을 남성은 적극적이고 공격적인 태도를 보여야 하고 여성은 신중하고 방어적인 태도를 보여야 한다는 당위의 진술로 이해하는 오류를 저지른다. 이런 자연주의적 오류 때문에 그들은 사회생물학이 남성과 여성의 성적 태도를 고착화하는 이데올로기를 만든다고 주장하는 것이다. 강간은 성적으로 소외당한 개체가 자신의 유전자를 남기기 위한 행동이라는 사실 진술을 성적으로 소외당한 사람들은 강간을 하는 것이 당연하다는 당위 진술로 이해해서는 곤란하다는 것이 사회생물학 옹호자들의 주장이다.

그런데 문제는 어떤 과학도 사회문화적 맥락에서 자유로울 수는 없다는 것에서 발생한다. 특히 사회생물학처럼 명시적으로 인간 사회와 문화를 언급하는 과학의 경우에는 단순한 사실 진술이 그 자체로 당위 진술이 될 가능성이 매우 크다. 실제로 사회생물학자들 스스로가 그런 자연주의적 오류를 자신들에게 유리하게 사용하기도 한다. 예를 들어, 사회생물학자 최재천은 『여성시대에는 남자도 화장을 한다』라는 책에서 생물학에 따르면 부계 혈통주의는 과학적 근거가 없다고 주장하고 2004년 호주제 폐지에 기여한 공로로 '올해의 여성운동상'을 받았다. 그의 주장에 따르면, 세포의 에너지를 만드는 미토콘드리아의 DNA는 암컷으로부터만 나오기 때문에 생물의 계통을 밝히기 위해서는 암컷의 계보를 추적할 수밖에 없다. 따라서 호주제의 근간이 되는 부계 혈통주의는 생물학적으로 근거가 없다. 그는 이런 주장을 담은 의견서를 헌법재판소에 제출해 호주제가 폐지되는 데 기여를 했다. 자연적 사실을 사회문화적 당위로 만들어서 인간 사회에 개입한 것이다.

사회생물학은 단지 자연적 사실만을 진술한다고 주장하지만 그런 진술은 반드시 사회문화적으로 해석될 수밖에 없으며, 최재천의 사례에서 볼 수 있듯이 사회생물학자 스스로 그런 지식을 자신의 정치적, 사회적 가치관에 따라 특정한 목적을 위해 적극적으로 사용한다. 사회생물학이 발견한 동물 사회의 다양한 성적 행동들은 남성우월주의를 강화하기 위한 과학적 근거로 사용될 수도 있고 여성의 주체적 행동에 정당성을 부여하는 과학적 근거로 활용될 수도 있다. 따라서 사회생물학이 단순히 자연적으로 발견되는 사실만을 전달할 뿐이라는 주장은 사회생물학이 가진 편견을 자연적인 것으로 포장해 사회생물학의 정치적, 사회적 영향력을 극대화하려는 노력에 불과하다.

동물 사회의 성적 행동과 인간 사회의 성적 행동에는 근본적인 차이가 있다. 이것은 동물과 인간 사이의 근본적 차이에서 비롯된다. 동물과 인간의 근본적 차이는 동물과는 달리 인간은 자신과 타인의 행동에 특정한 의미와 가치를 부여한다는 점에서 온다. 뇌신경학자 멜리사 하인즈Melissa Hines는 버빗원숭이를 대상으로 한 장난감 실험을 통해 자연 상태에서 숫컷 원숭이는 자동차와 같은 장난감에, 암컷 원숭이는 인형과 같은 장난감에 더 큰 흥미를 느낀다는 사실을 발견했다Hines & Alexander, 2008. 이것은 인간 어린이들에게서 발견되는 차이와 동일하다. 일반적으로 남자아이는 자동차 장난감을, 여자아이는 인형 장난감을 선호하기 때문이다. 이를 통해 하인즈는 장난감 선호 태도에서 발견되는 성별 차이는 사회문화적이라기보다는 자연적이라는 결론에 도달한다. 남성은 자동차, 칼 등과 같은 것을 좋아하는 성향을 갖고 태어나고 여성은 인형과 같은 것을 좋아하는 성향을 갖고 태어난다는 것이다. 이것은 사회에서의 성 역할, 즉 남성은 외부 활동을 하고 여성은 육아를 하는 성별 분업이 자연적인 진화의 결과라는 것을 의미할 수 있다.

문제는 이런 성별 차이에 대해 원숭이 사회와 인간 사회의 반응이 다르다는 것이다. 원숭이 사회에서는 숫컷이 자동차 장난감을 선호하고 암컷이 인형 장난감을 선호하는 것에 어떤 의미나 가치를 부여하지 않는다. 그것은 그저 단순히 발생하고 존재하는 현상일 뿐이다. 하지만 인간 사회에서는 장난감에 대한 성별 선호 현상에 의미와 가치를 부여한다. 어떤 사람들은 인형 장난감을 선호하는 것은 여성을 육아에 특화된 존재로 만들 수 있기 때문에 그 행동에 부정적인 의미와 가치를 부여한다. 그래서 남자아이에게는 인형을 갖고 놀도록 강요하고 여자아이의 손에는 칼과 총을 쥐여주려는 사람이 있기도 하다. 장난감 선호 현상이 남성과 여성 사이의 성 역할이 구분되는 것을 정당화하는 근거로 사용될 수 있다고 생각하고 그것을 거부하려는 것이다. 실제로 남녀 차이가 나는 장난감 선호 현상은 남성은 공적 영역에서 사회적 노동을 하고 여성은 사적 영역에서 가사노동을 하는 성별 분업을 정당화하는 데 사용될 수 있다. 사실, 성별 분업은 대부분의 동물 사회에서 발견되는 현상이다. 동물 사회에서는 이것이 문제가 되지 않는다. 하지만 인간 사회에서는 성별 분업이 문제가 된다. 왜냐하면, 사회적 노동과 가사노동에 대해 각각 다른 의미와 가치가 부여되기 때문이다.

인간의 사회적 삶과 관련해서는 유전자가 어떤 특정한 행동을 유발하느냐는 것보다는 사람들이 그 행동에 어떤 의미와 가치를 부여하느냐가 훨씬 더 중요하다. 인간은 자신을 둘러싼 모든 것에 의미와 가치를 부여하며 살아간다. 그 의미와 가치를 지키기 위해 혹은 바꾸기 위해 자신을 희생하기조차 한다. 동물은 자신의 생명을 지키기 위해, 유전자를 지키기 위해 살아가지만, 인간은 의미와 가치를 지키기 위해 산다. 인간이 이기적인지, 이타적인지는 중요하지 않다. 왜냐하면, 인간을 이기적이거나 이타적으로 만드는 것은 바로 인간이 만들어낸 의미와 가치이기 때문이다. 이 의미와 가치는 불변의 것이 아니라 사회문화적 맥락에 따라 항상 바뀌는 것이라는 점에서 아무런 유전적, 진화론적 기반이 없다. 예를 들어, 남성 동성애 현상에 대한 고대 그리스의 평가와 14세기 유럽의 평가는 상반된다. 그 사이에 인간이 다른 방식으로 진화했거나 유전자가 바뀌었을 가능성은 없지만 동일한 행동에 대해 사회적 허용과 금지라는 상반된 모습을 보여준다. 동성애가 유전적으로 필요한 행동인지 아닌지는 전혀 중요하지 않은 것이다. 종교적 신념이나 정치적 목적 혹은 사회적 욕망을 위해 스스로 불임을 선택하고 유전자의 보존과 계승을 거부하는 사람도 많다. 인간은 유전자를 위해 경쟁하거나 협력하는 것이 아니라 의미와 가치를 위해 경쟁하거나 협력한다. 특정한 의미와 가치를 지키거나 파괴하기 위해 모든 지식과 권력을 이용한다. 이런 상황에서는 사회생물학적 지식도 인간의 행동을 설명하고 이해하는 데 사용되는 도구가 아니라 인간이 자신의 행동에 부여하는 의미와 가치를 정당화하거나 비판하는 데 사용되는 도구가 될 뿐이다. 그렇기에 인간의 행동을 생물학적으로 설명하는 것은 사회적이고 정치적인 행위이지 엄밀한 의미에서 과학적 행위는 아니다. 이것이 사회생물학으로 인간 사회와 문화를 설명하는 작업이 갖는 근본적 문제이다.

인간 사회에서 남성과 여성은 단순한 자연적 성이 아니라 의미와 가치를 부여받은 문화적 성이다. 동물 사회에서 남성과 여성은 단순히 존재하는 개체의 특성일 뿐이지만 인간 사회에서 남성과 여성은 항상 긍정적이거나 부정적인 의미나 가치와 결부된 채 이해되는 개념이다. 사랑이나 증오 같은 감정도 마찬가지다. 어떤 상대에게 호감을 느끼고 성적 욕구를 느끼는 것은 자연스러운 일이며 그 자체로는 어떤 긍정적, 부정적 가치도 없다. 하지만 인간은 사랑이란 감정에 의미와 가치를 부여한다. 어떤 사랑은 불결하고 부도덕한 사랑이라고 폄하되기도 하고 어떤 것은 낭만적이고 순수한 사랑이라고 칭송되기도 한다. 어떤 사랑은 정상적이라는 긍정적 가치를 갖지만 다른 사랑은 비정상적이라는 부정적인 가치를 부여받는다. 이 의미와 가치는 언제든 변할 수 있기에, 인간은 의미와 가치를 만드는 과정에서 끊임없이 싸우거나 타협하거나 협력할 수밖에 없다. 그래서 인간 사회에서 성은 자연적 산물이지만 계속 변하는 역학관계 속에서 역사적, 사회적 투쟁을 통해 구성되는 의미와 가치를 가진다. 그리고 그런 의미와 가치를 통하지 않고서는 성을 이해할 수 없다. 성이나 감정이 사회적인 것이 아니라 성이나 감정에 부여되는 의미와 가치가 사회적이다. 인간 사회에서는 의미와 가치가 부여되지 않는 것이 아무것도 없다는 점에서 그 어떤 것도 자연적인 상태로 접근되고 이해될 수 없다. 이 특성을 정확히 인지하지 못한다면 성과 사랑에 대한 모든 담론은 핵심에 접근하지 못하고 겉돌게 된다.

2장

포르노의 역사

1. 포르노그래피의 탄생

성행위는 인간의 존재와 불가분의 관계를 맺고 있다. 인간이 존재하는 동안 성행위는 항상 존재해 왔다. 성행위는 인간의 기본적인 활동 중의 하나이기 때문에 당연히 인간의 성기나 성행위를 묘사하는 그림이나 조각 같은 것은 오랜 옛날부터 제작되어 왔다. 고대 문명이 남긴 조각이나 그림, 문자에서 성기와 성행위를 묘사한 것이 발견된다. 이런 것을 오늘날의 포르노그래피의 원형이라고 생각하고 포르노그래피는 보편적인 현상이라고 말할 수 있을지도 모른다. 하지만 의미와 가치라는 관점에서 보면 그것들은 오늘날의 포르노그래피와는 매우 다르다. 사실 포르노그래피라는 개념 자체가 근대 유럽에서 만들어진 것이기 때문에 그 전에는 포르노그래피가 존재하지 않았다고도 말할 수 있다.

포르노그래피Pornography란 매춘부를 뜻하는 'porne'와 그림 또는 묘사를 뜻하는 'graphos'의 합성어로 원래 '매춘부에 대한 기록'이란 뜻이다. 이 단어가 처음 등장한 것은 1769년 프랑스 소설가 레티프Nicolas-Edme Rétif de La Bretonne가 『포르노그라프Le Pornographe』라는 책을 출간하면서부터이다. 『매춘부 규정안에 대한 군자honnête homme의 생각』이라는 부제가 붙은 이 책에서 레티프는 매춘을 개혁하기 위한 여러 방안을 제시했다. 이후, 도덕적 순수성을 추구하는 청교도주의가 유럽을 지배하면서 성행위를 묘사하는 작품들을 억압하는 분위기가 형성되었고 그런 작품들을 포르노그래피라는 용어로 총칭하기 시작했다. 1806년에 이르러 포르노그래피는 사회질서에 혼란을 초래하고 미풍양속을 저해하는 작품을 의미하는 것이 되었고 같은 해 프랑스 서지학자 가브리엘 페뇨Gabriel Peignot가 편찬한 금서 사전에서는 포르노그래피를 도덕적 이유로 억압되는 책의 범주로 분류했다.

1857년 영국 의학 사전에 명시되어 있던 포르노그래피라는 단어는 매춘현상을 사회학적, 의학적으로 설명하는 개념으로 외설성의 개념을 포함하고 있지 않았다. 하지만 1864년 웹스터 사전에서는 포르노그래피를 "폼페이에 존재하는 것처럼 흉칭망칭 대는 주지육림에 바쳐진 방의 벽을 장식하는 데 사용된 음란한 그림"이라고 정의하면서 포르노그래피를 음란성의 관점에서 보기 시작했다. 결국, 19세기 유럽에서 포르노그래피는 오늘날 우리가 사용하는 것과 같이 성을 묘사하는 음란한 작품이라는 의미로 사용되기 시작했다.

웹스터 사전에서 포르노그래피를 정의하면서 폼페이를 언급했다는 것은 흥미롭다. 폼페이는 이탈리아 나폴리 남동부에 있던 도시로 79년 베수비오 화산의 폭발로 화산재에 묻혀 사라졌다가 19세기에 본격적으로 발굴되어 모습을 드러낸 도시이다. 폼페이는 화산재에 묻힐 당시의 모습을 원형 그대로 간직하고 있었기 때문에 고고학적 가치가 컸다. 그런데 폼페이 발굴 과정에서 놀라운 것이 발견된다. 바로 성행위를 묘사한 다양한 그림과 조각들이 발견된 것이다. 폼페이에서 발견된 집의 방은 사방의 벽면을 남녀의 성행위를 적나라하게 묘사한 그림으로 가득 채우고 있었다. 19세기 청교도주의의 지배 아래에 있던 유럽인들에게 이것은 큰 충격이었다. 당황한 유럽인들은 이 고고학적 발견을 은폐하고자 했다. 성적인 작품들을 박물관 깊숙한 곳에 감추었고 성적인 그림이 있는 집에는 출입을 금지했다. 비밀 박물관에 숨겨져 있던 작품들은 2000년이 되어서야 비로소 대중에게 공개되었다.

19세기 유럽인들과는 달리 고대 유럽인들은 성을 묘사한 작품을 아름다운 예술이나 장식으로 간주했다. 남근을 재현한 작품들은 도로와 벽 곳곳에서 발견된다. 남녀의 다양한 성행위, 집단성행위, 동성 간의 성행위를 묘사한 그림들도 다양한 장소에서 발견된다. 이런 그림들은 매춘업소Lupanar의 방 벽면을 장식하고 있을 뿐만 아니라 공중목욕탕의 탈의실 벽, 귀족과 부자들의 집에 있는 방의 벽화로 사용되었다. 고대 유럽인들에게 있어서 성은 감추거나 은밀히 즐기는 것이 아니라 삶을 구성하는 정상적이고 즐거운 것으로 인식되었다. 그렇기에 성을 묘사한 작품들도 성적인 자극을 제공하는 음란한 포르노그래피가 아니라 때로는 악한 기운을 쫓아내는 용도로, 때로는 웃음을 유발하는 유머로, 행복과 즐거움을 불러오는 장식으로 여겨졌다Paula Sanfelice, 2018.

고대 그리스 로마 시대에 보이던 성에 대한 자유로운 태도는 기독교가 강력한 지배이데올로기로 자리를 잡으면서 점차 사라졌다. 하지만 종교적 이유로 성에 대한 엄격한 금욕주의가 지배한 것으로 알려진 중세에도 성을 묘사한 그림들이 발견된다. 특히 가장 종교적인 텍스트라고 할 수 있는 기도서에서 오히려 성을 묘사한 그림들을 발견할 수 있다. 인쇄술이 발명되지 않았던 중세에는 손으로 글씨를 써서 책을 만들어야 했기 때문에 책의 수도 적었고 비쌌다. 소수의 사람만이 책을 접할 수 있었다. 그런데 중세에 출간된 필사본 기도서 등을 보면 유머나 농담처럼 성을 묘사한 그림이 섞여 있다.

13세기 기도서인 『시간의 서Libro d'Ore』나 『기도의 서』에는 아기 예수의 성기가 아주 크게 묘사되기도 하고 여성이 나무에 열린 남성의 성기들을 따는 그림이 있기도 하고 남녀 성교 장면, 남성 동성애 장면을 그린 그림이 그려져 있기도 하다. 중세의 기도서들은 손으로 그린 아주 화려한 색의 그림과 글로 이뤄져 있어서 책값이 매우 비싸 큰 부자들만 살 수 있는 책이었다. 기도를 위한 종교적 서적 안에 성을 묘사한 그림들이 그려져 있었다는 것은 그런 그림들이 오늘날처럼 음란한 포르노그래피로 인식되지는 않았다는 것을 의미한다. 중세의 성당들을 보더라도 건물 외벽이나 내벽에 성을 묘사한 조각들을 발견할 수 있다. 아름다운 비너스의 나체, 두 손으로 자신의 성기를 벌리고 있는 여성, 큰 남성 성기를 가진 악마 등이 조각되어있는 경우를 볼 수 있다. 오늘날 보기에도 민망한 이러한 묘사들이 성적으로 매우 억압적이었던 중세에 거리낌 없이 공개되었다는 것은 무슨 의미인가? 이것은 성에 대한 당시의 생각이 오늘날처럼 사적인 육체적 쾌락의 영역에만 한정되어 있지 않았다는 것을 알려준다. 비록 중세에는 성행위를 임신과 출산을 위한 수단으로만 이해하고 동성애를 살인보다 더한 중죄로 여기는 등 성에 대해 매우 금욕적인 태도가 존재했지만 성에 대한 묘사는 오늘날보다 더 과감했다. 그 이유는 성에 대한 묘사를 음란성의 차원에서 접근하지 않았기 때문이다. 고대 그리스나 로마에서처럼 성을 재현한 도상은 악한 기운을 몰아내고 삶을 보호하는 부적이나 상징으로서 기능했다. 고대나 중세의 유럽인들은 성의 재현을 단순히 육체적 쾌락과 결부된 음란한 것으로 보지 않은 것이다.

하지만 16세기를 기점으로 성의 재현에 대한 기독교회의 억압이 강화되면서 점차 성의 재현은 음란한 것으로 인식되기 시작했다. 16세기 이후 판화와 인쇄술의 발명으로 삽화가 있는 소설책이 대량생산될 수 있게 되면서 성행위를 묘사한 책과 그림이 양산되기 시작했다. 이에 따라 교회에서는 성행위를 재현한 작품들을 미풍양속을 해치는 음란한 것으로 간주하고 단속했다.

대표적인 사건이 바로 『이모디I Modi』와 관련된 논란이다. 1524년 화가인 줄리오 로마노Giulio Romano는 만토바Mantova에 있는 페데리코 곤자가Federico II Gonzaga 공작의 저택을 장식할 프레스코 벽화를 그리는 작업을 맡았다. 그는 이 작업을 위해 준비한 에로틱한 그림들의 스케치 일부를 판화가인 마르칸토니오 라이몬디Marcantonio Raimondi에게 줬다. 라이몬디는 그림 몇 개를 판화로 인쇄해서 판매했는데, 『이모디』라는 제목의 이 판화집은 16가지의 성행위 체위를 묘사한 그림으로 구성되어 있었다. 결국, 라이몬디는 체포 구금되고 판화는 압수되었으며 그림은 폐기되었다. 소수의 지식인과 귀족에게 공개되는 귀족의 집에 그려진 성 묘사 그림은 문제가 없지만, 대중에게 팔리는 판화의 성 묘사는 안 된다는 당시 교회의 모순된 생각을 보여주는 사건이었다. 이것은 성을 묘사한 작품에 대한 최초의 검열로 알려져 있다.

1525년 작가인 피에트로 아레티노Pietro Aretino가 라이몬디를 석방하도록 만든 후에, 라이몬디의 판화에 어울리는 에로틱한 소네트를 써서 글과 그림이 있는 『이모디』의 두 번째 버전을 출판했다. 이것은 성을 묘사하는 글과 그림이 함께 책으로 출판된 최초의 사건이었다. 책에는 나이 들고 경험 많은 창녀와 젊고 순진한 창녀가 성행위에 관해 사실적이고 풍자적인 대화를 나누는 내용을 담았다. 아레티노는 이 책을 통해 교회와 상류층에 의해 주도되는 당시 사회를 비판하고자 했다. 즉, 정치적 의도를 갖고 성적인 작품을 이용한 것이다. 교황청은 두 번째 『이모디』도 압수했다. 1559년 교황 바오로 4세는 최초로 음란물에 대한 금서 목록을 만들었다.

아레티노의 책은 17세기 포르노그래피 산문의 전범이 되었다. 1655년에는 프랑스 최초의 포르노그래피 소설인 『여학교 또는 여성 철학L'ecole des filles ou la philosophie des dames』이 출간되었다. 작가 미상의 이 소설은 곧 금서로 지정되어 압수되었다. 16세기에서 18세기에 포르노그래피는 그림, 삽화, 소설, 시 같은 것에 한정되어 있었는데, 단순히 성적 욕망을 자극하기 위한 것으로만 사용된 것이 아니라 정치적 목적으로도 이용되었다. 성적으로 노골적인 표현과 묘사를 통해 종교와 정치를 좌지우지하던 지배층의 부패, 위선, 타락을 비판한 것이다. 대표적인 사례가 바로 프랑스대혁명 기간에 생산된 포르노그래피이다. 1740년대와 1790년대 사이에 프랑스에서는 계몽사상의 영향 아래에서 정치적인 목적을 가진 포르노그래피가 대량 생산되었다. 계몽사상가 드니 디드로Denis Diderot는 1748년 『입 싼 보석들Les bijoux indiscrets』이란 포르노그래피를 써서 비밀리에 판매했다. 18세기의 문학과 회화에서 이처럼 에로틱 요소가 활발하게 사용된 것은 당시의 지식인들이 갖고 있던 자연주의 사상 때문이다. 인간의 자연적 본성은 선하기 때문에 인위적으로 개입하지 않고 인간의 자연성이 그대로 발전되도록 해야 한다는 자연주의 사상에 따라 인간의 성욕도 자연적인 것이기에 성욕을 인위적으로 억제하는 것은 바람직하지 않다고 본 것이다.

귀족과 성직자들이 창녀와 맺는 관계를 묘사하는 포르노그래피는 지배 계급의 부패와 타락을 비판하면서 사회의 혁명적 변화를 요구하는 역할을 했다. 프랑스대혁명 당시 루이 16세와 마리 앙투아네트 왕비에 대한 포르노그래피가 제작되어 군주제 비판에 이용되었다. 프랑스 혁명기에는 작은 팜플렛 형태의 포르노 소설이 대량생산되었고 이 소설들은 대중 앞에서 큰 소리로 낭독되었다. 루이 16세는 발기불능의 동성애자로 묘사되었고 왕비 마리 앙투아네트는 마녀, 색정광, 요부, 참사랑의 배신자, 동성애자로 묘사되었다. 특히 나약한 구세계의 상징으로 지목된 왕비에 대한 공격이 집중적으로 이뤄졌다. 대표적인 혁명가인 미라보Honoré-Gabriel Riqueti de Mirabeau와 생쥐스트Louis Antoine de Saint-Just 등이 사회 현실을 풍자하는 포르노그래피 작품을 썼고 사드 후작Marquis de Sade과 같은 대표적인 포르노그래피 작가는 혁명에 직접 참여했다. 1789년 혁명이 일어난 후 언론의 자유가 확보되자 엄청난 양의 포르노그래피가 생산되었고 혁명정부는 포르노그래피에 대한 통제력을 거의 행사하지 못했다.

16세기와 17세기의 포르노그래피는 대체로 자유 사상을 가진 도시귀족이었던 엘리트 남성들이 작가이자 독자였다. 이런 경향은 점점 커져서 18세기에는 부르주아 민주주의 사상과 포르노그래피가 만나면서 정치적, 사회적 목적을 가진 포르노그래피가 생산되고 독자층이 넓어졌다. 프랑스대혁명 이후 포르노그래피는 정치적 색을 벗어던지고 성적 쾌락에 대한 묘사에 집중하면서 오늘날과 같은 내용의 작품이 되었다. 이후, 청교도주의의 영향 아래에서 포르노그래피란 용어는 음란하고 외설적인 내용을 가진 작품을 지칭하는 말로 한정되기 시작했다.

19세기 이후 서양에서 포르노그래피는 성적 욕망을 자극하는 노골적이고 음란한 내용을 가진 작품으로 규정되면서 공개적으로 소비하는 것이 수치스러운 일로 인식되었다. 포르노그래피는 개인이 사적인 영역에서 은밀하게 즐기는 비밀스러운 작품이 되었고 국가의 관리와 통제를 받아야 하는 외설적인 음란물이 되었다. 1865년 런던의 대영박물관에서는 비밀보관소를 만들고 영국의 의사 조지 위트George Witt가 모은 성적인 작품들을 보관했다. 성적 작품은 대중에게는 공개할 수 없는 위험한 것이지만 외설과 예술을 구별할 수 있는 지식과 교양, 안목을 갖춘 사람들에게는 접근이 허용되었다. 지식인들은 자료를 분류해 목록을 만들어서 포르노그래피를 관리할 수 있었다. 이런 범주화와 분류는 지식을 만들고 지식을 통제하는 수단이 된다. 여기에서 포르노에 대해 오늘날까지도 지속되고 있는 모순된 인식이 만들어졌다. 바로 '포르노그래피를 접하는 것은 나는 성숙해서 괜찮지만 다른 사람에게는 해가 된다'는 생각이다.

2. 동양의 포르노그래피

동양에서는 성을 인간의 삶과 떨어뜨릴 수 없는 필수적 요소로 인식했다. 성은 부끄럽거나 수치스러워서 감춰야 하는 것이라기보다는 인간의 건강과 행복을 위해 연구하고 잘 향유해야 하는 대상으로 여겨졌다. 기독교와는 달리, 동양의 종교, 특히 힌두교와 도교는 우주 창조와 인간 창조의 원리를 동일한 것으로 여기면서 성을 통해 종교적 해탈을 이룰 수 있다고 생각하기까지 했다.

예를 들어, 성에 대한 고대 인도의 관점을 잘 알려주는 것이 6세기경에 힌두교의 수도승 바차야나Vātsyāyana가 저술한 『카마 수트라Kama Sutra』이다. 이 책에서 바차야나는 지식인이 갖춰야 할 세 가지 덕목으로 다르마정법·正法, 아르타실리·實利, 카마성애·性愛를 들고 있다. 그는 열정의 노예가 되지 않고 다르마, 아르타, 카마를 잘 다스리는 사람은 성공적인 삶을 살 수 있다고 봤다. 『카마 수트라』에는 다양한 성행위 체위에 대한 묘사와 구체적인 성행위 방법 등에 대한 정보가 수록되어 있다. 성에 대한 구체적 정보를 제공함으로써 사람들이 본능적 욕구를 잘 조절하고 육체적 쾌락과 정신적 만족을 통해 삶을 성공적으로 꾸려 나갈 수 있는 길을 제시하고 있다. 따라서 『카마 수트라』는 성애를 통해 삶의 기쁨을 얻는 법을 가르치는 일종의 성전性典이라 할 수 있다. 『카마 수트라』에서 성은 젠더, 계급, 지역, 성적 취향 등에 의해 다른 방식으로 다뤄지거나 차별되거나 억압되거나 멸시되지 않고 오직 개인의 덕목을 높이는 방법의 하나로 다뤄진다.

인도 힌두교의 일파인 탄트라tantra교는 성행위를 절대적 앎에 이르도록 하는 행위로 이해한다. 탄트라교에 따르면 인간은 신의 본질을 갖고 있는데, 남성의 본질은 남신 시바Shiva에 의해 표상되고 여성의 본질은 여신 샥티Shakti에 의해 표상된다. 이 종교에서는 육체는 정신을 정화하고 변화시키는 도구이기 때문에 육체의 모든 감각을 자극함으로써 얻게 되는 오르가즘을 통해 절대적 앎에 도달할 수 있다고 본다. 또한, 성행위는 모든 생명의 원천인 출산에 필연적인 행위이기 때문에, 성행위를 통해 신에게 닿을 수 있다는 믿음을 가졌다. 이러한 힌두교의 사상 덕분에 힌두교 사원에서는 각종 체위의 성행위 장면이 담긴 수많은 에로틱한 조각들을 발견할 수 있다.

성에 대한 힌두교의 생각은 중국의 고대 도가道家 사상과도 연결되어 있다. 도가의 장생술 중 하나인 '방중술房中術'은 성행위를 통해 건강과 쾌락을 얻는 방법을 고찰하는 학문이다. 4세기 초 고대 진나라의 갈홍葛洪은 그의 저서 『포박자抱朴子』에서 성의 절제와 기술을 강조하는 방중술의 중요성에 대해 언급하기도 했다. 방중술에 따르면, 성행위를 통해 건강과 장수를 얻기 위해서는 음란한 성생활을 추구하지 않고 적당한 쾌락을 누리며 욕망을 절제하는 것이 좋다. 또한, 일종의 성의학서인 『소녀경素女經』과 같은 책에서는 성행위를 통해 건강을 얻는 방법을 아주 구체적으로 기술하기도 했다.

중국, 일본, 한국을 비롯한 동아시아 국가들에서는 성행위를 묘사한 그림이나 조각이 제작 유통되었다. 한국에서는 이런 그림이나 조각을 춘의春意, 춘화春畵, 춘도春圖, 춘화도春和圖, 운우도雲雨圖라고 불렀다. 중국에서는 춘의, 춘궁春宮, 춘궁도春宮圖 등의 명칭이 사용되었다. 춘화는 성행위를 묘사함으로써 성교육을 하거나 성적인 호기심을 충족시키고 성적으로 자극하는 일종의 최음 효과를 발생시키기 위해 사용되었다. 중국에서는 기원전 2세기 한나라 때부터 춘화와 같은 그림이 제작되었다는 기록이 있다. 동아시아에서 춘화에 대한 자료가 가장 많이 남아 있는 시기는 17세기부터이다. 중국에서는 17세기 명나라 말기부터 춘화가 크게 유행했으며 당시의 그림들이 아직까지 많이 남아 있다. 한국에서도 조선 시대 때 명나라에서 제작된 춘화에 대한 기록들이 발견되며 조선에도 수입되었다. 현재 조선의 춘화는 18세기 이후에 제작된 것들이 남아 있다. 일본에서는 에도 시대17세기-19세기에 '우키요에浮世繪'라는 채색 판화가 유행했는데, 이때 춘화도 대량 생산되었다. 일본의 춘화는 한국, 중국의 춘화에 비해 남녀의 정사 장면이 강조되어 있고 성기를 과장해 표현한 특징이 있다. 또한, 동성애, 소아성애, 수간 등 유럽에서는 금기시되던 주제를 다루며 성적인 쾌락을 거리낌 없이 표현했다.

중국에서는 노골적으로 성애를 묘사한 소설도 많이 제작되었다. 이미 당나라 때 등장한 『앵앵전鶯鶯傳』은 남녀의 자유로운 애정 행각을 다루고 있고 송나라 때부터 장편 소설이 중요한 문학 장르로 등장하기 시작함에 따라 성을 다룬 통속 소설이 본격적으로 제작되기 시작했다. 이런 포르노그래피 소설은 일반적으로 '음서淫書' 또는 '음사淫史'라고 총칭되었고 염정소설艷情小說, 음사소설淫詞小說이라고 불렸다. 음서가 가장 활발하게 제작되었고 자료도 많이 남아 있는 시기는 명나라와 청나라 시대이다. 『금병매金瓶梅』, 『전등신화剪燈新話』, 『환희원가歡喜寃家』, 『주림야사株林野史』, 『등초화상燈草和尙』, 『변이채弁而釵』, 『여의군전如意君傳』, 『농정쾌사濃情快史』, 『오봉음五鳳吟』, 『낭사浪史』, 『치파자전癡婆子傳』, 『육보단肉蒲團』, 『민도별기閩都別記』 등 많은 작품이 제작되었으며 이성애뿐만 아니라 동성애를 묘사하는 작품들도 있다. 염정소설의 상당수는 청나라 때 음란성을 이유로 금서로 지정되기도 했지만, 실효성은 그리 크지 않았다. 염정소설은 조선에도 수입되어 널리 읽혔다. 정조 때 수입 금지령이 내려지기도 했지만 잘 지켜지지 않았다민관동, 2018. 염정소설 중에서 『금병매金瓶梅』처럼 특히 인기가 있었던 소설들은 번역까지 되었다. 조선에서는 정치 권력에 직접 위협이 되지 않는다면, 음서라 하더라도 특별히 유통을 금지하지는 않았다. 이것은 전반적으로 남녀의 성욕을 표현하는 것을 자연스러운 인정물태人情物態로 보는 사회적 분위기가 형성되어 있었기 때문이다김경미, 2004.

이슬람 문화권에서도 성행위를 건강과 관련된 문제로 다뤘다. 10세기 페르시아 지역에서는 성을 의학적으로 접근하는 '성과학'Ilm al-bāh'이 확립되어 있었다. 성과학 관련 책들은 성행위를 자세히 묘사하는 내용으로 구성되어 있었기 때문에 오늘날의 관점에서는 포르노그래피로 분류될 수 있는 성질의 것이었다. 이 책들은 중국의 방중술 서적들처럼 성행위를 통해 건강을 관리하는 방법을 다뤘다. 또한, 이 책들은 문학적 특성도 갖고 있어서 자위, 불륜, 성도착행위 등을 묘사하기도 했다. 주로 왕이나 귀족처럼 신분이 높은 사람들의 오락거리로 이용되었다Franke, 2012.

3. 현대사회의 미디어와 포르노그래피

인류 역사를 통해 다양한 사회와 문화에서 성에 대한 표현물들이 여러 다른 방식으로 이해되고 사용되었지만 19세기 이후 제국주의의 팽창과 함께 기독교를 기반으로 한 서구의 문화와 담론이 세계를 지배하게 되면서 외설적인 음란물로서의 포르노그래피 개념이 일반화되었다. 이제 포르노그래피는 현실의 일상생활과는 무관하게 과도한 성행위를 묘사함으로써 성적인 욕망을 자극하는 외설성을 가진 표현물로 이해된다. 이렇게 단순한 외설물로 이해된 포르노그래피는 인간을 단지 성적 대상으로 전락시킨다는 비난을 받는다.

그런데 사회적 비판과 억압, 통제에도 불구하고 포르노그래피는 끊임없이 발달해왔다. 포르노그래피의 발달은 미디어의 발달과 떼려야 뗄 수 없는 관계를 맺고 있다. 인쇄술과 판화의 발명으로부터 시작해서 최근의 인터넷과 가상현실 기술의 발명에 이르기까지 수많은 미디어가 포르노그래피를 위해 이용되어왔다.

18세기 이후 포르노그래피의 산업화는 인쇄술의 발달과 문자해독률의 상승으로부터 영향을 받았다. 이런 기술적, 사회적 변화를 바탕으로 18세기에는 포르노 문학이 대중화되었다. 1748년 출간된 존 클렐랜드John Cleland의 『패니 힐Fanny Hill』은 18세기 유럽에서 가장 악명 높고 가장 많이 읽힌 포르노그래피 소설로 평가된다. 런던에서 생계를 위해 매춘을 하게 된 패니 힐이란 젊은 여성의 삶을 그린 이 소설은 서술적 사실주의라는 새로운 기법을 사용해 다양한 성행위를 상세히 묘사함으로써 사회적으로 큰 반향을 불러일으켰다. 이 소설은 출간 후 도덕에 위반된다는 이유로 판매가 금지되었으나 그 후 2세기 동안 은밀하게 유통되었다. 1963년 미국에서 이 책이 재출간되었을 때 음란물로 분류되어 판매중지를 당했으나 법정 투쟁 끝에 1966년 마침내 출간이 허용되었다.

사진의 발명은 포르노그래피의 역사에 한 획을 긋는 사건이었다. 1839년 은판 위에 영상을 인화하는 방식의 다게레오타입Daguerreotype이란 사진술이 처음 대중에게 공개된 이후로 거의 즉각적으로 포르노 사진이 제작되기 시작했다. 포르노그래피는 사진 덕분에 비약적으로 발전했다. 왜냐하면, 그림이나 판화와는 달리 사진은 현실의 사람을 그대로 보여줬기 때문이다. 사람들은 실제 존재하는 사람들의 나체와 성행위를 사진으로 볼 수 있다는 것에 열광했다. 사진 이전에 성행위를 재현하던 그림들은 대개 성행위 장면을 구체적으로 묘사하는 방식으로 제작되었다. 이런 식의 그림은 상상한 장면이라는 느낌을 줬다. 이와는 달리 사진은 현실에 존재하는 성을 그대로 보여준다는 느낌을 줬다.

그런데 초기 사진은 빛에 민감하게 반응하지 못했기 때문에 촬영을 위한 노출 시간이 길어서 움직임을 포착해 재현하기 어려웠다. 이 때문에 초기 사진은 성행위를 직접 재현하기 어려웠다. 그래서, 초기의 포르노 사진에서는 성행위를 재현하는 작품을 발견하기 힘들다. 초기 사진은 성행위를 재현하는 대신에 여성이 음부를 드러내고 카메라를 응시하는 모습을 재현했다. 결국, 기술적인 이유로 초기의 포르노 사진에서는 성기를 드러낸 남성이나 여성을 재현하는 사진들이 지배적인 표현양식으로 고착되었다. 특히 카메라를 응시하면서 성기를 보여주는 나체의 여성 사진은 이전의 그림이나 판화에서는 볼 수 없었던 새로운 재현 방식이었다. 이런 방식의 포르노 사진은 현재의 포르노그래피가 성을 재현하는 방식에도 영향을 줬다.

사진은 처음 등장했을 때부터 회화와 밀접한 관계 속에서 발전했다. 특히 이미 확고한 예술의 지위를 갖고 있던 회화와는 달리 사진은 기계를 이용해 제작된 영상이라는 이유로 예술의 지위를 인정받는 데 어려움을 겪고 있었다. 예술로 인정받기 위해 많은 초기 사진들이 회화 작품을 모방하려고 시도했다. 사진 이전에도 나체를 묘사한 회화 작품은 많았다. 초기 사진은 여성의 나체를 재현하는 과정에서 회화를 모방하려 했다. 이런 사진은 성기를 그대로 보여주는 노골적인 포르노그래피 사진은 아니었다. 사진은 모델의 자세나 장식 같은 것에서 회화 작품을 모방했지만, 여전히 정숙하지 못한 포르노그래피란 지적으로부터 자유롭지는 못했다. 왜냐하면, 회화에서 재현된 여성 나체가 이상적인 육체를 완벽하게 보여주는 것과는 달리, 사진이 보여주는 여성 나체는 현실의 육체가 가진 가공되지 않은 추함을 드러냈기 때문이다.

19세기 프랑스에서는 그림을 판매하기 위해서는 정부의 아카데미에 작품을 등록해야 했다. 사진도 예외는 아니어서 사진을 판매하기 위해서는 아카데미에 작품을 등록하는 절차를 거쳐야 했다. 그런데 정숙하지 않은 사진으로 평가될 경우에는 아카데미에 등록될 수 없었다. 나체를 재현하는 그림과는 달리 나체를 재현한 사진들은 대부분 아카데미에 등록되기 힘들었고 판매되기도 쉽지 않았다. 결국, 나체 사진은 음성적인 방식으로 거래될 수밖에 없었다.

초기의 다게레오타입 사진들은 은판에 하나씩 인화되는 방식이었기 때문에 적은 수가 제작되었고 가격이 비쌌다. 이 때문에 다게레오타입의 사진들을 구매해서 즐기는 사람들은 대부분 소수의 부유한 사람들일 수밖에 없었다. 1850년대 초 유리 원판을 이용한 사진술이 개발되어 다게레오타입을 대체하면서 사진의 대량인화가 가능해졌다. 이것은 사진의 산업화를 불러왔는데, 이와 함께 포르노 사진의 산업화도 시작되었다. 1844년 프랑스 파리에는 다게레오타입을 제작하는 사진관이 10개 있었는데 1852년에는 49개, 1856년에는 161개로 증가했고 다게레오타입이 유리 원판으로 대체되자 사진관 수는 기하급수적으로 증가했다Coulon, 2007. 포르노 사진을 제작하고 판매하는 일도 규모가 확장되었다. 사진의 대량인화로 가격이 내려가자 포르노 사진의 수요도 증가했다. 특히 성적 욕망을 충족시킬 수단과 방법이 비교적 많았던 상류층이나 하류층과는 달리 상대적으로 금욕을 강요받았던 중산층 부르주아들이 포르노 사진의 주요 소비층을 형성했다.

포르노 사진의 판매는 금지되어 있었기 때문에 포르노 사진 산업은 마약 산업처럼 음성화되었다. 포르노 사진의 촬영과 제작은 주로 노동자 계급의 사람들이 담당했다. 왜냐하면, 정식 교육을 받지 않아도 쉽게 사진술을 배워 사진을 제작할 수 있었기 때문이다. 초기 포르노 사진에는 섹시함이라는 개념이 존재하지 않았다. 단순히 여성이 나체로 성기를 드러내는 방식의 조잡한 사진들이 주를 이뤘다. 여성은 나체로, 남성은 옷을 입은 상태로 나체의 여성과 함께 있는 방식의 사진들이 많았다. 1855년이 되면 프랑스에서 여성 나체 사진은 아카데미에 등록하는 대신에 경찰이 별도의 기록부를 만들어 관리하는 표현물이 되었다. 경찰은 포르노 사진의 제작과 판매를 단속하고 포르노 사진의 모델과 사진가를 체포했다.

19세기 중반부터 우편제도가 발달하자 포르노 사진은 우편을 이용해 음성적으로 판매되었다. 포르노 사진 딜러는 구매력이 있는 중산층 남성들에게 샘플 사진을 우편으로 보내 광고를 하고 주문을 받는 방식으로 영업을 했다. 특히 국제우편이 발달하면서 유럽과 미국에서는 포르노 사진 산업이 성장했다.

1880년대에 사진을 종이에 대량으로 인쇄할 수 있게 되자 사진을 위주로 내용을 구성하는 잡지가 만들어져 대중적 인기를 끌었다. 1890년대부터 여성의 나체 사진을 실은 사진 잡지들이 등장했다. 『예술적 나체Le nu artistique』, 『전율Le frisson』 같은 잡지들이 나체 사진과 외설적 글을 게재하면서 남성 독자들 사이에서 인기를 끌었다. 20

세기 초부터 이런 남성 잡지가 대중을 위한 포르노 사진의 매개체가 되었다. 이와 함께 나체 사진의 수준도 높아졌다. 1900년 이후 비로소 오늘날과 같은 섹시한 포즈를 취하는 나체 사진들이 등장하기 시작했다.

1878년 영국 사진가 마이브리지Eadweard Muybridge는 24개의 카메라를 설치하고 달리는 말의 옆모습을 연속적으로 촬영하는 데 성공했다. 이 사진들은 말의 움직임을 세밀히 관찰할 수 있게 했을 뿐만 아니라 연속적으로 영사할 경우에는 움직이는 영상을 얻을 수도 있었다. 이후 마이브리지는 동물과 인간의 움직임을 연속으로 촬영한 사진들을 제작했다. 인간의 움직임을 연속적으로 촬영할 때는 대개 나체를 촬영했는데 특히 여성의 경우 다양한 움직임을 보여주는 나체 사진들을 촬영했다. 이 여성 나체 사진들은 포르노적인 시선을 가진 것으로 평가되기도 한다.

1838년 찰스 휘트스톤Sir Charles Wheatstone이 3D 사진 시스템인 입체경stereoscope을 발명했다. 인간의 눈이 가진 시차를 이용해 3차원의 느낌을 주는 방식으로 사진을 볼 수 있게 만든 이 장치는 19세기 말과 20세기 초에 큰 인기를 끌었다. 이 장치를 이용해 제작된 포르노 사진도 등장해 나체를 입체적으로 볼 수 있는 시각적 경험을 제공했다.

1895년 프랑스의 뤼미에르 형제Auguste & Louis Lumière가 최초의 영화를 상영했다. 1896년에는 여자가 옷을 벗으면서 성적으로 유혹하는 장면이 포함된 최초의 에로틱 영화인 『신혼부부의 침실Le coucher de la mariée』이 제작되었다. 영화의 탄생과 거의 동시에 성애를 묘사하는 영화가 제작된 것이다. 하지만 여성의 몸을 성적인 방식으로 재현하는 영화들은 즉각적으로 검열의 대상이 되었다. 초기 영화에서는 단순한 키스를 재현한 장면도 상영하기 힘들었다. 포르노 영화는 불법적으로 제작 유통되었다. 1900년대 초부터는 제목도 제작연도도 없는 블루 무비blue movie, 스태그 필름Stag film 같은 포르노 영화가 등장해 불법적인 포르노 영화의 전성기를 열었다. 이 영화들은 대개 아마추어들이 8mm 필름으로 만든 싸구려 영화들이었고 매춘업소 등에서 상영되었다.

미국에서는 1930년에 미국영화제작배급협회MPPDA의 회장이었던 윌 헤이즈Will H. Hays가 영화의 선정적이고 폭력적인 장면의 묘사를 영화업자 스스로 자율적으로 규제하기 위해 헤이즈 규약Hays code을 제정했다. 이후 약 30여년에 걸쳐 미국 영화의 규제 장치로 이용된 이 규약은 특히 성적인 표현을 강력히 규제하는 내용을 갖고 있었다. 키스와 포옹의 표현은 최소화하고 춤도 외설적이거나 성적으로 표현되는 것을 금지했다. 나체는 물론이고 동성애나 인종 간의 성관계도 묘사해서는 안 되었다.

이처럼 영화의 성적인 묘사에 대해 강력한 규제를 한 것은 영화가 현실의 성행위를 적나라하게 재현할 수 있는 능력을 갖고 있기 때문이다. 규제가 강한 만큼 영화로 재현된 구체적인 성행위를 보고자 하는 대중의 욕망도 컸다. 1940년대에는 법적인 규제를 피해 많은 사람이 집에서 직접 포르노 영화를 촬영했다. 이 아마추어 포르노 영화 제작자들은 집에 있는 화장실 욕조나 불법현상소를 이용해 필름을 현상하고 배우자나 친구들과 함께 영화를 관람했다.

포르노 영화는 사람들이 눈으로 직접 목격하기는 어려운 타인의 실제 성행위 장면을 보고자 하는 욕망을 충족시키는 방식으로 제작되었다. 특히 삽입 장면을 클로즈업으로 촬영해 보여주는 '미트샷meatshot'은 포르노 영화가 만들어낸 영상 문법이다. 일반적으로 포르노 영화는 여자들보다는 남자들이 주로 보는 영상물로 자리를 잡았다. 포르노 영화는 주로 남성의 동성사회적 환경homosocial envoronment 속에서 소비되었다. 젊은 남자들은 친구들과 모여 있을 때 함께 포르노 영화를 보면서 섹스를 배웠다.

1940년대부터는 사진 잡지를 통해 젊은 여성의 육체가 성적으로 소비되었다. 잡지에 나온 매력적인 외모를 가진 젊은 여성의 사진을 찢어 벽에 거는 것이 유행하면서 핀업걸pin-up girl이 등장했다. 1940년대의 핀업걸은 주로 다리에 초점이 맞춰져 있었다. 1950년대 핀업걸은 마릴린 먼로 등과 같은 유명한 배우의 사진에서처럼 가슴을 강조했다. 그리고 1960년대에는 강조점이 엉덩이로 이동했고 결국 1970년대 포르노 잡지가 일반화되면서 가랑이와 음부를 강조하는 방식으로 여성이 재현되었다.

1953년 여성의 나체 사진을 게재하는 본격적인 포르노 잡지인 『플레이보이』가 창간되었다. 1965년에는 여성의 성기와 음모를 노출하면서 좀 더 노골적으로 성을 재현한 『펜트하우스』가 창간되었다. 『펜트하우스』의 사진은 포르노 사진에 예술성을 가미하려 노력했다. 레이스, 진주, 고가구 등이 배치된 고급스러운 환경에 있는 여성의 나체를 부드러운 초점의 사진으로 재현했다. 또한, 카메라와 여성 모델 사이에 물건을 배치해 마치 훔쳐보는 느낌이 들도록 함으로써 인기를 끌었다. 1970년대 이후 잡지들 사이의 경쟁에 치열해지고 성적 표현물에 대해 관대한 사회적 분위기가 만들어지면서 사진의 표현 수위는 갈수록 올라갔다.

한편, 1945년에는 남성용 게이 포르노 잡지 『피지크 픽토리얼Physique Pictorial』이 등장했다. 이것은 값싼 종이에 흑백으로 인쇄된 잡지였다. 바디빌딩을 하는 남성들이 검투사, 카우보이, 인디언 등으로 분장해 나체를 보여주는 방식으로 촬영되었다. 이 잡지는 바디빌딩 잡지를 표방하면서 게이 포르노 잡지의 혐의를 벗고 검열을 피하려 했다.

1960년대부터 포르노그래피를 합법화하려는 노력이 시작되었다. 유럽에서는 '현대 포르노의 제왕'이라고 불리는 라시 브론Lasse Braun이 포르노 합법화를 주장했다. 그는 1962년부터 덴마크 코펜하겐을 거점으로 활동하면서 고품질의 포르노 영화를 제작했다. 결국, 1969년 덴마크에서 포르노 영화가 합법화되었다. 1968년 미국에서는 존슨 대통령의 지시에 따라 포르노그래피의 사회적 영향에 대한 연구를 하게 된 일명 '존슨위원회Lyndon Johnson's Commission on Obscenity and Pornography'가 포르노그래피가 범죄에 직접적인 영향을 미치지 않는다고 판단하고 포르노그래피에 대한 규제를 철폐할 것을 제안했다. 이후, 1970년대에 미국에서는 프리섹스free sex 운동과 함께 포르노 산업이 활성화되기 시작했다. 미국 포르노 산업의 대부로 알려진 루벤 스터먼Reuben Sturman은 '핍쇼 부스peep show booth'를 만들어 상업적으로 큰 성공을 거뒀다. 이것은 작은 방에 있는 작은 상자에 동전을 넣고 개인적으로 포르노 영화를 볼 수 있는 장치였다.

1970년대는 포르노 영화의 전성기였다. 수많은 포르노 영화들이 제작되었고 포르노 영화 전문상영관들도 우후죽순 들어섰다. 그중에서 가장 유명했던 영화는 1972년 제라르 다미아노Gerard Damiano가 감독하고 린다 러브레이스Linda Lovelace가 주연한 『목구멍 깊숙이Deep Throat』이다. 이 영화는 흥행에서 대성공을 거뒀다. 유명인들이 앞다퉈 영화를 보러 가고 공개적으로 영화에 대해 말을 할 정도였다. 목구멍 깊은 곳을 자극해야만 성적 쾌락을 느낄 수 있는 여성의 이야기를 그린 이 영화는 오럴섹스를 대중화했고 여성의 성적 욕망과 쾌락을 긍정적으로 다뤘으며 여성의 쾌락을 '머니 샷money shot' 혹은 '컴 샷cum shot'을 통해 시각화하는 데 기여했다는 평가를 들었다. 실제로 이 영화를 계기로 포르노 영화관에 가는 여성들이 증가했다. 이외에도 『초록 문 뒤에Behind the green door, 1972』, 『미스 존스 안의 악마The Devil in Miss Jones, 1973』, 『채울 수 없는Insatiable, 1980』 등이 포르노 영화 전성기를 대표하는 작품들로 기록된다.

포르노 영화가 전성기를 맞이하자 1970년대 중반부터는 할리우드 주류 영화계에서도 소프트코어 포르노 영화를 제작하기 시작했다. 당시에는 남녀 모두가 포르노 영화를 즐겼다. 여전히 포르노 영화는 남성 동성 사회에서 더 큰 환영을 받았지만, 여성들도 영화관에 가서 포르노 영화를 즐기기 시작했다. 특히 남성들이 레즈비언 포르노 영화를 소비하듯이 여성들은 게이 포르노 영화를 보면서 성적인 자극을 찾았다.

1980년대에 들어서 대처리즘Thatcherism, 레이거노믹스Reaganomics 등으로 대표되는 정치적 보수화가 진행되고 에이즈AIDS가 새롭게 등장한 치명적인 성병으로 악명을 떨치면서 성적인 자유분방함을 억압하는 보수적인 분위기가 확산되었다. 게다가 비디오라는 새로운 미디어가 등장함으로써 포르노 영화의 전성기가 끝났다. 1970년에 미국에는 900여 개의 포르노 영화관이 있었지만 1987년에는 그 수가 200여 개로 감소했다.

1980년대 이후 비디오의 대중화로 포르노 영화관은 쇠퇴했지만, 포르노 영화산업의 규모는 오히려 크게 성장했다. 비디오플레이어와 카메라의 등장으로 누구나 자신의 집에서 포르노 영화를 즐길 수 있을 뿐만 아니라 직접 손쉽게 제작할 수 있게 되었다. 비디오 장치 덕분에 영상을 정지 화면으로 보거나 느린 화면으로 볼 수 있었기 때문에 사람들은 자신이 보고 싶은 것에 집중할 수 있는 포르노 비디오를 열광적으로 받아들였다. 은밀했던 성행위가 오락이 되고 일상이 된 것이다. 비디오 시장도 포르노 영화 덕분에 급성장했다. 1979년 미국 가정의 1% 미만이 비디오플레이어를 갖고 있었지만 10년도 채 되지 않아 50%가 넘는 가정에 VCRVideo Cassette Recorder이 보급되었다.

초기 포르노 제작자들은 비디오 촬영을 싫어했다. 왜냐하면, 비디오 영상의 화질이 좋지 않아 영화보다 미적으로 열등하다고 느꼈기 때문이다. 하지만 누구나 쉽게 조작할 수 있고 휴대가 간편해서 어디에서나 촬영이 가능한 8mm 캠코더의 등장으로 포르노 비디오 시장이 다시 활성화되었다. 1970년대에는 매년 100편의 포르노 영화가 제작되었지만 1998년에는 8,948편의 포르노 비디오가 제작되어 40억 달러 이상의 수익을 거뒀다Salmon, 2004. 1980년대 중반 캘리포니아 주정부가 포르노 영화의 제작을 합법화하면서 캘리포니아의 산 페르난도 밸리San Fernando Valley에 포르노 제작사가 밀집해 있는 포르노 밸리가 형성되었다. 1980년대 이후 포르노 산업의 규모가 확대됨에 따라 포르노그래피는 예술적·사회적 가치를 갖지 못한 채 단순히 성행위 자체를 묘사하는 상품이 되었고 경제적 이윤을 추구하는 수단으로 전락했다. 포르노 영상은 점점 더 자극적이 되었다.

비디오 덕분에 누구나 포르노 제작자와 연기자, 스타가 되는 것이 가능해졌다. 사람들은 포르노 상영관에서 영화를 보는 것이 아니라 집에서 비디오를 보면서 성적 자유를 누렸다. 버튼으로 정지 화면, 느린 화면 등을 선택하면서 영상을 통제하고 비디오의 야한 장면만 골라 사냥하듯 시청했다. 공개적 포르노 영화에선 항문 성교가 금기시되었지만, 은밀히 볼 수 있는 포르노 비디오에선 일종의 성적 표현이 되었다. 모든 종류의 성애를 다룬 비디오가 등장했다. 잘 알려진 유명 영화를 패러디한 포르노 비디오들이 제작되었다. 1995년에는 포르노 배우인 애나벨 청Annabel Chong이 하루에 80명의 남자와 251회의 성관계를 맺는 집단 섹스 비디오가 제작되기도 했다.

1970년대에 비디오는 기존의 영화와 텔레비전의 관습을 조롱하고 비판하는 미디어로 사용되기도 했다. 비디오는 영상을 이용한 새로운 형태의 실천과 미학을 만들었다주형일,2020:243. 포르노그래피와 관련해서도 비디오는 비슷한 역할을 했다. 1970년대 말 어글리 조지Ugly George라는 이름의 비디오 제작자가 새로운 형식의 포르노 비디오를 제작하는 활동을 했다. 길거리 포르노 비디오라고 할 수 있는 이 작품들은 어글리 조지가 직접 뉴욕의 거리에 나가 길을 가는 여성을 유혹한 후 그의 나체나 성행위를 촬영하는 방식으로 제작되었다. 이것은 후에 『어글리 조지의 진실, 성, 폭력의 시간The Ugly George Hour of Truth, Sex and Violence』이라는 자체 제작 프로그램의 형태로 맨하탄 케이블 TVManhattan Cable Television를 통해 방송되기도 했다. 현실의 일반인이 벌이는 진짜 성행위를 보여주는 비디오는 사용자와 상호작용한 최초의 포르노 영상이라고 할 수 있었다.

디지털 기술의 발달로 포르노 산업에도 변화가 발생했다. 1990년대 초부터 CD-Rom 형태의 상호작용 포르노 영상이 등장했다. 1993년 제작된 시모어 버츠Seymore Butts의 『인터액티브 어드벤처The Interactive Adventures』는 최초로 성공한 상호작용 포르노 영상이었다. 시청자는 영상의 단계마다 버츠가 무슨 일을 해야 할 것인지, 무엇을 보여줄 것인지를 정할 수 있었다. 1990년대 중반에는 CD가 DVD로 대체되었고 1990년대 말부터 인터넷이 대중화되면서 포르노그래피는 인터넷에서 유통되는 주요 콘텐츠가 되었다.

새로운 디지털 장치들과 인터넷 덕분에 누구나 포르노에 접근할 수 있게 되었다. 특히 가상 성행위virtual sex가 가능해졌다. 인터넷에서는 익명성을 바탕으로 포르노그래피를 제작하고 즐기는 일이 성행한다. 인터넷의 포르노 사이트를 통해 우리는 신체 접촉 없이 타인과 거의 완벽한 상호작용을 구현할 수 있다. 현실에서 다른 사람과 실제로 성관계를 맺는 것은 고려할 것이 많은 일이지만 인터넷과 가상현실에서의 포르노그래피는 완벽한 통제 아래에서 쾌락을 추구할 수 있는 기회를 제공한다.

혼자 사는 사람들이 늘면서 인터넷 포르노 산업은 점점 더 발전하고 있다. 인터넷은 새로운 공동체를 제공한다. 혼자 고립되어 있던 사람들이 비슷한 취향과 생각을 가진 사람들과 인터넷 커뮤니티를 형성하고 상호작용한다. 인터넷과 디지털 기술 덕분에 포르노그래피는 수동적으로 보는 것이 아니라 조작하는 기호가 되었다. 전염병이 유행하는 시기에 사이버 섹스는 욕망을 실현하는 안전한 방법일 수 있기에 사람들은 가상세계의 포르노그래피에 열광한다. 종교적 권위는 땅에 떨어졌고 가정은 언제든지 해체 가능한 허약한 공동체가 되었으며 연인들도 각자의 자유를 즐기기를 원하는 현대사회에서 소중한 것은 이제 나 자신밖에 남지 않았다. 이런 이유로 디지털 기술이 만들어낸 가상세계의 포르노그래피는 나에게 쾌락을 제공하는 가장 안전하고 가장 위안이 되는 수단이 된다.

4. 포르노그래피의 분류와 규제

1970년대 포르노 영화가 유행하면서 미국에서는 포르노 영화를 분류하기 시작했다. 일반적으로 포르노 영화는 성 표현의 노골성 및 사회적 구범과의 충돌 정도에 따라 소프트코어와 하드코어로 구분된다. 소프트코어 포르노그래피는 일반적으로 사람들의 나체를 재현하고 성행위를 묘사하지만 노골적이고 구체적인 장면은 재현하지 않는다. 소프트코어 포르노그래피는 대부분의 문화권에서 성인을 대상으로 공개와 판매가 허용된다.

하드코어 포르노그래피는 성에 대해 노골적이고 구체적인 묘사를 한다. 성기를 노출하고 삽입이나 사정 등의 행위도 그대로 재현한다. 이와 함께 강간, 윤간, 새디즘과 마조히즘, 고문, 상해나 살인을 동반하는 성행위, 아동 포르노그래피, 수간, 근친상간, 혼음 등을 포함하는 폭력적, 강제적 성관계를 재현하면서 인간의 가치를 손상한다는 평가를 듣기도 한다. 이처럼 하드코어 포르노그래피는 상상할 수 있는 거의 모든 형태의 성행위를 재현하는 경우가 많기 때문에 많은 문화권에서 지배적인 사회적 규범과 충돌하면서 논란을 불러일으키기도 한다. 사회에 따라서는 하드코어 포르노그래피를 사회의 도덕을 문란하게 하고 범죄를 유발하며 어떠한 예술적 가치도 없는 반사회적 표현물로 규정하면서 제작과 유통을 금지하기도 한다.

포르노그래피에 대한 규제는 대개 외설성obscenity에 대한 사회적 판단을 바탕으로 이뤄진다. 문제는 외설성의 기준이 상대적이고 모호하다는 데 있다. 개인의 성적 선호도와 사회문화적 맥락, 사회의 지배적 가치관과 도덕관에 따라 외설의 정도가 다르게 판단된다. 고대나 중세 사회에서는 세계 여러 문화권에서 성과 성적 표현물에 대해 오늘날과는 다른 인식을 갖고 있었기 때문에 포르노그래피의 규제라는 관점에서 그들의 제도를 이해할 수는 없다. 16세기와 17세기 유럽에서는 교회가 사회를 지배하고 있었지만 의외로 포르노그래피에 대한 규제는 강하지 않았다. 당시 교회는 공식적으로는 성에 대한 금욕과 절제를 강조했지만, 비공식적으로는 매춘업소를 운영하기도 했고 귀족이나 부자들이 성을 즐기는 것을 묵인했다. 교회가 중요하게 여겼던 것은 이단을 억압하면서 교회의 권력과 성직자의 특권을 유지하는 것이었다. 따라서 포르노그래피가 공공장소에서 유통되지 않는 한, 제작과 향유를 묵인했다.

18세기에는 종교적 범죄에 대한 판단이 교회에서 세속법정으로 이관되었다. 이에 따라 당시에 유행하던 포르노 문학에 대한 검열도 국가가 담당했다. 당시 정부는 포르노 문학 작품이 반사회적이며 도덕성을 해친다는 이유로 검열을 했지만, 외설성에 대한 명확한 판단 기준은 갖고 있지 않았다. 19세기에 자본주의가 확대되고 의학과 과학기술이 발달하면서 유아사망률이 감소하고 중산층이 확대되자 가족과 아동에 대한 사회적 관심이 증가했다. 가족은 아동의 재생산과 교육을 담당하는, 자본주의 사회의 핵심이 되는 기본 단위로 이해되었다. 사회를 책임질 미래의 노동자인 아동의 교육과 건강을 담당하면서 가족을 지키는 어머니와 아내의 역할이 중요시되었다. 이에 따라 현모양처로서의 여성의 자질과 도덕성을 사회가 보호해야 한다는 생각이 자리를 잡으면서 좋은 여성의 모성과 아동의 순수성을 지키기 위해 포르노그래피에 대한 규제의 필요성이 부각되었다. 이후, 1960년대 말에 유럽과 미국에서 포르노그래피에 대한 규제가 완화될 때까지 포르노그래피는 불법적인 표현물로 간주되었고 사회적 논란을 일으키면서 음성적으로 제작 유통되었다.

한국의 경우에는 현재 성인물과 음란물을 구분해서 규제한다. 성인물은 19세 이상 성인에게 관람이 허용되지만, 음란물은 제작과 유통이 금지된다. 문제는 성인물과 음란물의 명확한 구분 기준이 없다는 것이다. 2008년 대법원 판례에 따른 음란물 기준은 다음과 같다.

1 사회 통념상 일반인의 성욕을 자극해 성적 흥분을 유발하고 정상적인 성적 수치심을 해하여 성적 도의관념에 반하는 것.

2 표현물 전반적으로 단순히 저속하고 문란한 차원을 넘어 인간의 존엄성과 가치를 심각하게 훼손·왜곡할 정도로 노골적으로 성적 부위나 행위를 적나라하게 표현 또는 묘사한 것.

3 성적 흥미에만 호소하고 하등의 문학적·예술적·사상적·과학적·의학적·교육적 가치가 없는 것.

이 경우에 외설성의 기준을 사회적 통념에 두었는데, 쉽게 말하자면 상식의 수준에서 판단한다는 것이다. 그런데 상식이란 명확한 기준에 의해 규정되는 것이 아니라 사회문화적 맥락에 따라 변동되는 것이다. 예를 들어, 과거에는 영화에서 여성의 가슴을 보여주는 장면은 외설적이란 이유로 삭제되었지만, 현재는 충분히 표현 가능한 것으로 수용되고 있다. 특정 집단에서는 동성애를 죄악시하지만 다른 집단에서는 가능한 성애의 하나로 수용하기도 한다. 포르노그래피 자체에 대해서도 절대적인 금지를 주장하는 사람들과 부분 허용을 주장하는 사람들, 완전 허용을 주장하는 사람들로 나뉘어서 의견이 엇갈린다.

포르노그래피에 대한 허용과 반대의 입장은 크게 여섯 가지로 구분될 수 있다.

첫 번째, 보수주의 혹은 전통적 도덕주의의 입장이 있다. 이 입장에 따르면 성행위는 사랑, 결혼, 생식과 관련된 경우만 도덕적이다. 성행위를 노골적으로 묘사하는 포르노그래피는 윤리적인 타락과 성도착을 유발할 수 있으며 가정파괴의 원인이 될 수 있다고 본다. 이런 입장을 가진 사람들은 포르노그래피가 혐오감과 불쾌감을 유발할 뿐만 아니라 반사회적 행위와 성범죄를 유발할 수 있는 비도덕적인 표현물이기 때문에 포르노그래피의 제작과 소비를 금지해야 한다고 주장한다.

두 번째, 자연주의의 입장이 있다. 이 입장에 따르면, 성행위의 목표는 쾌락을 얻는 것이고 성행위를 통해 쾌락을 추구하는 것은 자연스러운 행위이기에 성적 표현물을 제작하고 소비하는 것도 자연스러운 일이며 나아가 건전하고 바람직한 일이기도 하다. 이런 입장을 가진 사람들은 인간이 성에 대한 자기결정권을 갖고 있다고 보고 포르노그래피를 즐길 결정권도 개인에게 있다고 주장한다. 오히려 성을 비밀시하고 공개적으로 논의하는 것을 꺼리는 사회적 억압이 문제이지 포르노그래피 자체가 문제가 아니라고 본다.

세 번째, 급진적 자유주의가 있다. 이 입장에 따르면, 개인의 자유를 침해하는 어떤 일도 허용되어서는 안 되기 때문에 성에 대해서도 어떤 제약도 있어서는 안 된다. 이런 입장을 가진 사람들은 성 해방을 지향하고 포르노그래피와 관련해서도 완전한 허용을 주장한다.

네 번째, 개량적 자유주의가 있다. 이 입장에 따르면, 타인에게 피해를 주지 않는 한 개인의 자유를 억압해서는 안 된다. 이런 입장을 가진 사람들은 포르노그래피의 경우에도 해악이 입증되지 않는 한, 성인이 포르노그래피를 즐기는 것을 규제할 수 없다고 본다. 특히, 포르노그래피는 표현의 자유라는 관점에서 제작이 보장되어야 한다고 주장한다.

다섯 번째, 급진적 페미니즘이 있다. 이 입장에 따르면, 남성을 권력 중심에 놓는 가부장제에 기초한 모든 사회적 제도와 구조가 여성 억압의 원인이며 성행위 자체가 남성이 여성에게 가하는 폭력의 하나가 될 수 있다. 이런 입장을 가진 사람들은 포르노그래피도 결국 남성의 성적 표현물로서 여성이 성적으로 종속되는 원인이자 결과이며 여성을 비하하고 여성에 대한 폭력을 유발하는 것이라고 본다. 이에 따라 진정한 여성 해방을 이루기 위해서는 남성 중심적인 모든 제도의 철폐가 필요하며 포르노그래피도 남성 문화의 산물이기 때문에 완전히 금지되어야 한다고 주장한다.

여섯 번째, 포스트모던 페미니즘이 있다. 이 입장에 따르면, 사람들은 자신의 성 정체성을 스스로 개발하며 단일하고 고정된 성 정체성이 아닌 다양한 성 정체성을 구성해 간다. 이런 입장을 가진 사람들은 포르노그래피를 현실이 아니라 성적 환상이라고 본다. 사람들은 포르노그래피를 있는 그대로 받아들이지 않고, 상상의 영역에서 자신들의 성 정체성을 만들어내는 수단으로 이용한다. 포르노그래피가 남성의 성적 환상만이 투영되는 표현물이 아니라 여성도 포르노그래피를 통해 자신의 성적 욕망을 투영하고 성 정체성을 만들어갈 수 있다. 따라서 포르노그래피를 단순히 금지할 필요는 없으며 여성이 포르노그래피를 이용해 자신의 성 정체성을 주체적으로 찾아가고 만들어가는 과정을 긍정적으로 볼 필요가 있다는 것이 이 입장의 의견이다.

3장

포르노와 남성

1. 남성적 판타지

포르노그래피는 기본적으로 남성에 의한, 남성을 위한, 남성의 콘텐츠이다. 포르노그래피 소비자의 대다수가 남성들이다. 2016년 미국의 비영리 포르노중독 치료단체인 '프루븐 멘Proven Men'의 조사 결과에 따르면, 미국 성인 남성의 64%가 적어도 한 달에 한 번은 포르노를 소비한다. 18세에서 30세 사이 남성의 79%가 적어도 한 달에 한 번은 포르노를 소비하고 나이가 들수록 수치는 조금씩 감소해서 50세에서 68세 사이 남성의 경우에는 50%가 적어도 한 달에 한 번 포르노를 소비한다. 18세에서 30세 사이 남성의 30%는 매일 포르노를 접하는 것으로 조사되어 포르노가 주로 젊은 남성에 의해 소비되는 것으로 밝혀졌다. 반면에 같은 연령대의 여성들 중 매일 포르노를 접하는 경우는 3%에 불과했다. 이처럼 포르노그래피의 주 소비자는 남성이며 특히 돈을 주고서 포르노 콘텐츠를 구매하는 소비자의 경우는 절대다수가 남성이다. 이런 이유로 대부분의 포르노그래피는 남성의 욕망을 충족시키기 위한 성적 판타지를 담고 있다고 볼 수 있다.

포르노그래피가 남성의 성적 판타지를 재현하는 경우에, 포르노 작품 안에서 남성은 보는 자, 행위를 하는 자로, 여성은 보이는 자, 행위에 반응하는 자로 재현된다. 포르노그래피에 대한 강력한 반대 의견을 펼친 급진적 페미니스트 안드레아 드워킨Andrea Rita Dworkin에 따르면, 포르노그래피는 남성이 가진 살인본능에 부합하는 표현물이다. 그는 남성은 기본적으로 사냥을 통해 대상을 추적, 포획, 정복, 파괴하는 행동을 하면서 진화해 왔기 때문에 남성의 섹슈얼리티에는 살인본능이나 죽음의 본능이 들어있다고 주장한다. 남성은 살인과 파괴를 통해 삶의 공허함이나 소외감을 보상받고자 한다. 결국, 남성의 성적 판타지란 대상을 정복하고 파괴함으로써 욕망을 충족하는 방식으로 구성되기 때문에 포르노그래피 안에서는 여성이 정복과 파괴의 대상으로 재현될 수밖에 없다. 특히 하드코어 포르노그래피는 남성의 파괴적 본능을 잘 보여준다.

하드코어 포르노에서 남성은 주로 여성을 유린하면서 성적 쾌락을 얻는 방식으로 재현된다. 사냥꾼 남성에 의해 포착되고 추적되고 공격받아 포획되는 동물의 역할을 여성이 담당한다. 남성에게 정신적으로 완전히 지배당한 체 순종적으로 움직이는 여성의 육체에 대해 가학적인 폭력이 가해지는 방식의 하드코어 포르노는 여성을 정복하고 소유하고자 하는 남성의 욕망을 재현한다.

포르노그래피를 남성의 살인본능에 부합하는 표현물이라고 부정적으로 보지 않는다 하더라도, 포르노그래피의 서사구조를 보면 대부분의 포르노그래피가 매우 단순한 이야기를 제공한다는 것을 발견할 수 있다. 특히 주류 이성애 포르노 영화의 경우에 관습적으로 되풀이되는 단순한 서사구조를 보여준다. 주류 이성애 포르노 영화는 남자와 여자가 만나서 성적인 흥분을 하고 사정을 한 후에 끝이 나는 방식으로 이야기가 진행된다. '만남-흥분-사정'이라는 단순한 서사의 흐름을 보여주는 것이다. 이것은 포르노그래피의 목적이 어떤 이야기를 전달하는 것이 아니라 관객을 성적으로 흥분시키는 것이라는 점을 보여준다. 이때 포르노그래피가 상정하는 관객은 물론 이성애 남성이다. 남자가 여자를 만나서 어떤 특별한 장애 없이 손쉽게 성관계를 맺고 남성의 사정에 의해 관계가 완성되는 서사는 이성애 남성의 환상을 자극하는 장치이다. 이 서사구조는 모든 주류 이성애 포르노 영화에서 반복되는 모습을 보인다. 이런 서사는 너무 단순하고 노골적이기 때문에 계속 반복되면 더는 남성의 판타지를 충족시키지 못할 수 있다. 이 경우에는 좀 더 복잡한 서사가 삽입되기도 한다. 하지만 포르노그래피에서 서사는 결국 성적 흥분과 쾌락을 극대화하기 위한 부가적 요소일 뿐이기 때문에 결정적 순간이 오면 성행위 묘사를 위해 모든 서사가 중지된다.

포르노 영화는 마치 다큐멘터리 영화처럼 성행위를 사실적으로 묘사하는 것처럼 보인다. 성행위를 모방하거나 가장하는 것이 아니라 실제 성행위 자체를 적나라하게 재현하기 때문이다. 성행위의 적나라한 재현이 포르노 영화의 고유한 특성이며 유일한 내용이다. 이것을 제외한 다른 모든 요소는 포르노 영화에서 부차적이며 거추장스러운 장식일 뿐이다. 본질적으로 포르노그래피는 남성의 자위행위에 필요한 자극이 되는 성적인 장면들을 재현하는 데 모든 초점을 맞춘다.

일반적인 영화에서는 실제로 일어나는 모든 일을 다 보여주지 않고 단지 연기와 연출을 통해 비슷하게 재현한다. 하지만 포르노 영화는 실제로 벌어지는 성행위를 그대로 재현할 뿐만 아니라 경우에 따라서는 현실보다 더 과다하게 보여준다. 포르노 영화에서 성행위를 과다할 정도로 적나라하게 재현하는 것은 관객들에게 포르노 영화가 성행위의 진실을 알려준다는 환상을 갖도록 한다. 포르노 영화는 진짜 성행위를 보여주고 성의 본질을 꿰뚫어 폭로하는 것처럼 보인다. 하지만 포르노 영화가 재현하는 성행위는 비록 실제로 벌어지는 성행위를 촬영한 것이지만 성행위를 재현하는 것을 목적으로 하지 않고 관객을 성적으로 흥분시키는 것을 목적으로 한다는 점에서 진짜 성행위가 아니다. 사적 공간에서 남을 흥분시키기 위해 성행위를 하는 일반인은 없다. 포르노 영화가 재현하는 성행위는 관객의 성적 흥분과 사정이라는 특수한 목적을 위해 연출되고 조작되는 성행위이다.

포르노 영화는 절대 발기에 실패하지 않고 사정을 조절하는 남성과 지나치게 흥분하는 여성 사이의 과도한 성행위를 재현한다. 일반적인 로맨스 영화가 재현하는 낭만적인 사랑을 하는 남성과 여성의 모습과는 달리 포르노 영화에서 재현되는 성행위는 동물적인 교미에 근접하기 때문에 남성과 여성도 탈인간화된 모습을 갖는다. 포르노 영화는 로맨스 영화에서는 볼 수 없는 성행위를 재현함으로써 사랑의 진실에 더 가까이 다가간다는 인상을 주지만 그렇게 재현된 성행위가 사실은 남성의 성적 흥분과 사정이라는 특수 목적을 위해 연출된 것이기 때문에 그와 같은 성행위의 재현은 진짜 성행위를 보고자 하는 남성의 관음증적 욕망에 봉사할 뿐이다. 포르노 영화는 남성의 실패 없는 발기와 여성의 극단적 쾌락이라는 남성의 성적 판타지를 충족시킨다. 바로 이런 이유로 남성 관객에게 있어서 포르노 영화의 성행위는 진짜보다 더 진짜 같은 성행위이다.

2. 훔쳐보는 쾌락

영어에 '피핑 톰Peeping Tom'이란 표현이 있다. 이 말은 '엿보기 좋아하는 사람, 관음증 환자'를 의미한다. 글자 그대로 해석하자면 '훔쳐보는 톰'이다. 이 표현은 중세 영국에서 일어난 한 사건에서 유래했다.

11세기 초에 영국 중서부에 있는 코번트리Coventry 지역의 봉건 영주인 레오프릭 백작Leofric, Earl of Mercia이 주민들에게 가혹할 정도로 높은 세금을 부과하자, 주민들의 불만과 원성이 커졌다. 당시 16세였던 영주의 부인 고다이버Lady Godiva가 주민들의 사정을 안타깝게 생각하고 영주에게 세금을 낮춰달라고 요청했다. 그러나 영주는 고다이버의 청을 거절하고 가혹한 세금 정책을 계속 유지했다. 고다이버가 계속 세금을 줄여 줄 것을 간청하자 영주는 그것을 귀찮게 여기고 고다이버가 알몸으로 말을 타고 성내를 한 바퀴 돈다면 세금을 낮춰 주겠다고 제안한다. 고다이버가 스스로 단념하게 할 생각이었던 것이다. 하지만 고다이버는 실제로 그렇게 하겠다고 나서면서 주민들에게 자신이 알몸으로 말을 타는 동안 모두 집 안에 들어가 창문을 닫고 밖을 보지 말아 달라고 부탁한다. 고다이버의 희생에 감동한 주민들은 모두 고다이버의 모습을 보지 않기로 약속을 하고 집에 들어가 창문을 닫지만, 마을의 재단사였던 톰이란 남자가 몰래 창문 틈으로 고다이버가 알몸으로 말을 타는 것을 훔쳐보고 만다. 약속을 어기고 고다이버의 알몸을 훔쳐본 톰은 곧 눈이 멀어 앞을 보지 못하게 되었다.

피핑 톰은 한마디로 여성을 훔쳐보는 남성이며 남성과 여성 사이의 성적인 관계가 시각을 통해서 어떻게 형성되는지를 보여준다. 사실, 관음증의 쾌락, 즉 타인의 은밀한 사생활을 훔쳐보면서 즐거움을 얻고자 하는 욕구는 모든 사람이 가진 보편적인 욕구이다. 기차나 버스의 창가, 카페나 음식점의 창가에 앉아 밖에 있는 사람들의 행동을 살펴보는 행위가 주는 즐거움을 마다하는 사람은 별로 없다. 다만 이 행위가 성적으로 뚜렷한 목적을 가진 행위로서 포르노그래피에 묘사될 때 이 행위는 주로 남성이 여성의 나체를 바라보는 방식으로 재현된다.

포르노그래피에서는 남성이 여성을 훔쳐보거나 바라본다. 남성이 시선의 주체로서 여성을 대상화하는 방식으로 남성과 여성의 관계가 묘사되는 것이다. 여성의 나체를 훔쳐보는 남성이라는 포르노그래피의 전형적인 설정은 이미 오래전부터 형성되어 있었다. 1796년에 출간된 매튜 루이스Matthew Gregory Lewis의 소설 『수도사The Monk: A Romance』를 보면 수도사인 암브로시오Ambrosio가 15세 소녀 안토니아Antonia를 몰래 훔쳐보는 장면이 다음과 같이 묘사된다.

“그녀의 방에 딸린 작은 밀실이 무대였다. 그녀는 목욕을 위해 옷을 벗고 있었다. 그녀의 긴 머리카락은 이미 묶여 있었다. 육욕에 사로잡힌 수도사는 그녀 몸의 관능적인 윤곽과 감탄할만한 비율을 관찰할 충분한 기회를 가졌다. 그녀는 마지막 옷을 벗어 던지고 자신을 위해 준비한 욕조로 다가가 물속에 발을 넣었다. 물이 차가워서 그녀는 다시 발을 뺐다. 누군가 자신을 관찰한다는 것은 몰랐지만, 타고난 정숙함 때문에 그녀는 자신의 매력적인 신체를 가리고 있었다. 그녀는 메디치의 비너스 상처럼 몸을 가리고 욕조의 가장자리에서 머뭇거리며 서 있었다. 그 순간, 길들인 홍방울새 한 마리가 그녀에게 날아와 그녀의 젖가슴 사이에 머리를 묻고는 음탕하게 쪼아댔다. 안토니아는 미소 지으며 부질없이 새를 뿌리치려 했고 마침내 손을 들어 새를 즐거운 항구로부터 몰아냈다. 암브로시오는 더 이상 참을 수 없었다. 그의 욕망은 광란할 정도로 고조되었다.”

이 소설은 안토니아가 자신의 방에 있는 욕실에서 혼자서 옷을 벗고 목욕을 할 준비를 하는 모습을 묘사하고 있다. 그런데 이 묘사는 이 장면을 훔쳐보는 암보로시오의 시각에 기반을 둔다. 안토니아는 자신의 방에서 혼자 목욕을 준비하면서도 마치 다른 남성이 보도록 몸을 드러내는 것처럼 행동한다. 옷을 하나씩 벗고 욕조로 들어가면서 그는 메디치의 비너스 상처럼 가슴과 음부를 손으로 가린다. 현실에서는 자신의 욕실에서 혼자 목욕을 하면서 이처럼 자신의 몸을 가리는 사람은 없을 것이다. 따라서 이 장면에서 묘사되는 안토니아의 행동은 주체적으로 일상적 활동을 하는 여성의 행동이 아니라 남성의 시선에 몸을 맡기고 욕망의 대상이 되는 여성의 행동이다. 즉, 남성의 시선과 욕망에 부응하는 방식으로 재현된 여성의 모습인 것이다. 그리고 새가 날아와 그의 가슴에 머리를 묻고 부리로 쪼아대는 성적인 의미를 담은 행위를 한다. 결국, 이 장면은 여성의 은밀한 사생활과 나체를 훔쳐보고자 하는 남성의 욕망을 부추기고 충족시키기 위해 구성된 인위적 장면이며 포르노그래피가 남성의 판타지를 위한 표현물이라는 점을 보여주는 대표적 사례이다.

3. 남성의 동성사회적 포르노

포르노그래피는 전통적으로 주로 남성에 의해 생산되고 소비된다. 인간의 성과 성행위를 재현하는 표현물은 오랜 옛날부터 계속 존재해 왔지만, 포르노그래피가 문학이나 시각적 예술, 일상적 창작물의 한 범주로서 사회적으로 생산되고 유통, 소비된 것은 제2장에서 기술했듯이, 서구에서 우리가 근대성이라고 부를 수 있는 시대정신이 출현하면서부터이다. 유럽에서 포르노그래피는 르네상스, 계몽주의, 프랑스대혁명, 과학의 발달 등과 같은 근대성의 사건들과 연결되어 있다. 16세기에 발표된 아레티노의 『이모디』가 야기한 사회적 논란, 18세기 프랑스대혁명 당시의 포르노그래피가 발생시킨 정치적 영향력 등은 당시의 근대적 시대정신과 포르노그래피가 밀접히 연결되어 있었다는 것을 보여준다. 근대 유럽에서 포르노그래피를 제작한 사람들은 당시 사회를 지배하던 교회와 군주, 귀족 등의 봉건적 지배층에 저항하던 자유사상가들libertine이었다. 그들은 교회의 입장에서 보면 이단자들이었고 군주와 귀족의 입장에서 보면 위험한 혁명가들이었다. 그들은 사회를 지배하는 도덕이 인간의 자유를 억압한다고 생각했고 특히 성과 관련된 도덕적 규제와 제한은 불필요할 뿐만 아니라 지배 계급에 의한 통치 수단으로 악용된다고 주장했다. 그들은 당시 교회가 내세우던, 교황은 신앙과 도덕에 관해 오류를 범할 수 없다고 주장하는 경직된 교권주의에 반발하면서 이성을 바탕으로 한 자유로운 사상과 과학의 발달을 지지하고 봉건적 군주와 귀족에 의한 사상의 검열과 탄압을 거부했다.

16세기 중반 프랑수아 라블레François Rabelais가 소설『팡타그뤼엘Pantagruel』에서 보여주었던 교회의 권위에 대한 해학과 풍자가 17세기와 18세기의 자유사상가들에게도 이어졌다. 자연주의적 교육관과 계몽주의 사상으로 무장된 젊은 지식인들은 봉건적 관습과 위계에 의해 지배되는 사회체제를 타파하고자 했다. 봉건 체제를 대표하는 귀족계층과 교회에 대한 비판과 공격은 신랄한 풍자의 형태를 띠는 경우가 많았다. 특히 폐쇄적인 궁정과 교회 안에서 귀족과 성직자들에 의해 벌어지는 성적 타락과 부패를 조롱하고 공격하기 위해 포르노그래피가 이용되었다.

그런데 프랑스대혁명 시기에 제작된 포르노그래피들은 당시 왕이었던 루이 16세보다는 왕비인 마리 앙투아네트의 행동에 더 초점을 맞췄다. 당시의 포르노그래피는 짧은 이야기, 희곡, 팜플렛의 형태로 인쇄되어 배포되었다. '리벨libelle'이라 불린 이 소책자의 내용은 주로 왕, 귀족, 정치인, 성직자 등 공직에 있는 사람들의 성추문을 다루는 것이었다. 리벨 제작자들은 추문을 폭로하는 리벨의 판매를 통해서뿐만 아니라 추문의 대상자를 협박해 돈을 갈취하면서도 수입을 올렸다. 왕이나 귀족들이 막대한 돈을 지불하면서 입막음을 하려 했기 때문이다. 당시 악명을 떨친 리벨 제작자들 중 한 명인 샤를르 드 모랑드Charles Théveneau de Morande가 1773년 루이 15세의 정부인 뒤바리 백작부인madame du Barry의 사생활을 공격하는 리벨을 제작하자 프랑스 왕실에서는 모랑드로부터 리벨의 판권을 사들인 후 전량을 폐기하기도 했다. 모랑드는 특히 귀족 여성들의 성추문을 만들어내면서 리벨에서 여성에 대한 공격이 확산되는 데 기여했다.

1789년 프랑스대혁명이 발발하면서 왕과 귀족을 공격하는 리벨의 포르노그래피적 내용이 급증했다. 이들 중 대부분은 앙투아네트를 향한 것이었다. 1789년 이전에 앙투아네트를 공격하는 리벨은 전체의 10% 정도에 불과했지만 1789년 초부터는 거의 모든 리벨이 앙투아네트를 공격하는 내용을 담고 있었다. 1789년부터 그가 사형을 당한 1793년까지 그를 추악하고 역겨운 성행위의 주인공으로 묘사하는 포르노그래피가 쏟아져 나왔다. 같은 시기 러시아의 황후이자 여제였던 예카테리나 2세에 대해서도 동일한 방식의 포르노그래피가 그가 죽을 때까지 제작되었다. 앙투아네트나 예카테리나 2세는 모두 지치지 않는 욕정에 사로잡힌 색정광으로 궁정에서 귀족들과 방탕한 성생활을 누리고 심지어 근친상간도 저지르는 것으로 묘사되었다. 심지어 예카테리나 2세는 말과 성행위를 하다 죽었다는 비아냥까지 받을 정도였다.

이런 포르노그래피적 내용을 가진 리벨들은 구체제의 왕과 귀족들에 대한 민중의 충성심과 호감을 약화시키고 그들의 부패와 타락에 대한 분노와 증오를 부추김으로써 혁명을 가속하는 데 기여했다. 혁명 기간 중 왕에 대한 공격은 주로 그의 정치적 무능함이나 범죄를 대상으로 가해진 데 반해 왕비에 대한 공격은 성적인 타락을 중심으로 이뤄졌다. 이것은 정치라는 공적 영역의 문제는 왕에게, 성생활이라는 사적 영역의 문제는 왕비에게 부가하는 방식으로 정치적 프로파간다가 행해졌으며 주로 왕비의 성적 타락과 방종을 폭로하면서 구체제에 대한 민중의 감정을 악화시키는 방식으로 혁명의 동력이 만들어졌음을 보여준다. 왕비는 성적 욕망으로 가득 찬 탐욕스러운 몸으로 재현되면서 왕뿐만 아니라 구체제의 정치인들과의 성적 접촉을 통해 왕이 대표하는 프랑스라는 국가 전체를 타락시키는 마녀이자 흡혈귀로 비난받는다.

포르노그래피를 통한 구체제 비판이 정치라는 공적 영역의 남성들을 타락시키는 여성의 몸에 대한 공격으로 구성되었다는 것은 당시 구체제를 공격하던 자유사상가들과 공화주의자들이 기본적으로 정치의 공적 영역을 남성만의 영역으로 상정하고 여성을 공적 영역으로부터 배제함으로써 국가와 정치의 타락과 부패를 막을 수 있다고 생각했다는 점을 보여준다. 그들이 보기에 남성은 이성과 과학을 통해 합리적으로 국가를 통치하고 여성은 감성과 정숙성을 통해 가정을 꾸리는 사회가 가장 이상적인 사회였다. 이성과 과학으로 무장한 새로운 부르주아 남성들은 혈통과 위계에 의한 구체제의 통치 방식을 철폐하고 자유, 평등, 박애를 기반으로 구성되는 공화주의 체제를 세우고자 했다. 물론 이때 자유, 평등, 박애는 부르주아 남성들의 우애에 기초한 것이었다. 음란한 여성에 의한 구체제의 타락을 공격하는 당시 포르노그래피의 열렬한 제작자이자 소비자였던 부르주아 남성들은 가정에 전념하는 정숙한 여성과 자유롭고 평등하게 정치에 참여하는 이성적 남성으로 구성되는 새로운 공화주의 체제의 이상을 꿈꿨다. 이런 점에서 포르노그래피는 부르주아 남성들의 동성사회적 homosocial 표현물이었다고 할 수 있다.

16세기 이후 유럽에서 인쇄술과 판화의 발전으로 점차 증가하게 된 포르노그래피는 주로 부르주아 남성들에 의해 생산되고 소비되었으며 그들의 정치적 목적을 위해 이용되었다. 르네상스 이후 인간의 이성에 대한 믿음을 바탕으로 과학적 지식을 축적하면서 정치적, 사회적, 경제적 권력을 형성해 가던 부르주아 남성들은 외설적 풍자의 형식으로 교회와 봉건적 군주에 의해 지배되던 사회에 대한 날카로운 비판을 가했다. 포르노그래피는 그런 외설적 풍자의 결정판이었다. 18세기에 문자해독률의 증가로 포르노그래피의 소비가 '상퀼로트sans-culotte'라고 불린 노동계급 남성들에게까지 확대되면서 포르노그래피는 혁명의 동력을 생성하고 축적하는 수단이 되었다. 계몽주의 사상이나 공화주의적 정치 이념을 완전히 이해하기에는 지식이 부족했던 노동계급 남성들은 정치적 포르노그래피의 소비를 통해 구체제에 대한 적개심과 혁명 의지를 불태웠다. 포르노그래피는 남성들에 의해 제작되고 소비되면서 음탕한 여성들에 의한 남성과 정치와 국가의 타락을 경고하는 메시지를 전달했다. 이 메시지는 혁명기의 부르주아 남성들과 노동계급 남성들에 의해 공유되면서 남성들의 동성사회적 동맹을 확인하고 강화하는 역할을 했다.

따라서 18세기 유럽의 포르노그래피는 한편에서는 구체제로부터의 해방의 담론을 담고 있었지만 다른 한편에서는 여성에 대한 억압의 담론을 담고 있었다고 볼 수 있다. 남성이 만들고 남성이 보는 포르노그래피는 여성을 남성을 유혹해 타락시키는 위험한 존재이거나 남성이 유혹해 정복해야 하는 대상으로 재현하는 남성중심적 관점을 갖고 있었다.

4. 남근의 지배

일반적인 이성애 하드코어 포르노 영화는 남성과 여성의 성행위를 재현한다. 이때 재현의 중심을 차지하는 것은 남성과 여성의 나체, 그중에서도 바로 성기이다. 성기는 하드코어 포르노 영화에서 가장 집중적으로 재현하는 신체 부위이며 사실상 포르노 영화의 핵심이다. 성기 중에서도 가장 중요한 것은 바로 남성의 성기, 즉 음경이다. 이때 음경은 단순한 성기가 아니라 발기된 성기의 형태로 재현된다. 발기된 음경은 포르노 영화에서 가장 중요한 부분이다. 발기된 음경이 없다면 포르노 영화 자체가 구성될 수 없다. 여성의 성기, 즉 음문은 발기된 음경을 위한 하나의 구멍으로 존재한다. 발기된 음경이 여성의 몸에 있는 구멍에 삽입되는 과정을 보여주는 것이 포르노 영화의 주요 내용이다. 이때 여성의 음문, 입, 항문 등이 발기된 남성 성기를 위한 구멍의 역할을 한다. 포르노 영화의 주인공은 남성이 아니라 남성의 음경, 그것도 단순한 음경이 아니라 발기된, 과잉팽창된 음경이다.

포르노 영화에서는 여성을 인간이 아닌 성적 욕망의 대상으로 마치 물건처럼 재현한다. 그런데 포르노 영화에서는 여성만이 아니라 남성도 물건으로 재현된다. 포르노 영화에서 재현되는 남성은 온전한 인간이 아니다. 왜냐하면, 포르노 영화의 목적은 인간의 삶을 재현하면서 인간관계 안에서 발생하는 이야기를 들려주는 것이 아니라 성기들의 성행위를 재현하는 것이기 때문이다. 포르노 영화는 타인과 소통하는 인간을 필요로 하지 않는다. 포르노 영화의 남성은 자신의 삶을 이야기하는 존재가 아니라 음경의 운반자일 뿐이다. 그는 욕망을 가시화하는 음경의 일부분일 뿐이다. 포르노 영화에서 남성이 음경으로 환원되듯이 여성은 음문으로 환원된다.

포르노 영화는 발기된 음경의 이야기이다. 발기된 음경은 남근phallus의 권력을 상징한다. 일상적인 용법에서는 음경과 남근은 모두 남성의 성기를 가리키는 말이지만 여기에서는 음경과 남근을 구분할 필요가 있다. 음경은 남성이 가진 신체적 기관으로서의 성기를 의미하고 남근은 남성이 가진 사회적 권위와 권력을 상징하는 성기를 의미한다. 포르노 영화에서는 발기된 음경이 주인공이 되기 때문에 당연히 음경이 재현될 수밖에 없다. 음경은 단순히 재현되는 것이 아니라 노골적으로 상세히 재현된다. 포르노 영화 속에서 음경은 어떤 비밀도 감추지 않고 발기를 통해 자신의 강한 힘을 과시하는 것처럼 보인다. 발기된 음경은 오직 사정을 향해서만 외길을 질주한다.

포르노 영화에서는 발기된 음경이 여성의 몸을 공격하고 괴롭히면서 여성의 몸에 궁극의 쾌락을 제공하는 주체이기 때문에 영화 전체가 발기된 음경에 의해 지배된다. 이런 점에서 발기된 음경은 모든 것을 통제하고 지배하는 남성의 권력을 상징하는 것처럼 보인다. 즉, 포르노 영화에서 발기된 음경은 단순한 신체 기관이 아니라 남성이 가진 사회적 권력을 가시적으로 드러내는 기관처럼 보이는 것이다. 게다가 포르노 영화에서 발기된 음경이 여성의 몸을 유린하는 방식은 사회에서 남성이 여성을 지배하는 방식을 떠올리게 한다. 그렇다면 발기된 음경은 남근의 가시적 재현일 수 있다.

'만남-흥분-사정'의 서사구조로 구성되는 포르노 영화에서는 음경으로 환원되는 남성과 음문으로 환원되는 여성이 만난 후 음경이 발기하고 삽입 운동 후에, 사정을 하면 이야기가 끝이 난다. 이야기가 남성의 관점, 좀 더 정확히는 음경의 관점에서 진행된다. 이야기 전체를 지배하는 발기된 음경은 성관계에 있어서 여성에 대한 남성의 지배와 우월함 등을 나타낸다. 포르노 영화에서 발기에 실패하는 음경은 존재할 수 없다는 사실은 포르노 영화가 남성의 강력한 힘과 우월함을 전제로 구성되는 이야기라는 점을 보여준다. 이런 점에서 포르노 영화는 남근적이라고 말할 수 있다.

포르노 영화에서 발기에 실패하는 음경은 없으며 한번 발기된 음경은 반드시 여성의 몸을 쾌락으로 떨게 만든다. 발기된 음경 앞에서 여성은 경배하듯이 무릎을 꿇고 그것을 애무한다. 발기된 음경에 의해 어떤 고통과 모욕을 당해도 여성의 몸은 결국 음경의 삽입 운동을 통해 절정의 쾌락을 느끼게 된다. 이때 포르노 영화는 발기된 음경의 운동과 쾌락에 괴성을 지르는 여성의 얼굴을 클로즈업해 재현한다. 발기된 음경이 여성의 몸과 정신을 지배하는 과정이 재현되는 것이다. 이처럼 포르노 영화는 발기된 음경의 강력한 힘을 보여주면서 남성에 의한 여성의 지배를 자연화한다. 발기된 음경은 남성 권력에 대한 환유metonymy이다.

포르노 영화 뿐만 아니라 수많은 그림과 조각 등에서 음경은 항상 발기된 상태로 재현된다. 오직 권력을 갖고 있지 않은 어린아이의 음경만이 발기하지 않은 채 재현된다. 발기하지 않은 음경은 죽은 음경이다. 실제로 우리는 음경이 발기하지 않을 때 "죽었다"라고 표현한다. 하지만 현실에서 대부분의 경우에 음경은 발기되지 않은 상태로 있는 것이 자연스러운 일이며 발기하지 못하는 음경도 많다. 발기된 음경은 힘을 가진 음경이며 남성의 자신감을 의미한다. 포르노 영화는 반드시 힘차게 발기하는 음경을 재현함으로써 남성 관객에게 끊임없이 자신이 가진 힘을 상기시키고 현실에서 위협받는 권위에 대한 보상을 제공한다. 그런 점에서 포르노 영화는 남성이 향유하는 권력에 대한 확인이며 언제든지 여성을 지배할 수 있다는 환타지의 구현이다. 일반적인 이성애 포르노 영화는 포르노 영화를 만드는 남성, 포르노 영화에 의해 재현되는 남성, 포르노 영화를 보는 남성이 발기된 음경을 통해 남근의 환상을 유지하는 장치이다.

5. 거세공포

발기된 음경이 남성 권력의 환유인 만큼 음경을 잃는 것은 남성에게는 다른 신체 부위를 손상당하는 것과는 비교할 수도 없을 만큼 끔찍한 악몽이다. 정신분석학 이론에 따르면, 음경을 잃는 것, 즉 거세를 당하는 것에 대해 남성이 갖는 두려움은 무의식에 깊숙이 자리 잡고서 남성의 정신세계에 큰 영향을 미치는 근원적인 공포이다. 이 거세공포는 오이디푸스 콤플렉스라는 개념과 깊이 연관되어 있다.

프로이트Sigmund Freud에 따르면, 오이디푸스 콤플렉스는 아이가 부모 중 이성의 존재와는 성관계를 맺고자 하고 동성의 존재는 제거하고자 하는 무의식적 욕망이다. 남자아이라면, 어머니와는 성관계를 맺고자 하고 아버지는 죽이고자 하는 무의식의 욕망을 갖는 것이다. 오이디푸스 콤플렉스라는 표현은 고대 그리스의 비극 작가인 소포클레스Sophocles가 지은 『오이디푸스 왕』 이야기에서 따온 것이다. 이 이야기에 따르면, 그리스의 도시국가 테베의 왕은 아들 오이디푸스를 낳지만, 아들이 자신을 죽일 것이라는 예언을 듣고 아이를 죽이라고 명한다. 하지만 오이디푸스는 죽지 않고 살아 다른 곳에서 성장한 후 우연히 만난 테베의 왕을 시비 끝에 살해한다. 그리고 테베를 괴롭히던 스핑크스의 수수께끼를 푼 후에 테베의 구원자로서 왕비와 결혼하고 왕이 되어 아이들을 낳고 살아가지만 결국 모든 진실이 밝혀지자 스스로 자신의 두 눈을 파내고 추방된다.

정신분석학에서는 아이가 3세에서 5세가 되었을 때 이성의 부모에게 성적 욕망을 갖게 된다고 본다. 남자아이의 관점에서 본다면, 아이는 어머니에 대해 성 욕망을 품게 되고 라이벌인 아버지에 대해서는 살해하고자 하는 욕구를 갖는다. 하지만 아버지가 가진 강한 힘 앞에서 아이는 어머니에 대한 욕망을 계속 유지할 경우에 벌을 받을 수 있다는 두려움을 갖는다. 그런데 이 과정에서 아이는 중요한 발견을 한다. 그것은 바로 남성과 여성의 성기가 다르다는 것이다.

아이는 태어난 후에 신체적 쾌락을 추구하면서 정신적 발달을 하게 되는데 이 과정은 세 개의 중요한 단계로 이뤄진다. 바로 구순기oral phase, 항문기anal phase, 남근기phallic phase이다. 구순기는 대략 생후 18개월까지의 기간이다. 구순기에 아이가 느끼는 쾌락은 입에 집중되어 있다. 입으로 빠는 행위는 아이에게 식욕과 성욕을 모두 해소해 주는 통로가 된다. 항문기는 생후 18개월부터 3세에 이르는 기간이다. 아이가 배설을 조절하는 행위를 통해 발생하는 쾌락에 집중하는 기간이다. 남근기는 3세에서 7세 사이의 기간이다. 이 기간에 성적인 쾌락과 관련된 아이의 관심은 성기에 집중된다. 아이는 성기를 남에게 내보이거나 남의 성기를 훔쳐보는 행위를 통해 성기에 대한 관심을 드러낸다. 이때 성기로 인정되는 것은 바로 음경이다. 왜냐하면, 음문과는 달리 음경은 돌출되어 있어 시각적인 존재감을 갖기 때문이다.

바로 이 남근기와 오이디푸스 콤플렉스 단계가 일치한다. 오이디푸스 콤플렉스 단계에서 아이는 성기, 특히 음경에 큰 관심을 갖는다. 그런데 남성과 여성의 성기는 다르다. 이것을 아이는 음경의 현존과 음경의 부재로 이해한다. 남성은 음경을 갖고 있고 여성은 음경을 갖고 있지 않은 것으로 이해하는 것이다. 그렇다면 아이에게 남는 의문은 왜 어떤 사람은 음경을 갖고 있고 다른 사람은 갖고 있지 않은가 하는 점이다. 아이는 음경이 없는 것을 처벌을 받아 음경을 거세당한 것으로 이해한다. 결국, 아이는 어머니에 대한 욕망을 유지할 경우, 자신이 아버지로부터 받을 처벌은 음경의 거세일 것이라는 결론에 도달한다. 이 거세공포는 아이가 어머니에 대한 욕망을 포기하도록 만든다. 아이는 자신이 가진 욕망의 최초 대상인 어머니를 이렇게 포기하고 아버지의 상징적 권위와 질서를 받아들이면서 오이디푸스 콤플렉스에서 벗어난다. 아이는 아버지 살해와 근친상간에 대한 금지를 받아들이고 아버지와 자신을 동일시하며 어머니를 대신할 다른 여성에게로 성 욕망을 돌린다. 이때 아이가 받아들인 아버지의 상징적 권위와 질서는 사회의 도덕적, 상징적 질서이다. 이 상징적 질서는 아이의 자아 안에 자리를 잡고 초자아super-ego로 기능한다.

여자아이의 경우에는 이미 자신의 음경이 거세되었다고 생각하고 크게 낙담한다. 그리고 역시 음경을 거세당한 것으로 이해되는 어머니에 대한 욕망을 거두고 자신에게 없는 음경을 가진 아버지를 선망하면서 오이디푸스 콤플렉스에서 벗어난다. 자신에게는 없는 음경을 선망하는 여자아이는 음경의 부재를 메꾸기 위해 자기 자신을 음경이라고 상상하면서 몸을 아름답게 꾸미는 데 몰두하거나 임신과 출산을 통해 상상적으로 음경을 간직하고 회수하려 한다.

그런데 남자아이는 거세공포를 겪는 과정에서 여성의 몸에 음경이 없다는 것을 쉽게 인정하는 데 어려움을 느낄 수 있다. 이 경우, 아이는 여성의 몸에 없는 음경을 다른 신체 부위로 대체하려는 경향을 갖는다. 다리와 같은 부위가 대표적으로 음경의 대체물로 기능한다. 이처럼 음경을 대체하는 것을 페티시fetish, 혹은 물신이라고 하며, 페티시를 욕망의 대상으로 삼아 쾌락을 얻는 것을 페티시즘fetishism, 혹은 물신숭배라고 한다.

거세공포는 모든 남성이 갖게 되는 근원적인 불안이다. 포르노 영화는 이 불안을 해소하는 장치로 기능할 수 있다. 또한, 포르노 영화는 남성이 여성에 대해 갖고 있는 근원적 공포를 해소하는 수단이 될 수도 있다. 남근기에 남자아이는 거세공포에서 벗어나기 위해 여성의 음경을 대체하는 페티시를 상상함으로써 여성도 음경을 갖고 있다는 믿음을 유지한다. 거세되지 않은 온전한 몸을 가진 여성은 특히 어머니의 모습으로 등장한다. 왜냐하면, 남자아이에게 가장 중요한 의미가 있는 여성은 바로 어머니이기 때문이다. 정신분석학에서는 이 어머니를 '남근적 어머니phallic mother'라고 부른다. 남근적 어머니가 남근을 소유하는 방법은 두 가지가 있다. 하나는 처음부터 남근을 갖고 있는 것이고 다른 하나는 성교를 통해 남근을 획득하는 것이다. 남성의 상징이자 권위와 힘의 원천인 남근을 소유한 어머니는 거세의 권한을 갖고 있는 것으로 이해된다.

구순기, 항문기, 남근기를 거치면서 어머니는 아이에게 생사여탈 권한을 가진 두려운 존재이면서 욕망의 대상으로 자리매김 되기 때문에 결핍이 없는 온전한 신체를 가진 남근적 어머니는 남자아이의 정신세계에 결정적 영향을 미치는 존재로 군림한다. 남자아이가 오이디푸스 콤플렉스에서 벗어나고 남성으로서의 성 정체성을 획득하기 위해서는 어머니에게서 나타나는 음경의 부재를 확인하고 남근을 가진 결핍이 없는 아버지의 상징적 질서를 받아들여야 한다. 즉, 남근을 통해 어머니를 통제하는 아버지의 권력을 인정해야 한다. 이를 통해 남근적 어머니에 대한 공포와 욕망은 무의식 안에 억압된다.

남근적 어머니에 대한 공포와 욕망은 무의식 안에 억압되지만 계속해서 남성에게 거세 불안을 불러일으키는 원인으로 작동한다. 강한 거세 불안을 느끼는 남성은 이를 해결하기 위해 두 가지 방법 중 하나를 택한다. 하나는 남근적 어머니의 존재를 인정하고 자신이 가진 남근의 상징적 힘을 포기하면서 어머니가 자신을 사랑하듯이 자신도 사랑할 다른 남자아이를 찾는 동성애를 선택하는 것이고, 다른 하나는 거세 불안의 원인이 되는 남성과 여성의 성차sexual difference를 부정하기 위해 여성의 몸에서 음경을 대체할 페티시를 찾는 것이다.

포르노 영화는 여성의 몸을 유린하는 발기된 음경을 통해 남근적 권력을 재현함으로써 남성에게 남근적 어머니를 통제할 수 있다는 환상을 제공한다. 발기된 음경이 음문의 검은 구멍 안으로 사라졌다가 다시 나타나는 행위를 반복하는 과정을 클로즈업으로 재현하는 포르노 영화는 거세공포를 극복하는 장치이다. 여성의 음문을 가능한 한 가까이 클로즈업해서 자세히 보여주는 포르노 영화는 여성의 몸에서 사라진 음경을 발견하고자 하는 남성의 욕망을 대변한다. 하지만 아무리 자세히 봐도 여성의 숨겨진 음경은 발견되지 않고 여성의 음문에 삽입되는 음경은 음경이 사라진다는 두려움, 즉 거세공포를 불러일으킨다. 이 거세공포를 극복하기 위해 포르노 영화는 과도하게 발기한 많은 음경을 계속 전시하고 과시한다. 이처럼 수많은 발기된 음경들을 보여주는 것은 음경이 손상되지 않은 상태로 지속적으로 유지될 수 있다는 것을 알려준다. 이것은 음경의 편재성을 보장함으로써 거세공포를 해소한다. 이와 함께 포르노 영화에서 마지막을 장식하는 사정 장면은 음경이 상처받지 않고 온전히 존속한다는 것을 확인해주는 역할을 한다. 결국, 여성의 숨겨진 음경을 재현하고자 하는 포르노 영화의 목적은 달성되지 못한다. 포르노 영화 속에서 여성의 음문은 남성의 음경을 거세하는 데 실패하고 남성은 여성의 숨겨진 음경을 발견하는 데 실패한다. 이와 같은 실패는 결국 다시 거세공포를 작동시키면서 다른 포르노 영화를 소비하도록 만든다 Schneider, 1997, 79-80.

포르노 영화는 거대하게 발기된 음경을 통해 남근의 권력을 재현함으로써 남근적 어머니를 통제할 수 있다는 환상을 제공한다. 여성의 음문을 자세히 보고자 하는 집요한 욕망과 음문을 가혹하게 공략함으로써 여성의 몸을 쾌락으로 떨게 하고 소리 지르도록 만들고자 하는 욕구는 포르노 영화를 통해 시각적으로 충족된다. 포르노 영화가 제공하는 이 시각적 만족은 현실에서의 자위행위를 통해 얻는 쾌락을 통해 구체적으로 실현된다. 하지만 포르노 영화를 통한 욕망의 충족은 시각적 재현물을 통한 대리 만족이라는 점에서 남근적 어머니에 대한 공포와 욕망을 완전히 해소할 수 없다. 이 때문에 남성은 포르노그래피에 계속 집착하게 된다.

4장

포르노와 여성

1. 영화 속 남성의 시선

1975년 로라 멀비Laura Mulvey는 『시각적 쾌락과 서사 영화Visual Pleasure and Narrative Cinema』라는 글에서 고전적인 할리우드 영화의 서사구조를 정신분석학 개념들을 통해 분석한다. 그가 보기에, 주류 할리우드 영화는 가부장적 질서를 재생산하는 방식의 서사구조를 갖는다. 가부장적 질서는 영화 안에서 응시의 장치를 통해 구현된다. 영화가 제공하는 쾌락은 기본적으로 절시증scopophilia과 관련되어 있다. 절시증은 바라보는 행위를 통해 얻는 쾌락인데, 남근기에 자신의 성기를 타인에게 보여주고 타인의 성기를 훔쳐보고자 하는 욕망을 충족하는 과정에서 얻게 되는 것이다. 특히 절시증의 능동적 형태인 관음증이 영화를 보는 쾌락과 연결되어 있다. 영화는 기본적으로 타인의 행위를 몰래 훔쳐보는 관음증의 쾌락을 제공한다. 그렇다면 영화에서 보는 자는 누구이고 보이는 자는 누구인가?

고전적 할리우드 영화는 남성과 여성의 성 역할을 구분하는 방식으로 서사를 구성한다. 남성은 능동적으로 행동하면서 이야기를 이끌어 가는 인물이면서 보는 주체의 역할을 하고 여성은 남성의 능동적 행동의 영향을 받아 수동적으로 이끌려가는 인물이면서 보이는 대상의 역할을 한다. 능동적 남성과 수동적 여성은 응시하는 시선에 의해 구분된다. 여성은 볼거리로서 전시되면서 응시의 대상이 되고 남성은 여성을 볼거리로 소비하는 응시의 주체가 된다. 결국, 응시를 통해 획득되는 시각적 쾌락은 남성의 몫이다.

대부분의 주류 영화에서 주인공은 남성이기 때문에 남성의 행동에 따라 이야기가 전개된다. 카메라에 촬영되는 사람들과 풍경들은 모두 남성 주인공이 바라보는 대상이다. 남성 주인공의 상대역이 되는 여성은 아름다운 얼굴과 매력적인 몸매를 갖고 있다. 카메라는 여성의 신체가 가진 아름다움과 성적인 매력을 잘 보여주는 방식으로 여성을 촬영한다. 영화에서 어딘가를 응시하는 남성 주인공의 모습이 등장하는 샷shot 다음에 여성의 몸을 재현하는 샷이 이어지는 것은 전형적인 서사 구성의 방식이다. 이것은 바로 남성 주인공이 여성의 몸을 응시하는 행위를 재현하는 방식이다. 이때 영화의 샷은 단순히 여성의 몸을 재현하는 것이 아니라 특정한 각도로 얼굴, 다리나 가슴과 같은 신체의 특정한 부위를 집중적으로 재현하거나 여성의 몸 전체를 위아래로 훑으면서 재현한다. 여성은 철저히 남성의 시선 앞에 몸을 노출하면서 응시의 대상이 되고 성적인 욕망의 대상으로 구성된다.

그런데 영화 안에서 여성은 단순히 남성 주인공에게만 욕망을 불러일으키는 응시의 대상으로 머물지 않는다. 여성은 영화를 보는 관객에게도 응시의 대상이 된다. 카메라가 촬영하는 대상이 영화 속에서 남성 주인공이 바라보는 대상인 경우, 남성 주인공의 시선과 카메라의 시선이 일치한다고 볼 수 있다. 카메라의 시선은 남성 주인공의 시선과만 일치하는 것이 아니라 관객의 시선과도 일치한다. 영화에서 카메라가 보는 것은 관객이 보는 것이다. 이 때문에 남성 주인공이 바라보는 대상인 여성은 관객이 바라보는 대상이기도 하다. 성적 매력을 가진 인물로 재현되는 아름다운 여성은 영화를 관람하는 관객이 즐기는 관음증의 욕망을 충족하기 위한 볼거리이다.

영화에서 여성의 몸이 파편적으로 재현되는 것은 관객에게 시각적 쾌락을 제공하기 위한 장치이다. 파편적으로 재현되는 신체는 어떤 서사적인 역할도 하지 않고 단지 시각적 즐거움만을 주는 역할을 한다. 아주 자세히 클로즈업되거나 느린 영상으로 재현되는 여성의 신체는 에로틱한 시각적 효과를 만들어내는 것 외에 다른 기능을 갖지 않는다. 이것은 일종의 페티시 역할을 하면서 특히 남성 관객이 가진 거세 불안을 안정시키는 성적 스펙터클이 된다.

따라서 고전적 할리우드 영화는 남성 주인공의 이야기이면서 남성 관객의 욕망과 쾌락에 봉사하는 영화라고 할 수 있다. 이 과정에서 영화 속 여성은 남성 주인공과 남성 관객 모두가 바라보는 응시의 대상이자 욕망의 대상이 된다. 문제는 이런 영화를 여성들도 본다는 것이다. 이런 영화를 보는 여성 관객은 영화의 서사구조와 카메라의 움직임 등을 통해 남성 관객과 마찬가지로 남성 주인공과 자신을 동일시할 수밖에 없는 상황에 처한다. 여성 관객은 남성의 시선으로 여성을 바라보는 입장에 놓이는 것이다. 이를 통해 여성 관객은 남성의 눈에 매력적으로 보일 수 있는 여성의 신체와 태도를 학습하게 된다. 결국, 여성 관객은 남성의 눈에 매력적으로 보일 수 있도록 자신의 몸과 태도를 조절하게 되고 스스로 응시의 대상이 된다.

이와 같은 멀비의 주장은 주류 영화가 가진 성 역할의 구분을 잘 지적하고 있기는 하지만 동시에 여성 전체를 단순히 남성 응시의 대상으로만 단순화함으로써 여성 관객을 지나치게 수동적 존재로 간주한다는 지적을 받기도 한다. 여성 관객이 영화의 서사구조가 가진 가부장적 질서를 무비판적으로 수용하기만 하는 수동적 존재인지에 대해서는 좀 더 생각해 볼 필요가 있다.

2. 포르노와 매춘부

매춘부 혹은 창녀는 포르노그래피의 역사에서 중요한 위치를 차지한다. 앞에서 봤듯이, 포르노그래피라는 단어 자체가 매춘부에 대한 기록이라는 의미를 갖고 있다. 화산재에 묻혔다 발굴된 폼페이의 유적에서도 성행위를 묘사한 그림들이 가장 많이 발견된 장소는 바로 매춘업소였다. 16세기 라이몬디의 판화집 『이모디』에 덧붙인 아레티노의 소네트도 두 명의 창녀가 나누는 대화로 이뤄져 있고, 18세기의 유명한 포르노 소설인 클렐랜드의 『패니 힐』도 창녀의 이야기이다. 이 외에도 근대 유럽에서 생산된 다양한 포르노그래피는 대부분 창녀의 이야기를 다루고 있다.

매춘의 역사는 거의 인류의 역사와 시작을 같이 한다고 말할 수 있을 정도로 매춘 자체는 인간 사회에서 보편적인 사회 현상이고 매춘부는 가장 오래된 직업 중 하나로 불리기도 한다. 매춘부는 여성의 직업이지만 다른 여성직업과는 달리 일반적으로 가정과 양립하기 어려운 직업으로 여겨진다. 특히 매춘부는 가정 밖에서 성을 다룬다는 점에서 오랫동안 가정 안에서 성을 다루는 여성인 가정주부와 대립하는 여성으로 자리매김 되어 왔다.

1769년 레티프는 『포르노그라프』에서 사랑과 육욕을 구분하면서 매춘부에 의해 직업적으로 행해지는 섹스는 사랑하는 사람과의 친밀한 유대감을 유지하는 섹스와 다르다고 주장했다. 사랑으로 맺어지는 섹스는 특히 공동체로서의 가족 의식을 유지하는 기능을 한다. 매춘은 악이지만 사회적으로 필요한 악이다. 따라서 국가가 매춘을 관리해야 한다. 레티프는 매춘을 관리하기 위한 여러 방안을 제시한다. 매춘업소를 관리하는 행정체계, 매춘을 위한 돈의 지급 방식, 매춘부들의 분류 방식, 매춘부와 고객의 건강과 성병 관리 방식, 매춘부의 임신, 출산, 양육 관리 방안 등 매우 구체적으로 매춘에 대한 개혁안을 제안한다.

19세기 유럽 국가들은 군인과 노동자를 확보하기 위해 인구 관리를 중요하게 생각했다. 매춘부의 경우에도 출산율을 높이기 위해 산아 제한은 금지되었고 낙태는 범죄로 처벌받았다. 임산부는 특별한 대우를 받았고 육아의 부담을 경감 해 주는 조치들이 시행되었다. 매춘업소에서 태어나고 자란 아이들도 국가에 유용한 군인이나 노동자로 성장할 수 있도록 다양한 직업 교육을 받았다. 국가가 아버지 역할을 하면서 매춘업소도 하나의 가정처럼 관리하고 유지한 것이다 Wyngaard, 2015, 47-59.

이처럼 레티프가 사랑과 육욕, 아내와 매춘부를 구분하면서 매춘부를 가정의 관점에서 접근한 것은 16세기 이후 종교개혁의 영향으로 결혼으로 맺어지는 가정의 중요성이 강조되고 결혼 밖의 성에 대한 억압이 강화되었기 때문이다. 루터Martin Luther와 같은 종교개혁자들은 가정을 남편과 아내의 공동체로 보고 남편과 아내, 자녀로 이뤄진 가정이 가장 기초적인 신앙 공동체라고 생각했다. 결혼을 통한 가정생활의 중요성이 강조되었고 가정의 주인인 남편이자 아버지로서의 남성의 역할과 가정을 지키는 아내이자 어머니로서의 여성의 역할이 중요시되었다. 이와 함께 가정 안에서의 성생활에 대해서도 중세와는 달리 단지 생물학적 재생산의 기능을 넘어 쾌락의 기능이 있음을 인정했다. 이것은 남성뿐만 아니라 여성의 성적 욕망과 쾌락을 인정한다는 의미이다. 하지만 이와 동시에 여성의 성적 욕망과 쾌락을 가정 안에 제한해 두는 것이 중요해졌다. 가정은 가부장적 질서가 유지되는 공간이어야 했기 때문이다.

모든 여성이 자신의 성적 욕망과 쾌락을 추구할 수 있게 되자 가정을 지키는 정숙한 여성과 성적으로 타락한 매춘부를 구분할 필요가 생겼다. 정숙한 아내와 인자한 어머니의 대립점에 자리 잡은 매춘부는 욕정, 탐욕, 거짓 등의 사악함을 가진 존재로 여겨졌다. 매춘부에 대한 부정적 생각은 특히 당시에 유행하던 매독과 같은 성병에 대한 두려움을 통해 증폭되었다.

매독이 유럽에 처음 나타난 것은 15세기 말로 콜럼버스와 함께 서인도제도를 탐험했던 선원들이 감염되어 돌아와 퍼뜨린 것으로 알려져 있다. 1494년에 이탈리아 북부에서 일어났던 전쟁 중에 병사들과 병영 근처의 매춘부들을 중심으로 매독이 퍼졌고 곧 유럽 전역에서 유행하게 되었다. 매독은 당시 유럽인들에게는 치명적인 질병으로 공포의 대상이었다. 매춘부는 매독을 매개하는 중요한 원인으로 간주되었기 때문에 매춘부에 대한 매우 부정적인 인식이 생겼다. 16세기 이후 유럽에서 성에 대해 사회적으로 엄격해진 배경 중에는 매독의 유행도 있다. 매독은 성적인 방종함에 대한 신의 처벌로 여겨졌고 지역에 따라서는 매춘 금지와 매춘부에 대한 단속이 강화되기도 했다. 당시 사회에 미친 매독의 영향은 1980년대에 에이즈가 사회에 끼쳤던 영향과 유사했다.

당시 유럽의 매춘부들은 근대 자본주의의 발달과 함께 성장하던 도시를 중심으로 활동했다. 이 시기 여성들이 매춘업에 종사할 수밖에 없었던 큰 이유들 중의 하나는 바로 경제적 궁핍이었다. 사회적 직업 세계에서 배제되어 있던 여성들이 생계를 위해 할 수 있는 일은 매춘이었다. 예를 들어, 영국에서는 16세기 이후 산업의 발달로 작은 농경지가 대형 농장으로 병합되는 인클로저 운동Enclosure이 일어나면서 농부들이 일자리를 잃고 도시로 흘러들어와 빈민이 되는 일이 사회문제가 되었다. 국가는 빈민 문제를 해결하기 위해 노동 의욕이 없는 사람들을 감옥에 가두고 강제 노역에 처하는 정책을 시행했다. 여성들은 매춘부가 되면 매춘업소에서 숙식을 해결할 수 있고 강제노동을 피할 수 있었을 뿐만 아니라 운이 좋으면 돈 많은 남자의 정부가 될 수도 있었기 때문에 매춘부가 되는 경우가 많았다. 17세기의 소설 『정숙한 창녀The Honest Whore』는 귀족 남성과 결혼하는 매춘부의 이야기를 통해 이런 사회상을 잘 보여준다.

이 시기 유럽에서는 매춘부에 대한 두 가지 개념이 형성되어 있었다. 하나는 고결한 창녀virtuous whore이고 다른 하나는 자유분방한 창녀libertine whore이다Norberg, 1993. 고결한 창녀는 근본적으로 착한 여성이지만 사회적, 경제적 불운으로 어쩔 수 없이 매춘부 생활을 하는 여성이다. 가난한 농부나 노동자의 딸로 태어나 여러 불운을 겪은 끝에 매춘부가 된 여성으로 가부장적이고 폭력적인 사회에서 핍박과 착취를 받으면서 몸은 병들고 정신은 피폐해져 가지만 선한 마음을 잃지 않는 인물이다. 그는 쾌락을 위해 아무에게나 성을 파는 것을 꺼리고 순결이나 정조를 중요시한다. 고결한 창녀의 이미지는 근대 유럽의 소설들을 통해 반복적으로 재생산되었고 오늘날까지도 전형적인 매춘부의 모습으로 남아있다. 한국에서도 대표적으로 1970년대에 유행했던 소위 '호스티스 영화'들에서 이런 고결한 창녀의 모습이 나타난다.

자유분방한 창녀는 시대의 도덕이나 규범, 관습을 무시하면서 감각적이고 육체적인 쾌락을 추구하는 여성으로 사랑이라는 감정과 무관하게 상대를 가리지 않고 성적 쾌락을 찾는 인물이다. 이 여성은 물질주의적이고 향락적이며 수치심이나 죄의식을 느끼지 않는다. 그는 질병에 걸리지도 않았고 타인에 의해 타락의 길로 들어선 불쌍한 존재도 아니다. 그는 매춘부라는 자신의 직업을 비하하지 않고 사회적 차별을 무시하며 오히려 자신의 욕망을 충족하는 기회로 삼으면서 즐겁게 생활한다. 자유분방한 창녀 역시 근대 유럽의 문학 작품들에서 계속 등장했으며 특히 포르노그래피에서 주로 묘사되는 매춘부의 모습이었다. 오늘날에도 여전히 자유분방한 창녀의 이미지가 자신의 욕망에 충실하고 성적인 자유를 누리는 여성의 모습을 통해 다양한 작품 속에서 재현되고 있다. 이 자유분방한 창녀는 한편에서는 성과 관련된 여성의 자율성과 주체적 수행성을 보여준다고 이해되기도 하지만 다른 한편에서는 남성의 성적 욕망을 반영하고 드러내는 장치로 이용된다고 여겨지기도 한다. 남성의 입장에서 본다면, 고결한 창녀보다는 자유분방한 창녀가 훨씬 부담 없는 욕망의 배설처가 될 수 있기 때문이다.

3. 포르노 속 여성의 육체

종교개혁 이후 가정이 중요한 사회적 공동체로 인식되는 과정에는 산업혁명을 거치면서 크게 발달하기 시작한 자본주의의 필요도 한몫을 했다. 공장을 통한 대량생산이 시작되면서 많은 노동자의 지속적이고 안정적인 공급이 사회적으로 중요해졌다. 가정은 노동자들에게 휴식을 통해 재충전할 수 있는 안식처를 제공하고 미래의 노동자들을 생산하고 양육할 수 있는 가장 기본적이고 핵심적인 장소였다. 가정을 구성하고 유지하면서 아이를 재생산하는 것이 중요한 국가적 과제가 되었다. 이 과정에서 여성의 역할이 매우 중요해졌다. 여성은 가정을 구성하는 핵심 인력으로 가사노동을 통해 가정을 유지하고 출산과 양육을 통해 미래의 노동자를 재생산하는 본질적인 임무를 부여받았다. 이것은 자본주의와 가부장제가 결합한 결과였다.

자본주의와 가부장제는 여성을 모성을 가진 존재로 부각하면서 가정에서 노동력을 재생산하는 능력을 강조했다. 여성은 남성과 결혼해 화목하고 편안한 가정을 꾸미고 아이를 출산하고 양육할 의무와 권리를 부여받았다. 이를 위해 여성에게도 사랑에 기반한 성적 욕망과 쾌락의 추구가 허용되었다. 하지만 모성을 가진 여성의 성욕은 재생산에 초점이 맞춰져 있었다. 반면에 주부이자 어머니인 여성의 대척점에 자리하고 있는 매춘부의 성욕은 재생산과는 거리가 멀었고 오직 육체적 쾌락을 위한 것으로 이해되었다. 여성은 아내와 어머니라는 숭고한 역할을 수행하면서 사회적 인정과 존경을 받거나 개인적 욕망과 쾌락을 추구하는 매춘부로서 사회적 비난을 받는 두 가지 길 중 하나를 선택하도록 강요받았다.

여성의 육체는 두 가지의 상반된 관점에서 이해되었다. 월경을 하는 여성의 육체는 출혈을 일으키고 냄새가 나는 축축하고 불결한 것으로 남성을 육체적, 도덕적으로 오염시키는 육체이거나, 또는 임신하고 출산하는 성스러운 행위가 이뤄지는 무성적인 모성의 육체로 이해되었다. 불결한 육체는 매춘부의 육체로 남성을 유혹하고 성병을 매개하면서 사회를 타락시킨다. 반면에 모성의 육체는 아이를 낳고 양육할 뿐만 아니라 남편에게 음식과 휴식처를 제공함으로써 양질의 노동력을 재생산하면서 사회를 발전시킨다. 매춘부의 육체는 성적 쾌락을 위해 거래되는 교환가치를 가진 상품이지만, 어머니의 육체는 가족과 사회를 위해 헌신하는 거래될 수 없는 가치를 가진 것이다. 남성의 아이를 낳는 육체이든, 남성의 욕망을 해소해 주는 육체이든, 여성의 육체는 남성을 위해 봉사하는 수단일 뿐이며 남성은 여성의 육체를 사용할 수 있는 선천적 권리를 가진 것으로 이해된다.

포르노그래피가 재현하는 여성의 육체는 매춘부의 육체이다. 이 매춘부의 육체는 남성의 욕망과 쾌락을 위해 거래되는 상품으로서의 교환가치만을 가진다. 이 육체는 여성의 실제 욕망이나 쾌락과는 무관하게 오직 남성의 욕망과 쾌락을 위해 봉사하기 위해 구상되고 재현된다. 금발을 좋아하는 남성을 위해 염색을 하거나 가발을 써야 하고 큰 가슴을 좋아하는 남성을 위해 유방 확대 수술을 받아야 한다. 육체를 구체적으로 재현하는 포르노 영화는 남성적 응시를 통해 바라보는 방식으로 이런 여성의 육체를 보여준다. 포르노 영화 속에서 여성의 육체는 클로즈업되고 파편화되어 오직 성적 욕망의 대상으로만 재현된다. 남성 관객의 성적 욕망을 부추기고 쾌락을 극대화하는 방식으로 재현되는 것이다.

포르노 영화가 여성의 육체를 재현하는 방식은 때로는 폭력적이기도 하다. 포르노 영화는 남성에 의한 여성의 완전한 지배를 재현하기 때문에 여성이 남성에게 종속되는 상황을 미화하고 폭력적인 방식으로 성을 실천하는 것을 자연스러운 행위로 묘사한다. 여성의 육체는 남성의 성적 폭력이 가해지는 장소이며 남성의 폭력적 강압에 의해 성적 쾌락을 느끼는 곳이다. 포르노 영화에서 강간이 자주 재현되는 것은 이런 이유에서이다. 포르노 영화가 여성의 육체를 이렇게 재현하는 과정에서 여성의 육체에 대한 경멸이 당연시되고 이것은 여성에 대한 비하로 연결된다. 포르노 영화에서는 남성의 성적 욕망과 환상이 여성의 육체와 생명보다 더 중요하다. 포르노 영화 안에서 여성의 육체와 생명은 남성의 성적 환상을 위해 봉사하는 수단일 뿐이다. 그렇기에 드워킨Dworkin은 "남성 권력을 상정하고 행사하고 축하하기 위해 여성 비하가 존재한다는 점에서 포르노그래피에서 여성의 가치평가는 부차적 주제일 뿐"이라고 주장한다Dworkin, 1989, 25.

드워킨에 따르면, 포르노그래피는 여성에 대한 남성의 성적 지배를 구현한다. 그는 포르노그래피가 성이나 성행위를 재현하는 것이 아니라 글자 그대로 매춘부에 대해 묘사하는 것이기 때문에 포르노그래피에 등장하는 여성은 매춘부로 간주된다고 생각한다. 따라서 포르노그래피가 더럽다는 생각은 여성이 더럽다는 생각과 연결된다. 포르노그래피는 여성, 여성의 육체, 여성의 성이 더럽다는 생각을 재현하고 확산시킨다. 포르노그래피는 여성을 인간이 아닌 단순한 성적 대상이자 물건으로 만들어버린다. 남성적 응시가 지배하는 포르노그래피는 여성을 성적 대상이자 상품으로 비인간화하고 이런 포르노그래피의 남성적 응시를 내면화한 관객은 여성의 이미지에 대한 거래뿐만 아니라 현실에서 이뤄지는 여성의 거래에도 무감각해지게 된다.

이처럼 여성이 포르노그래피에서 남성적 응시의 대상으로 재현될 경우, 여성의 고유한 욕망과 환상을 표현하고 충족하려는 주체적 모습은 찾을 수 없게 된다. 이것은 결국 포르노그래피가 여성의 역할을 가사와 매춘에만 제한시키면서 여성의 욕망 자체를 제한하고 부인하고자 하는 가부장제와 자본주의 체제에 적합한 표현물이라는 것을 보여준다. 여성의 욕망은 남성의 욕망을 반영하는 거울로서만 존재하며 여성의 성은 남성들 사이에서 거래되는 상품으로만 머문다.

포르노 영화에서 여성은 성적으로 과도하게 흥분하고 극한의 쾌락을 느끼는 것처럼 재현된다. 과도하게 흥분하는 여성의 얼굴을 클로즈업하는 것은 포르노 영화의 전형적인 문법이다. 포르노 영화 속 여성이 쾌락의 극치를 표현하거나 연기할 때 반드시 여성의 얼굴이 영상에 클로즈업된다. 이 얼굴의 영상은 너무나 정형화되어 있어서 그 영상만 봐도 포르노 영화의 한 장면이라는 것을 누구나 알 수 있을 정도이다. 이것은 여성의 쾌락을 묘사하기 위한 것이 아니라 남성의 흥분을 유발하기 위한 장치이다. 여성의 얼굴은 포르노 영화를 보는 남성의 시선을 전제한다.

포르노 영화 속 여성은 대부분 과잉성욕자라고 할 수 있을 정도로 과도하게 성적 흥분과 쾌락을 추구하는 모습을 보인다. 강간과 같이 본인이 원치 않는 폭력적인 성관계를 맺을 때조차도 여성은 결국 육체적 쾌락에 탐닉하는 모습으로 재현된다. 포르노 영화의 여성은 본질적으로 색정광nymphomaniac이며 자유분방한 창녀이다. 이 여성은 언제든지 남성의 품에 몸을 던질 준비가 되어 있다. 그에게 오르가즘을 제공하는 것은 발기된 음경, 즉 남근이다. 그는 남근의 지배에 철저히 순종하면서 자신의 쾌락을 얻는다. 포르노 영화 속에서 구체적으로 발기된 음경은 남성 배우의 것이지만 순종적인 여성을 농락하는 남근은 남성 관객에 의해 상상되는 것이다. 남성 관객은 상상의 남근을 여성에게 제공하고 쾌락을 선물함으로써 여성에 대한 남성 지배의 환상을 완수한다.

로빈 모건Robin Morgan, 수잔 그리핀Susan Griffin, 캐서린 맥키넌Catharine MacKinnon, 안드레아 드워킨 등과 같은 일군의 페미니스트들은 포르노그래피가 여성을 성적으로 대상화하고 유린함으로써 남성의 권력과 패권을 재현하고 재생산한다고 보면서 포르노그래피 안에는 여성을 강간하고 고문하고 복종시키고 공격하면서 가학적 쾌락을 추구하는 남근적 가학성phallic sadism이 나타난다고 비판한다. 그들은 특히 이성애 하드코어 포르노 영화가 여성에 대한 강간신화를 확산시킨다고 본다. 포르노 영화에서 여성은 강간과 폭력을 통해 성적 흥분을 느끼는 존재로 재현된다. 이것은 여성이 강간을 즐긴다는 강간신화를 재생산하고 강화한다. 강간신화에 따르면, 강간을 당하는 것은 행실이 나쁜 여성이다. 이 여성은 노출이 심한 옷과 유혹적인 태도를 보이면서 스스로 강간을 유도한다. 그는 강간을 통한 성행위를 즐기고 그런 행위를 통해 남성과 친밀한 관계를 맺고자 한다. 하지만 성관계 후 남성이 여성에게 무관심해지면 남성에게 강간을 당했다고 경찰에 고발한다. 또한, 여성은 자신에게 불리한 상황에 처했을 때도 강간을 당했다고 말한다. 따라서 강간신화는 기본적으로 여성이 자신의 성을 이용해 남성을 이용하려는 창녀 기질을 갖고 있다는 생각에 기반을 둔다. 포르노그래피는 능동적이면서 가학적인 남성과 수동적이면서 피학적인 여성 사이의 구분을 통해 남근의 지배를 정상적인 것으로 만든다.

4. 섹슈얼리티의 다층성

남성은 남성만의 고유한 특성을 갖고 있고 여성은 여성만의 고유한 특성을 갖고 있으며 이 남성성과 여성성은 명확히 구분되고 섞이지 않는 각각의 단일하고 획일적인 범주라고 이해하는 관점을 젠더 본질주의gender essentialism라고 한다. 예를 들어, 남성성은 기본적으로 폭력과 강압을 통한 지배욕에 의해 특징지어지는 남근적인 속성을 갖고 있기 때문에, 성행위는 근본적으로 능동적이고 가학적인 남성에 의해 수동적이고 피학적인 여성이 유린당하는 행위일 수밖에 없다는 생각은 젠더 본질주의의 관점을 가진 것이라고 볼 수 있다. 이런 관점에서 보면, 포르노그래피는 남근의 지배를 재현하면서 여성을 비하하고 남성의 패권을 영구적인 것으로 만드는 표현물이 된다.

포르노그래피를 젠더 본질주의의 입장에서 이해하는 것은 남성과 여성에게 이미 정해진 속성을 부여하고 그 외에 다른 가능성을 고려하지 않는 행위가 될 수 있다. 포르노그래피에 긍정적 의미를 부여하는 페미니스트들은 포르노그래피가 재현하는 성을 남근적 가학성의 관점에서 이해하는 것에 의문을 제기한다.

린다 윌리엄스Linda Williams와 같은 학자는 남성성을 본질적으로 폭력적이고 가학적인 것으로 규정하면서 여성이 일방적으로 남성의 가학적 남근성에 의해 성적으로 지배당하는 상황에 처한 것으로 이해한다면, 여성성은 반대로 비폭력적이고 피학적이고 수동적인 것으로 규정되는 문제가 있다고 본다. 이렇게 남성성과 여성성을 고정된 단일한 속성으로 이해하면 성에 있어서 남성은 항상 주도적이고 능동적인 위치에 있게 되고 여성은 종속적이고 수동적인 위치에 놓이게 된다. 이것은 여성을 주체적인 성 선택권을 갖고 있지 않은 존재로 만든다. 게다가 이런 성폭력과 성적인 지배가 포르노그래피에 의해 조장된다고 주장하면서 포르노그래피를 법으로 금지하고자 한다면 이미 가부장적 이익을 위해 봉사하는 국가권력이 사상과 표현의 자유를 억압하는 데 날개를 달아주는 문제가 생길 수도 있다. 결국, 포르노를 반대하는 페미니스트들은 가부장적 질서를 옹호하는 보수적 정치세력과 결탁하는 셈이다. 포르노그래피를 검열하거나 금지하는 방식으로 가부장제에 저항한다는 것은 애초에 불가능하다. 오히려 포르노그래피에 대한 검열이나 금지는 가부장적 이성애를 정상적인 성으로 인정하고 동성애를 비롯한 다른 다양한 섹슈얼리티를 억압하는 보수적 규범을 강화하는 결과를 낳을 수 있다.

포르노그래피에 대해 긍정적인 의견을 가진 페미니스트들에 따르면, 남성성과 여성성은 단일하고 획일적인 것이 아니라 다층적이고 변화하는 것이다. 남성의 섹슈얼리티는 폭력적이고 변태적이기만 하고 여성의 섹슈얼리티는 평화적이고 순수하기만 한 것이 아니다. 어떤 섹슈얼리티는 언제나 선이고 다른 섹슈얼리티는 언제나 악이라고 할 수도 없다. 남성성과 여성성은 사회적, 문화적으로 개인들의 다양한 실천과 수행 속에서 구성되는 것이며 모든 남성이나 모든 여성에게 획일적으로 주입되는 보편적 남성성이나 보편적 여성성은 존재하지 않는다. 포르노그래피도 남근적 권력만을 재현하는 단일한 성격을 가진 표현물이 아니다. 포르노그래피 안에도 다양한 섹슈얼리티를 표현하는 수많은 장르가 존재한다. 이성애 포르노와 동성애 포르노가 다르고 게이 포르노와 레즈비언 포르노가 다르다. 이성애 포르노 안에도 소프트코어, 하드코어, S/M 포르노, 쓰리섬 포르노, 속박 포르노 등 다양한 장르가 존재한다. 또한, 이성애 하드코어 포르노라도 시대에 따라 재현의 방식이 다르다.

모든 이성애 하드코어 포르노 영화가 남근중심적 권력phallocentric power을 기반으로 구성되는 것은 아니다. 오히려 이성애 포르노 영화는 여성이 자신의 성 욕망을 드러낼 때 처벌받지도 않고 죄의식을 느끼지도 않는 드문 영화 장르 중 하나이다. 게다가 역사적으로 볼 때, 포르노 영화에서 여성에 대한 폭력과 강간의 재현은 포르노 영화의 여성 관객이 증가함에 따라 금기시되는 경향을 보인다Williams, 2004, 12. 포르노 영화는 남성 관객만을 위해 제작되고 남성 관객에 의해서만 소비되는 것이 아니며 다양한 섹슈얼리티를 가진 관객들의 취향을 위해 제작되고 소비된다. 다양하고 다층적인 섹슈얼리티가 남성뿐만 아니라 여성에게서도 나타나듯이, 포르노그래피도 다양하고 다층적인 섹슈얼리티를 재현한다. 포르노그래피 안에서 남성의 욕망과 권력이 어떻게 재현되는지에 대해 아는 것이 중요하듯이, 여성의 욕망과 권력이 포르노그래피 안에서 어떻게 재현되는지도 봐야 한다.

5. 여성의 욕망과 판타지

1980년대 한국에서는 속칭 '에로영화'라는 것이 유행했다. 관능적 사랑을 의미하는 에로스eros와 영화의 합성어인 에로영화는 성행위를 재현하는 장면들을 통해 관객의 성욕을 자극하는 영화로 이해되었다. 성적 표현물에 대한 검열이 존재했던 1980년대 한국의 특성상 에로영화에서 성을 표현하는 수위는 그다지 높지 않았다. 남성의 상반신, 여성의 유방과 나체의 실루엣 정도가 재현되었고 성행위의 묘사도 구체적인 행위가 아니라 분위기를 재현하는 수준에 머물렀다. 하지만 에로영화는 명시적으로 성을 다루는 영화를 표방했으며 관객을 성적으로 흥분시키겠다는 목적을 숨기지 않았다는 점에서 한국 최초의 소프트코어 포르노 영화로 분류될 수 있다.

명시적으로 성행위를 다루면서 관객을 성적으로 흥분시키는 장치들을 영화 곳곳에 장착한 에로영화는 1980년대 군사독재 정권 시절 정치적 억압과 경제적 호황 속에서 커지던 대중의 자유에 대한 갈망과 소비 욕구를 만나면서 엄청난 반향을 불러일으켰다. 1982년 제작된 『애마부인』은 에로영화의 출발을 알린 작품이면서 이후 1990년대 에로비디오의 '부인' 시리즈로 이어지는 한국식 소프트코어 포르노 영화, 즉 성인영화의 길잡이가 된 영화이다. 당시 관객이 너무 많이 몰려들어 상영관 입구의 유리창이 깨지는 사건이 발생할 정도로 『애마부인』의 대중적 인기는 엄청났다. 이후 1980년대 내내 사극에서 현대극을 망라하는 다양한 에로영화들이 제작되었다.

애마부인의 애마는 愛馬가 아니라 愛麻이다. 영화 포스터는 물론이고 영화에서도 여주인공이 말을 타고 있는 모습이 등장하기 때문에 말을 사랑한다는 의미를 가진 애마愛馬가 사용되는 것이 당연해 보이고 실제로 원래 제작자의 의도도 여성의 성욕을 표현하기 위해 애마愛馬라는 단어를 사용했지만, 검열 과정에서 부적절하다는 지적을 받고 애마愛麻라는 표현을 사용하게 되었다. 이처럼 공식적인 성 담론은 매우 보수적이었던 1980년대의 한국에서 비록 표현 수위가 약하기는 하지만 성행위의 묘사를 공식적으로 표방한 영화를 영화관에서 볼 수 있다는 것은 큰 사건으로 받아들여졌다. 게다가 여주인공의 유방이 크다는 것이 중요한 마케팅 포인트였기 때문에 여성의 큰 가슴을 스크린 위에서 보고자 하는 남성들이 몰려들었다.

하지만 애마부인은 남성만을 위한 영화가 아니었다. 단지 남성들만이 즐긴 영화였다면 애마부인은 그렇게 큰 화제가 되지는 못했을 것이다. 『애마부인』을 보기 위해 영화관을 찾은 관객 중 상당수는 여성들, 특히 중년의 여성들이었다. 『애마부인』의 남성 관객들이 여배우의 큰 가슴을 보면서 관음증적 욕구를 충족하고 자신들의 최초 욕망의 대상이었던 유방을 이제는 거세 불안을 해소하는 데 사용할 페티시로 소비했다면, 여성 관객들은 『애마부인』에서 무엇을 찾고자 했던 것일까? 여성 관객들은 남성의 응시를 자신의 것으로 내면화하면서 여배우의 육감적인 몸매와 큰 가슴을 닮고자 했을까? 오히려 그들은 자신의 욕망을 충족시킬 종마를 찾고자 하지는 않았을까? 여성이 말을 사랑한다는 표현이 갖는 성적인 함축의미는 잘 알려져 있다. 그것은 커다란 음경에 대한 갈망을 의미한다. 다시 말해 그것은 남근적 권력에 대한 욕망이다.

1980년대 에로영화의 서사구조는 비교적 단순하다. 성적으로 무능력한 남편 때문에 욕망을 충족시키기 어려운 상황에 처한 아내가 젊고 건강한 남성과의 만남을 통해 자신의 욕구를 해결한다는 것이 전형적인 에로영화의 서사이다. 결국, 에로영화는 남성의 욕망에 대한 이야기가 아니라 여성의 욕망에 대한 이야기이다. 중년의 여성 관객들은 영화 속 여주인공의 욕망을 자신의 욕망과 동일시했다. 남성의 성적 욕망을 위한 대상으로 머무는 여성이 아니라 자신의 욕망을 충족시키기 위해 행동하는 여성의 이야기에 여성들이 반응한 것이다. 중년의 여성을 사랑하고 그를 위해 모든 것을 바치고자 하는 젊고 순수한 청년이 등장하는 『애마부인』은 1980년대 당시 가부장적 가정에서 아내이자 어머니로 성욕을 거세당한 채 살아야 했던 중년 여성의 성적 판타지를 담고 있었다고 볼 수 있다. 게다가 중년여성 사이의 동성애 분위기를 묘사하기까지 한다. 당시의 시대 분위기를 고려한다면, 『애마부인』은 자신의 욕망을 주체적으로 추구하는 여성을 재현한 파격적인 영화였다고 할 수 있다. 물론 『애마부인』은 여주인공이 결국 연하남과의 사랑을 포기하고 다시 남편에게 돌아가는 선택을 한다는 점에서 시대의 한계를 완전히 벗어나지는 못한다. 자신의 욕망을 선택하고 남근적 권력을 전유하는 데 이르지는 못한 것이다. 하지만 여성이 아내와 어머니라는 무성적 존재가 아니라 다층적 성적 욕망을 가진 존재로서 자신의 욕망과 쾌락을 위해 행동할 수 있다는 것을 보여줌으로써 당시 여성들의 판타지를 구현했다.

정신분석학에 따르면, 판타지는 욕망을 실현하기 위해 만들어지는 상상의 이야기이다. 판타지는 기본적으로 무의식에 억압되어 있는 욕망에 의해 지배되는 것이기 때문에 판타지를 통해 실현되는 욕망은 현실에서는 충족될 수 없는 것이며 동시에 주체가 명확히 인지하기 어려운 것이다. 그래서 대개 판타지는 실현되어야 할 욕망의 실체를 정확히 보여주기보다는 왜곡되거나 심지어 전혀 무관해 보이는 형태로 드러낸다. 우리가 일상적으로 접하는 판타지의 대표적 형태는 바로 꿈이다. 꿈은 대부분 이해할 수 없는 내용으로 이뤄져 있고,

때로는 우리가 전혀 원하지 않거나 극도로 무서워하는 것이 실현되는 내용으로 구성되기도 한다. 중요한 시험에 떨어지는 꿈이나 제대한 사람이 다시 군대에 가는 꿈이 그렇다. 이런 꿈은 물론 시험에 떨어지고 싶은 욕망이나 다시 입대하고 싶은 욕망을 표현하는 것이 아니다. 우리가 인지하지 못하는 다른 욕망이 왜곡된 형태로 나타나는 것이다. 판타지는 억압된 욕망의 실현을 위한 것이라는 점에서 판타지의 생산은 우리의 금지된 욕망을 강하게 규제하는 규범이나 법을 위반하는 작업이다. 규범과 법의 감시를 피하기 위해서는 원래의 모습을 숨긴 채 위장된 모습으로 욕망을 드러내야 한다.

판타지가 욕망의 실현을 목적으로 하는 장치라는 점에서 판타지는 쾌락을 생산한다. 우리는 욕망이 실현될 수 있는 상상의 세계를 만들고 그 세계를 경험하면서 쾌락을 추구한다. 판타지가 현실을 지배하는 규범과 법을 위반하는 내용을 갖고 있다는 점에서 판타지는 현실에 존재하지 않는 것을 가시화함으로써 지배적인 규범에 타격을 주는 일탈적이고 전복적인 성격을 가질 수 있다. 여성은 가부장제의 지배적 규범에 의해 가정 안에서 무성적 존재로 살도록 강제된다는 점에서 여성의 판타지는 가부장적 규범을 위반하고 전복하는 성격을 가질 수 있다.

여성의 판타지는 에로영화와 같은 매스미디어 콘텐츠 안에 투영될 수도 있지만, 대부분의 매스미디어 콘텐츠가 사회의 지배적 규범을 재생산하면서 남성의 판타지를 구현하는 역할을 하기 때문에 여성들은 자신의 욕망을 실현할 수 있는 판타지를 스스로 제작하는 경우가 많다. 대표적인 사례가 바로 여성 팬덤에 의해 제작, 소비되는 '슬래시 픽션slash fiction'이다. 이것은 매스미디어 콘텐츠의 팬이 자신이 좋아하는 콘텐츠의 스타, 캐릭터, 서사 등을 이용해서 제작하는 허구의 이야기인 팬 픽션fan fiction, 혹은 팬픽의 한 장르이다. 슬래시 픽션은 동성의 캐릭터들 사이의 애정 관계나 성행위에 초점을 맞추는 특징을 갖고 있다. 미국에서 1970년대에 큰 인기를 끌었던 TV 시리즈물 『스타트렉』의 여성 팬이 주인공 캐릭터인 커크Kirk와 스포크Spock를 연인으로 묘사하는 팬 픽션을 만들면서 둘의 연인 관계를 표시하기 위해 그들의 이름 사이에 슬래시를 삽입했다. '커크/스포크'라는 표시는 두 캐릭터가 성관계를 포함한 연인임을 의미한다. 기존의 『스타트렉』 팬 픽션에서는 커크와 스포크를 우정 관계로 묘사하는 것이 일반적이었기 때문에 둘 사이의 동성애를 묘사한 슬래시 픽션은 처음에는 논란을 일으켰다. 하지만 곧 다른 팬덤으로 확산되면서 『스타스키와 허치Starsky and Hutch』 등, 당시 인기 있던 TV 시리즈물의 남성 캐릭터들 사이의 동성애를 묘사하는 슬래시 픽션이 양산되었다. 나중에는 여성 캐릭터들 사이의 동성애를 묘사하는 '펨슬래시femslash'라는 슬래시 픽션의 하위 장르도 등장했다.

슬래시 픽션이 흥미로운 것은 단순히 동성애를 묘사하는 팬 픽션이라는 점 때문이 아니라 저자와 독자가 대부분 여성이라는 점 때문이다. 이성애라는 지배적인 섹슈얼리티가 아니라 동성애라는 소수자 섹슈얼리티를 여성이 적극적으로 향유한다는 것은 매스미디어를 통해 재생산되는 사회의 지배적인 성질서와 성 역할을 여성이 상상을 통해 위반하는 것을 즐긴다는 의미로 이해될 수 있다. 『스타트렉』 시리즈의 여성 팬들은 시리즈를 남성 동성애 포르노그래피로 다시 쓰면서 성의 경계를 넘나들고 기존의 성질서와 성 역할을 전복하는 즐거움을 추구한다Penley, 1992.

한국에서 슬래시 픽션은 주로 10대 여성 팬덤을 중심으로 생산, 소비되어왔다. 한국의 슬래시 픽션은 일본 여성들이 주로 소비하는

미소년들의 동성애를 묘사한 '야오이やおい' 만화의 영향을 받았다. 특히 1993년 한국에서 해적판이 출판된 오자키 미나미의 야오이 만화 『절애Bronze』가 큰 영향을 주었다. 이후, PC통신을 통해 야오이 물이 확산되면서 여성들을 중심으로 동성애 텍스트의 생산과 소비가 증가했다김효진, 2013. 동성애를 묘사한 만화에서 남성 동성애 묘사는 '야오이', 여성 동성애 묘사는 '레즈물'로 불렸다. 이후, '야오이'는 'BLBoy's Love', '레즈물'은 '백합물', 'GLGirl's Love'이라고도 불렸다.

슬래시 픽션으로서의 팬픽은 90년대 말 god, 신화 등과 같은 아이돌 그룹 팬클럽을 중심으로 유행하기 시작했다. 팬클럽의 열성 회원이었던 10대 여학생들은 성에 대한 호기심과 동성애에 대한 환상을 결합해 성행위를 노골적으로 표현하는 팬픽을 생산하고 소비했다. '야오이' 팬픽의 주인공들은 남성성을 반영하는 '공'과 여성성을 가진 '수'로 구분된다. 수려한 외모, 운동 능력, 높은 사회적 지위 등을 모두 갖춘 이상적 남성으로 재현되는 '공'은 소극적이고 수동적인 '수'에 대해 때로는 가학적인 성적 학대를 하기도 한다. 이런 성적 학대의 강도는 애정의 정도를 표현하는 것으로 이해된다.

남성 동성애 텍스트가 여성들에게 인기를 끌면서 소비된 이유는 무엇일까? 우선, 현실의 성관계에서는 수동적인 위치에 처해 있고 직접적인 성행위를 통해 발생할 수 있는 위험이 상대적으로 큰 여성들이 안전한 위치에서 미소년들의 성행위를 지켜보면서 관음증적 쾌락을 즐길 수 있기 때문이라고 볼 수 있다. 한국의 10대 여성 팬덤에서 이성애를 기반으로 하는 팬픽을 소비하는 여성 팬은 사회가 요구하는 이상적인 남성과 여성 사이의 가부장적인 연인 관계를 재생산하는 텍스트를 소비하면서 남성 스타와 사랑에 빠지는 판타지를 즐긴다. 동성애를 기반으로 한 슬래시 픽션의 경우에도, 두 남성 캐릭터의 관계가 기존의 이성애적 남녀관계와 큰 차이를 보이지 않는다는 점에서 10대 여성 팬들이 아직 현실의 이분법적 성 역할에서 완전히 벗어나지는 못하는 모습이 나타난다. 그럼에도 슬래시 픽션을 소비하는 여성 팬은 남성성과 여성성의 경계를 넘나드는 성 정체성을 실험해 보는 모습을 보인다김훈순 & 김민정, 2004. 성에 대한 사회적 억압을 강하게 느끼는 한국의 10대 여성들이 동성애를 묘사하는 슬래시 픽션을 적극적으로 즐긴다는 것은 그들이 사회적 금기를 판타지를 통해 해소하고자 하는 욕구를 갖고 있음을 보여준다. 이런 성에 대한 사회적 금기를 상상적으로 위반하는 과정에서 여성들은 현실의 성질서에도 저항하는 힘을 기르게 된다. 실제로 동성애 텍스트에 대한 적극적 소비 때문에 여성은 남성보다 동성애에 대해 좀 더 수용적인 태도를 보이는 경향이 있다. 심지어 슬래시 픽션을 소비하는 10대 여성 중에는 이성애 성향을 갖고 있으면서도 동성애 역할 놀이를 하거나 동성애를 시도하는 팬픽이반異般이 등장하기도 한다.

에리카 러스트Erika Lust 와 같은 포르노 영화감독의 사례에서 나타나듯이, 여성들이 주체적으로 포르노그래피를 생산하고 소비하면서 기존의 남성적 포르노그래피와는 다른 여성적 포르노그래피를 제작하고자 하는 노력도 증가하고 있다. 상업적으로 생산, 유통되는 포르노 영화는 남성 관객을 대상으로 남성이 제작하는 경우가 대부분이다. 이런 포르노 영화는 남성의 판타지를 실현하는 내용을 갖고 있다. 남성을 위한 포르노 영화가 만남-흥분-삽입-사정의 서사구조를 갖고서 여성의 얼굴과 음문에 대한 클로즈업과 과도한 쾌락의 묘사 등 성행위 자체를 재현하는 데 집중하는 경향이 있다면, 여성을 위한 포르노 영화는 현실에 있을 법한 사실적 서사와 사실적 인물을 묘사하고 사실적 성행위를 재현한다. 배우들은 평범한 얼굴과 평범한 몸매를 갖고 있으며 성행위에 대한 자발적 동의와 상대에 대한 인간적 존중을 바탕으로 촬영에 임한다. 배우들은 본인이 정말 성행위를 하고 싶을 때 촬영하기 때문에 배우들 사이에는 진짜 교감이 있고 성행위도 과장되지 않으며 쾌락도 과도하게 시뮬레이션되지 않는다. 성기와 삽입 행위를 불필요하게 클로즈업하지도 않는다. 남성과 여성의 몸이 동등하게 다뤄지며 여성은 구멍으로 환원되지 않으며 남성도 음경으로 축소되지 않는다. 또한, 이성애나 동성애뿐만 아니라 양성애, 트랜스젠더 등 다양한 섹슈얼리티가 자연스럽게 재현된다. 이런 포르노 영화는 어머니 vs 창녀, 정숙한 여자 vs 헤픈 여자의 이분법을 극복하고 여성을 욕망의 대상이 아닌 자신의 몸과 욕망, 쾌락에 대한 권리를 행사하는 주체로 재현한다.

5장

섹슈얼리티의 정치학

1. 남성과 여성의 탄생

아주 예외적인 경우를 제외하고 모든 인간은 하나의 생식기를 갖고 태어나기 때문에 태어나는 순간 남성인지, 여성인지가 판정된다. 이것은 유전자에 의해 생물학적으로 결정되는 성이다. 하지만 인간은 사회적 존재로 살아가기 위해서 생물학적 성과는 별개로 자신을 남성이나 여성으로 인지하는 과정을 거쳐야 한다. 이것은 자신의 생식기를 식별하고 그것에 의미를 부여하는 작업을 통해 이뤄진다. 일반적으로 태어난 지 얼마 되지 않은 유아기의 아이들은 자신을 남성이나 여성으로 인식하지 못한다. 그들은 아직까지는 욕망하는 육체 상태에 머문다. 그들은 외부의 모든 자극을 몸으로 느끼고 몸 내부에서 느껴지는 욕구를 그대로 표현한다. 그들은 먹고 자고 싸는 욕구를 즉시 해결함으로써 몸을 최대한 편안한 상태로 유지하려 한다. 이 과정에서 아이에게 가장 중요한 도움이 되는 존재가 바로 어머니이다. 어머니는 아이의 생리적 욕구를 즉시 해결해 줌으로써 아이의 생명을 유지해주는 존재이다. 아이는 어머니와 육체적으로는 분리되어 있지만, 처음에는 분리되어 있다는 것을 인지하지 못한다. 아이는 자신의 몸이 별개라는 것을 인지하지 못하고 자신의 몸과 어머니의 몸을 하나로 뭉뚱그려 인지한다. 아이가 어머니와 자신을 육체적으로 구분하는 것은 거울을 보면서 자신의 몸에 대한 하나의 이미지를 형성하면서이다.

유아기의 아이에게 어머니는 자신의 모든 욕구를 충족시켜 주는 존재이기 때문에 아이는 어머니에 대한 절대적 애정을 갖는다. 자신에게 젖을 주는 유방과 안겨서 잠을 잘 수 있는 따뜻한 몸이 있는 어머니는 아이가 욕망하는 모든 것이다. 이렇게 어머니는 아이가 가진 모든 욕망의 대상이다. 그런데 남근기에 이르게 되면 아이는 생식기의 차이를 발견하면서 남성과 여성 사이의 차이를 인식하게 된다. 그리고 아버지, 어머니와의 관계를 정립하면서 스스로 남성 혹은 여성이라는 정체성을 갖게 된다. 비로소 사회적 성이 결정되는 것이다. 이것은 오이디푸스 콤플렉스 단계에서 일어나는 일이다.

오이디푸스 콤플렉스 이론이 가진 문제는 성 정체성을 음경의 유무에 의해 결정되는 것으로 본다는 데 있다. 남자아이는 어머니의 몸에 음경이 없다는 것을 발견한 뒤에 거세공포를 겪는 과정을 통해 아버지의 질서를 받아들이면서 남성이 된다. 여자아이는 동일한 상황에서 이미 음경을 잃었다는 상실감과 열등감 속에서 아버지의 음경을 선망하면서 여성의 정체성을 갖는다. 이것은 음경을 가진 남성은 기본적으로 온전한 육체를 가진 존재로, 여성은 불완전한 육체를 가진 존재로 보는 남성중심적 관점을 갖고 있다. 이 관점은 온전한 육체를 가진 남성은 정상적이고 불완전한 육체를 가진 여성은 비정상적이라는 생각으로 이어지면서 정상인에 의한 비정상인의 지배를 정당화하는 기본적 논리가 된다. 음경을 가진 남성이 여성을 지배하는 존재로 이해되면서 음경은 더는 생물학적 의미의 생식기가 아니라 사회적 권력을 의미하는 남근이 된다. 남근은 성적 지배의 권력을 상징한다. 여성은 단순히 음경을 거세당한 것이 아니라 사회적 권력을 거세당한 것이다.

남자아이는 거세공포를 통해 어머니에 대한 욕망을 포기하고, 그 대신 아버지의 상징적 질서를 받아들이면서 나중에 자신도 아버지가 될 권리를 획득한다. 이것은 어머니를 포함해 아버지의 영역에 있는 모든 여성을 욕망의 대상으로 삼는 것에 대한 금지를 받아들이는 행위이다. 그는 어머니를 포함해 누나, 여동생 등과 같은 아버지가 지배하는 가족 내의 모든 여성에 대한 권리를 포기한다. 그 대신 가족 밖의 모든 여성을 욕망의 대상으로 삼을 수 있는 권리를 얻는다. 따라서 남자아이에게 있어서 거세란 모든 여성이 아닌 아버지의 여성에 대한 금기를 의미한다. 거세공포는 이 금기를 수용하게 함으로써 남자아이가 자신의 여성을 확보할 수 있는 권리를 갖게 하는 심리적 장치이다.

여자아이의 경우에 거세는 이미 발생한 사건이다. 거세를 이미 당했다는 상실감은 역시 이미 거세를 당한 처지에 있는 어머니에 대한 분노로 이어지면서 어머니에 대한 욕망을 거둬들인다. 여자아이의 경우에는 어머니에 대한 욕망이 남자아이와는 달리 동성애의 욕망이다. 따라서 같은 처지에 놓인 어머니에 대한 분노를 통해 욕망을 포기하는 것은 모든 여성에 대한 욕망을 포기하는 결과로 이어진다. 여자아이에게 있어서 거세는 모든 여성에 대한 금기로 작동하는 것이다. 여자아이는 아버지의 음경을 선망하면서 아버지의 사랑을 받기 위해 자신의 몸을 꾸미고 애교를 부리면서 여성으로 성장한다.

오이디푸스 콤플렉스 단계에서 나타나는 거세의 문제를 남자아이와 여자아이가 이처럼 다른 방식으로 풀어감으로써 남성과 여성의 사회적 성 역할이 고정되고 성 지배가 발생한다. 우선, 거세 문제를 해결하는 과정에서 남자아이는 다른 집단의 여성에 대한 사회적 권리를 획득하면서 남성이 된다. 반면에 여자아이는 모든 여성에 대한 욕망을 금기시하고 아버지의 눈에 들기 위해 자신을 아름다운 대상으로 꾸미면서 여성이 된다. 남성은 자기 집단 외의 모든 여성에 대한 권리를 얻고 여성은 다른 남성의 눈에 들기 위해 욕망의 대상으로 자신을 꾸며야 한다는 점에서 이런 거세 이론을 통한 성 역할의 구분은 가부장적 가족 제도를 정당화하는 수단이 된다.

가족은 남성과 여성이 결혼을 통해 결합함으로써 구성된다. 이때 남성과 여성은 동등한 자격으로 결합하지 않는다. 가부장적 가족 제도에서 결혼은 남성과 여성이라는 개인의 결합이 아니라 가족과 가족이라는 집단의 결합이다. 결혼은 한 가족이 자기 집단의 여성을 다른 가족 집단의 남성에게 선물로 줌으로써 이뤄진다. 프랑스 인류학자 레비스트로스Claude Lévi-Strauss는 『친족의 기본 구조들Les structures élémentaires de la parenté』에서 친족은 단순한 혈연관계가 아니라 다른 집단과 여성을 교환하면서 구성되는 것이라고 주장했다. 친족 구성의 기본 원리는 여성의 교환이라는 것이다. 근친상간의 금지는 인간 사회에서 발견되는 보편적 현상인데 이것은 자기 집단이 아닌 다른 집단의 구성원과의 결혼을 통해 가족을 구성하도록 만드는 원리가 된다. 근친상간의 금지 원리에 따라 모든 친족은 기본적으로 족외혼을 바탕으로 형성된다. 즉, 자기 친족 구성원이 아닌 다른 친족 구성원과의 결혼을 통해 하나의 새로운 가족을 구성하는 것이다. 다른 친족 구성원과의 결혼은 여성의 교환이란 형태를 띤다. 자기 친족의 여성을 다른 친족에 보내고 다른 친족의 여성을 자기 친족으로 받아들이는 교환의 과정이 결혼이다. 이처럼 여성을 교환하는 원리를 통해 서로 다른 친족들이 공존하며 살아가는 사회가 구성된다.

가부장적 가족 제도에서 남성은 교환자가 되고 여성은 교환물이 된다. 남성은 딸을 다른 남성의 아들에게 선물로 증여하는 결혼을 통해 두 가족 사이의 평화와 공존을 유지한다. 거세라는 심리적 장치를 통해 남성이 획득하는 남근적 권력은 여성을 교환하고 거래할 수 있는 권력으로서 가족을 구성하고 지배하는 힘이다. 남성과 여성 사이의 젠더 차이는 이와 같은 사회적 권력의 유무에 의해 드러난다. 생물학적 성을 나타내는 생식기의 차이는 음경의 유무로 해석되며 음경의 유무는 남성과 여성의 성 정체성의 기반이 되고 남근적 권력을 만들어낸다. 따라서 개인의 성 정체성은 생물학적으로 주어진 것이 아니라 사회문화적으로 구성되는 것이라고 할 수 있다.

2. 젠더와 섹슈얼리티

젠더gender는 일반적으로 생물학적 성이 아닌 사회적 성을 의미한다. 젠더가 갖는 문제는 사회적으로 특정한 역할과 일을 성에 결합된 것으로 이해한다는 것에 있다. 쉽게 말해, 남성은 남성으로서의 일을 갖고 여성은 여성으로서의 일을 갖는다는 생각이 있다. 남성은 가정 밖의 공적 영역에서 하는 일에 적합하고 여성은 가정 안의 사적 영역에서 하는 일에 적합하다는 생각, 즉, 노동의 성별 분업을 지지하는 생각이 일반적으로 퍼져있으며 이런 생각에 근거해 사람들의 행동과 사회 제도가 만들어진다. 대표적으로 가부장적 사회는 육아를 여성의 일, 어머니의 일로 간주하고 이와 관련한 육아 제도를 만든다. 결국, 젠더로서의 여성은 남성에 비해 사회적으로 열등한 지위에 있는 것으로 이해된다. 이것이 젠더 간의 사회적 불평등이다.

젠더 불평등이 존재한다고 해서 항상 남성이 여성보다 사회적으로 우월한 지위에 있고 여성은 열등한 지위에 있는 것은 아니다. 계급에 따라서 남성과 여성의 지위는 달라질 수 있다. 상층계급의 여성은 하층계급의 남성보다 우월한 지위를 누린다. 여성의 지위가 남성보다 절대적으로 열등한 강력한 가부장제 사회였던 조선 시대에도 양반집의 마님은 사내종보다는 절대적으로 높은 사회적 지위와 권력을 가졌다. 정치경제적 지위와 계급의 차이에 의해 발생하는 지배 관계와 젠더 차이에 의해 발생하는 지배 관계가 반드시 일치하지는 않는 것이다. 때로는 젠더 지배 관계보다는 정치경제적 계급지배 관계가 더 중요할 수도 있고 정치경제적 계급 문제가 젠더 문제로 잘못 해석될 수도 있다.

예를 들어, 공사장 노동자나 광부, 청소부처럼 힘들고 더럽고 위험한 3D업종에는 남성이 주로 종사하면서 사회적으로 희생하는 반면에 여성은 화이트칼라 업종에 종사하면서 편하게 산다라는 주장은 흔히 페미니즘을 공격하면서 '여성은 자신에게 유리할 때만 평등을 말한다'는 비판의 핵심을 이룬다. 하지만 이것은 엄밀히 말해 중산계급과 하층계급 사이에서 발생하는 계급 문제이지 젠더 문제가 아니다. 왜냐하면, 여기에서는 하층계급의 남성 노동자를 중산계급의 여성 노동자와 비교하기 때문이다. 노동시장에서의 젠더 문제를 이야기하고자 한다면, 3D업종에 종사하는 하층계급 남성 노동자와 같은 계급에 있는 여성들이 어떤 노동을 하고 있을지를 생각해야 한다. 그들이 같은 계급의 남성들보다 더 편하고 좋은 직업을 갖고 있을 가능성은 거의 없다. 오히려 사회적으로 더 멸시받고 천대받는 일을 하고 있을 확률이 높다. 대부분은 계급지배에 의한 고통에 젠더 지배에 의한 고통이 가중되기 때문에 여성이 남성보다 더 힘들게 생활한다. 정치경제적 계급지배와 젠더 지배는 다른 층위에서 작동하기 때문에 사회적 노동 문제에 접근할 때는 여러 층위에서 개입하는 요소들을 고려하면서 종합적으로 판단할 필요가 있다.

섹슈얼리티sexuality는 성과 관련해서 인간이 경험하는 감정, 태도, 활동을 포괄하는 넓은 개념이다. 좁은 의미의 섹슈얼리티는 이성애나 동성애와 같은 성적 취향을 지칭한다. 젠더가 사회문화적으로 구성된 성 정체성을 의미하는 반면에, 섹슈얼리티는 사회문화적 면뿐만 아니라 생리적이고 감정적인 면도 포함하는 성 개념이다. 남성의 섹슈얼리티는 여성의 섹슈얼리티보다는 더 공격적이고 성행위 자체에 더 초점을 맞추는 경향을 갖는다고 말할 때, 섹슈얼리티는 생리적인 면과 사회문화적 면을 모두 포함하는 의미로 사용된다. 젠더가 남성과 여성이라는 두 개의 성 사이의 이분법적 구조를 기반으로 사용되는 경향이 있는 반면에, 섹슈얼리티는 성에 대한, 젠더의 이분법을 완전히 뛰어넘는 다층적이고 복잡한 감정과 태도, 행동을 나타내는 개념으로 주로 사용된다.

남성과 여성이라는 이분법적 분리에 기반을 둔 젠더의 관점에서 성에 접근하면 젠더 지배의 문제를 여성에 대한 남성의 지배로 이해하고 섹슈얼리티에 대한 억압도 남성을 남성으로 만들고 여성을 여성으로 만드는 과정에서 일어나는 현상이라고 이해하게 된다. 문제는 섹슈얼리티를 젠더의 파생물로 간주하면서 단순하게 이분법적으로 구분하는 데서 발생한다. 섹슈얼리티는 매우 복잡하고 다층적으로 존재하는 모습을 보인다. 이성애, 동성애, 양성애, 무성애와 같이 잘 알려진 섹슈얼리티뿐만 아니라 모든 성에 끌림을 느끼는 범성애pansexual, 좋아하는 감정이 있는 경우에만 성적 끌림을 느끼는 반성애demisexual, 자신에게 성적 끌림을 느끼는 자성애autosexual, 성적 끌림을 느끼지만 상대가 반응하면 식어버리는 경향akoisexual 등 매우 다양한 섹슈얼리티가 존재한다. 게다가 이성애나 동성애 안에서도 다층적인 섹슈얼리티가 존재한다. 예를 들어, 여성적인 속성에 성적인 끌림을 느끼는 남성 동성애자가 있을 수 있다. 이처럼 다양한 섹슈얼리티의 문제를 단순히 젠더 불평등이나 젠더 억압의 문제로 환원하기는 어렵다.

섹슈얼리티가 이렇게 다층적이듯이 젠더도 단순히 남성과 여성의 이원적 구조로만 이해하는 것은 무리다. 우선 생물학적으로 보더라도 남성과 여성의 염색체를 모두 갖고 태어나는 사람이 있다. 그는 남성이나 여성 중 하나의 성을 택할 수도 있고 둘 다를 선택할 수도 있으며 수시로 성을 바꿀 수도 있다. 생물학적으로는 남성이나 여성의 몸으로 태어났지만 스스로 남성이나 여성 중 어느 한 젠더의 정체성을 갖는 것을 거부하는 사람들도 있다. 이들은 자신을 비이원적 젠더nonbinary gender로 분류하고 그he나 그녀she와 같은 이원적 인칭대명사로 불리는 것을 거부한다. 또한, 트렌스젠더와 같이 여성혹은 남성으로 태어났지만, 자신을 남성혹은 여성으로 인식하는 사람들도 있다. 이처럼 생물학적 성과 사회적 성이 반드시 일치하는 것은 아니다.

사회적으로는 남성과 여성의 이원적 젠더 구분이 보편적인 것으로 인식되고 있으며 이성애가 지배적인 섹슈얼리티로 간주되면서 규범으로 자리 잡고 있다. 이와 같은 젠더 분할과 이성애의 규범화는 다른 젠더 인식과 섹슈얼리티를 가진 사람들에게는 억압적인 것으로 이해된다. 그동안 젠더 불평등과 섹슈얼리티 억압에 대한 문제 제기는 주로 여성들에 의해 이끌어져 왔다. 19세기부터 여성의 권리와 자유를 주장하고 요구하는 움직임이 본격적으로 시작되었고 페미니즘이란 명칭 아래에서 오늘날까지 발전해 왔다. 페미니즘의 우산 아래에서 젠더와 섹슈얼리티에 대한 불평등과 억압 문제를 다루는 것은 장점과 단점을 가진다. 장점은 인구의 절반을 차별받는 여성이라는 단일한 범주로 묶어내면서 운동의 정당성과 동력을 쉽게 확보할 수 있다는 점이다. 실제로 지난 100여 년 동안 여성의 권리와 자유는 계속 확대되어왔고 여성이 남성과 동등한 권리와 자유를 누려야 한다는 주장은 적어도 공식적으로는 당연하고 올바른 것으로 인식되고 있다. 단점은 특권을 누리는 남성과 차별받는 여성이라는 이분법적 대립 구조에 기반해서 젠더와 섹슈얼리티 문제에 접근하기 때문에 이 이분법적 구조에 의해 분류되지 않는 많은 성소수자들을 배제하는 결과를 낳을 수 있다는 점이다.

가부장적 사회 구조 안에서 남성은 교환자이자 증여자의 위치에, 여성은 교환물이자 선물의 위치에 놓임에 따라 여성은 남성보다 열등한 사회적 존재로 인식되었고 정치, 경제, 사회, 성 등 모든 분야에서 남성과 동등한 권리와 자유를 누리기 어려웠다. 남근적 권력을 바탕으로 작동하는 가부장제 사회는 자본주의의 발달에 따른 사회적 요구에 부응하기 위해 남성과 여성을 이분법적으로 구분하면서 남성에게는 공적 영역에서 활동하는 사회적 주체의 역할을, 여성에게는 남성을 도와 가정에서 사회적 재생산에 기여하는 보조적 역할을 부여했다. 이처럼 사회적으로 구분된 성 역할을 공고히 하기 위해 이성애가 당연하고 올바른 성 규범으로 정착되었다. 근대 사회의 젠더 불평등과 섹슈얼리티 억압은 이렇게 시작되었다. 이 억압적 사회 체계에 대한 저항이 페미니즘의 형태로 진행된 것은 어찌 보면 자연스러운 일이었다. 문제는 이 모든 억압을 여성에 대한 억압으로만 인식하는 이분법적 사고에서 발생한다.

3. 제2세대 페미니즘

1950년대까지의 제1세대 페미니즘이 여성의 참정권 등과 같이 제도적인 측면에서 여성의 권리를 요구하고 쟁취하는 형태였다면, 1960년대 이후 제2세대 페미니즘Second-Wave Feminism은 "여자로 태어나는 것이 아니라 여자가 된다On ne naît pas femme, on le devient"Beauvoir, 1949, 13는 생각을 바탕으로 남성중심주의 이데올로기를 공격하면서 정치뿐만 아니라 경제, 사회 등 여러 분야에서 만연한 여성에 대한 차별과 편견을 종식하는 것을 목표로 삼았다. 이 시기에는 특히 성의 자유와 해방이 중요한 화두로 떠올랐다. 1960년대는 정치문화적 격변기였다. 제2차 세계대전 이후 태어난 미국과 유럽의 전후 세대는 급속한 경제발전의 결과로 주어진 물질적 풍요를 누리며 성장했다. 부모 세대가 전쟁을 경험하면서 전통적 가치와 근검절약을 중요시하는 보수적 태도를 갖고 있었던 반면에, 전후 세대는 자신들에게 주어진 풍요와 자유, 평화를 즐기고자 했다. 이제 성인이 된 전후 세대는 젊음의 에너지를 발산할 수 있는 자유를 원했다. 물질적 풍요로움 속에서도 빈부격차는 점점 커졌으며 베트남 전쟁의 장기화로 반전운동이 확산되고 있었다. 사회 각계각층에서 자유와 권리를 요구하는 목소리가 터져 나왔다. 흑인 인권운동, 게이 해방 운동, 히피hippie 운동, 성 해방free sex 운동 등 그동안 억압받았던 사람들이 자신의 권리와 자유를 주장하는 다양한 사회 운동이 발생했다. 제2세대 페미니즘에 의한 여성운동도 이런 사회 운동들과 맥을 같이 하면서 전개되었다. 특히 여성운동과 성 해방 운동이 여성의 섹슈얼리티를 해방한다는 관점에서 결합했다.

성적인 자유에 대한 사회적 요구가 커지고 성과 관련한 사회적 관용도가 증가하면서 성 해방 운동에 동력을 제공하는 다양한 장치들이 등장했다. 성 해방 운동은 특히 미국에서 활발하게 나타났다. 1960년 미국에서 경구용 피임약이 개발되었다. 여성이 복용함으로써 임신 여부를 스스로 결정할 수 있도록 한 피임약은 여성에게는 혁명과도 같은 사건이었다. 당시 미국에서는 음란하고 부도덕한 내용의 사회적 유통을 금지하는 '콤스톡 법Comstock laws'이 시행되고 있었다. 1873년에 제정된 이 법은 음란물뿐만 아니라 피임과 낙태에 관한 내용을 담은 텍스트의 유통도 금지했다. 피임과 낙태에 대한 정보가 음란물로 취급된 것이다. 많은 여성이 원치 않는 임신으로 인해 고통을 받았고 피임과 낙태의 자유는 오랜 기간 여성 인권운동이 추구하던 목표였다. 경구용 피임약의 개발은 피임의 가능성을 열었고 결국 피임과 관련된 콤스톡 법의 조항은 1965년 폐지되었다. 1973년 미국 대법원은 낙태도 합법적인 것으로 인정했다. 많은 부분이 사문화되었지만 콤스톡 법 자체는 여전히 폐지되지 않고 남아있다. 또한, 1960년대 말에는 이혼법이 유책주의에서 무책주의에 기반하는 법으로 개정되면서 상대방의 잘못을 증명하지 않더라도 합의에 의해 이혼을 할 수 있게 되었다. 이에 따라 여성은 이혼을 스스로 결정할 수 있는 권리를 얻게 되었다. 특히 이것은 가정폭력 등으로 고통받는 여성의 수를 줄이는 데 기여했다. 이외에도 동성애 차별 조항이 폐지되는 등 미국에서는 1960년대 말부터 1970년대에 걸쳐 성과 관련된 여러 제도의 변화가 있었다.

성과 관련된 일련의 변화들은 쾌락과 재생산을 분리해 인식하려는 사회적 분위기와 깊이 연관되어 있었다. 진보적인 전후 청년들에게 성행위는 결혼과 출산에 연결된 행위에서 벗어나 쾌락을 향유하는 행위로 인식되었다. 그들은 결혼은 상대를 감정적으로 구속하고 심리적으로 노예로 만드는 제도라고 비판하면서 성을 제한하고 구속하는 다양한 사회적 이데올로기와 제도를 철폐하고 자유롭게 사랑하고 쾌락과 행복을 추구할 것을 주장했다. 이런 주장은 특히 여성들 사이에서 큰 호응을 불러일으켰다. 결혼 후에도 자유로운 사회생활과 성생활이 가능했던 남성과는 달리 여성은 결혼 후에는 가정에서 아내와 어머니로서만 살도록 강요받았기 때문이다. 결혼 후에 공적 영역에서의 여성의 사회적 삶이 사실상 사라진다는 점에서 결혼은 여성을 소멸시키는 제도로 인식되었다.

이런 상황에서 1966년 산부인과 의사 마스터즈William H. Masters와 성과학자 존슨Virginia E. Johnson이 출간한 『인간의 성 반응Human Sexual Response』이 베스트셀러가 되었다. 이 책은 성행위 때 나타나는 신체 반응을 과학적으로 연구한 내용을 담고 있었는데 특히 여성이 성적으로 흥분하고 오르가즘을 느끼는 방식의 특성에 대해 자세히 묘사하면서 여성은 여러 번의 오르가즘을 느낄 수 있다는 것을 밝혔다. 새로운 성의학 지식은 여성들이 자신의 몸에 대해 잘 알고 몸의 성적인 가능성을 해방하려 노력하는 동기로 작용했다.

여성들은 남성에 비해 섹슈얼리티에 대한 사회적 억압을 더 강하게 느끼고 있었기 때문에 자유로운 성을 추구하는 사회 분위기 안에서 성의 해방을 여성의 해방과 연결지으려는 경향을 더 강하게 나타냈다. 특히 젊은 여성들은 성적 쾌락을 추구하는 것이 가부장제에 의해 억압된 여성의 삶에서 벗어나 여성의 몸과 정신을 해방하고 사회적 힘을 얻는 방식이라고 생각했다.

전성기를 맞은 포르노 영화 중에서도 여성의 욕망과 쾌락을 긍정적으로 묘사하는 영화들이 증가했다. 1972년 영화 『목구멍 깊숙이Deep Throat』는 목 안에 클리토리스를 가진 여성의 이야기로서 오르가즘을 느끼지 못하는 문제를 갖고 있던 여성이 자신의 신체가 가진 비밀을 알고서는 쾌락을 얻을 수 있는 기술을 개발하고 행복해진다는 내용이다. 1980년 영화 『채울 수 없는Insatiable』은 자위를 하면서 "좀 더more, more, more"라고 외치는 여성을 보여주면서 육체적 쾌락을 추구하는 여성의 지치지 않는 욕망을 표현한다.

성 혁명은 결혼, 임신, 출산, 낙태 등과 관련된 전통적이고 보수적인 억압 제도와 장치들을 공격하는 성격을 갖고 있었다는 점에서 여성들에 의해 적극적으로 수용되었고 여성의 지위와 사회적 활동에 긍정적 영향을 미쳤다고 볼 수 있다. 성 혁명으로 인해 여성은 성적 주체로서 자리매김 되었다. 여성은 더는 가정에서 남편과 아이들을 위해 봉사하고 희생하는 존재가 아니라 자신의 욕망을 가진 존재로서 자신의 몸에 대한 지식을 갖추고 자신의 책임 아래에서 쾌락을 추구하는 적극적이고 능동적인 삶의 주체라고 주장할 수 있게 되었다. 성과 관련해서 기존의 여성이 취할 수 있는 자리는 무성적인 존재인 어머니의 자리이거나 성적으로 타락한 매춘부의 자리뿐이었다. 여성은 어떤 성적 욕망도 없이 육체적 쾌락을 모두 포기한 채 오직 가족을 위해 희생하는 어머니의 역할만을 받아들여야 했고 만약 그것을 거부하고 자신의 성적 욕망과 쾌락을 추구할 경우는 매춘부로 취급받을 각오를 해야 했다. 성 해방 운동을 통해 여성은 마침내 자신의 욕망과 쾌락을 위해 살 권리를 갖게 된 것이다.

성에 대한 기존의 담론이 남성의 관점에서 남성의 욕망과 쾌락을 중심으로 구성되어왔다면 이제 여성들은 여성의 관점에서 여성의 욕망과 쾌락을 중심으로 성에 대해 말하기 시작했다. 포르노그래피의 경우에도 남성의 응시와 욕망을 재현하는 것이 대부분이었다면 이제는 여성이 성행위로부터 무엇을 원하고 얻고자 하는지를 묘사하는 포르노그래피가 나타나기 시작했다. 여성의 건강한 신체, 여성의 섹슈얼리티, 여성의 오르가즘에 대한 이론들과 지식들이 논의되고 공개되었다. 여성의 성 해방을 위한 담론 생산과 운동은 주로 대학교육을 받은 백인 중산층 여성들을 중심으로 진행되었다.

1960년대와 70년대를 거치면서 서구 사회를 휩쓸고 지나간 성 해방의 물결은 남성과 여성에게 다른 방식으로 영향을 미쳤다. 일부일처의 결혼과 이성애에 대한 비판을 바탕으로 자유연애를 주장하고 실천한 성 해방 운동은 남성과 여성이 자유롭고 주체적으로 자신의 섹슈얼리티를 결정하고 향유하는 것에 초점을 맞췄다. 이에 따라 가부장적 가정에서의 남편과 아내의 전통적인 역할에 변화가 발생했고 남성과 여성의 성생활에도 변화가 생겼다. 일단 남성은 가부장적 체제에서 유지해 오던 권위의 일부분을 상실했다. 오직 자신의 욕망을 충족시키고 쾌락을 즐기면서도 가장으로서의 권위와 권력을 유지할 수 있었던 남성은 이제 더는 그런 방식으로 권위와 권력을 유지할 수 없게 되었다. 남성은 이제 협상과 동의를 통해 여성과 관계를 맺고 유지해야 했다. 여성을 성적으로 만족시키지 못하는 남성은 무능한 남성이란 비판을 들어야 했다. 결혼하지 않은 독신 남성의 가치는 자신을 매력적인 남성으로 꾸밀 수 있는 소비 능력을 얼마나 갖고 있으며 얼마나 많은 여성과 사귈 수 있는지에 의해 결정되었다. 제임스 본드로 상징되는 성적 매력과 소비 능력을 갖춘 '플레이보이playboy'가 이상적인 남성의 모습이 된 것이다.

여성의 경우에는 과거에 비해 성적 주체의 지위를 좀 더 확실하게 차지할 수 있게 되었다. 여성은 자신의 성적 욕망을 충족하기 위해 행동하더라도 더는 매춘부라는 비난을 받지 않아도 되었다. 하지만 가부장적 사회질서가 완전히 사라지지 않은 상태에서 성적으로 해방된 여성은 오히려 '플레이보이' 남성의 능력을 확인시켜주는 수단으로 전락할 위험을 갖고 있었다. 남성의 성적 유혹을 거부하는 여성은 해방된 여성이 아니라는 사회적 압력이 작동하기 시작한 것이다. 이 경우, 성 해방은 여성을 성적 주체로 서게 만드는 기능을 한 것이 아니라 오히려 남성의 성적 욕망 충족을 수월하게 만드는 기능을 한 셈이 된다. 결국, 많은 남성과 성적인 모험을 하는 것이 여성을 진정한 성적 주체로 만들어 주는 것인가라는 의문이 생겼다. 실제로 1960년대와 70년대의 정치적, 사회적, 문화적 변혁 운동을 이끌었던 신좌파 운동권 내에서 성 해방에 대한 다양한 논의와 실천이 있었지만, 실질적으로 여성에 대한 성차별이 사라지고 남성과 여성의 평등이 실현되지는 않았다. 많은 남성 활동가들이 여성을 성적 대상으로 소비하는 모습을 보였다. 예를 들어, 외설이나 음란에 대한 법적 규제와 처벌에 반대하면서 성 해방을 주장하는 여러 캠페인 활동에서 성 해방을 상징하는 기호는 대부분 남성이 아닌 여성의 나체 이미지였다. 여성의 신체를 보호하기 위한 피임과 낙태 권리의 확보는 성행위의 모든 위험과 책임이 여성에게 전가되는 결과를 낳으면서 남성의 부담 없는 성행위를 위한 유용한 장치로 이용되기도 했다.

성 해방이 여성에 대한 남성의 성행위 강요로 전락할 수 있고 성 해방을 통해 추구되는 성적 쾌락이 종종 남성만의 성적 쾌락이 될 수 있음을 발견한 여성들은 성 해방의 문제를 여성의 관점에서 다시 고려해야 한다는 것을 느꼈다. 이런 문제의식으로부터 제2세대 페미니즘이 본격적으로 구성되기 시작했다. 페미니스트들은 성 해방과 성 혁명의 문제를 단순한 자유연애의 실천이 아니라 여성이 행위 주체로서의 힘을 발현하는 행위성agency의 과정으로 이해하려 했다. 그들은 여성의 관점에서 여성의 성적 욕망을 다시 규정하고 '건강과 해방의 속성nature of health and liberation'에 대해 다시 논의하고자 했다. 이 과정에서 중요하게 대두된 것이 여성의 성적 자기결정권이었다. 여성은 자신의 신체와 관련된 문제를 능동적으로 결정할 수 있어야 하며 자신의 욕망이 어떤 것이든 그 욕망에 대한 권리를 주장할 수 있어야 한다는 것이 2세대 페미니즘의 여러 갈래들이 공유하는 핵심적 생각이었다. 이들 중 특히 급진주의 페미니즘은 1970년대 이후 2세대 페미니즘 물결을 주도하면서 여성의 성적 자기결정권을 기반으로 한 여성 해방을 주장했다.

4. 레즈비어니즘

여성의 성적 자기결정권 문제를 내세운 급진적 페미니즘은 여성에 대한 성적 억압이 가부장제뿐만 아니라 이성애 중심주의에 의해서도 발생한다고 생각했다. 이성애 중심주의는 여성이 성적 쾌락을 얻기 위해서는 남성을 필요로 한다는 것을 전제한다. 이성애 중심주의에서는 성행위를 삽입의 문제로 환원해서 이해하기 때문에 결국 삽입에서 사정에 이르는 과정이 성행위의 주요 과정이라고 인식한다. 이것은 성행위의 시작과 끝이 남성의 오르가즘을 위한 것으로 인식되는 결과를 낳는다. 그렇다면 여성의 몸은 남성의 쾌락을 위해 이용되는 수단으로 전락하기 때문에 이성애 중심주의가 지배하는 상황에서는 여성의 성적 자기결정권은 확보될 수 없다는 결론에 도달하게 된다.

이성애 중심주의에서 벗어나기 위해 급진적 페미니즘은 남성이 발견하지 못한 여성만의 섹슈얼리티 영역을 발견해야 했다. 급진적 페미니즘은 클리토리스에 주목했다. 클리토리스는 여성이 가진 신체기관으로 오직 쾌락과만 결부되어 있다는 특징을 갖고 있다. 질이 임신과 출산이라는 어머니의 일과 연결되어 있을 뿐만 아니라 기본적으로 남성의 음경을 전제하는 이성애의 기관으로 인식된 것에 반해, 클리토리스는 그런 제한에서 자유롭고 오직 여성의 쾌락을 위해 복무하는 기관으로 이해된 것이다. 클리토리스는 여성의 섹슈얼리티가 실현되는 기관인 것이다.

이성애적 관계에서 남성은 클리토리스에 큰 관심을 기울이지 않는다. 남성의 주된 관심은 질에 음경을 삽입하는 것이며 오직 삽입을 통해서만 오르가즘에 도달할 수 있다고 믿는다. 1970년 앤 코트Anne

Koedt는 『질 오르가즘의 신화The Myth of the Vaginal Orgasm』에서 이 문제를 지적했다. 남성은 클리토리스에 대한 애무를 무시하거나 오직 삽입을 위한 전희 과정으로만 이해한다. 하지만 여성은 클리토리스의 자극만으로도 오르가즘에 도달할 수 있다. 이런 이유로 남성은 클리토리스를 두려워한다. 클리토리스는 남성 없이도 여성이 성적 오르가즘에 도달할 수 있음을 보여주기 때문이다. 여성이 음경 없이 오르가즘에 도달할 수 있다는 사실로부터 급진적 페미니스트들은 여성이 남성 없이 홀로 설 수 있는 가능성을 발견한다. 급진적 페미니즘이 보기에, 여성과의 성행위에서 남성이 갖는 권력은 여성이 삽입을 통해서만 오르가즘을 느낄 수 있다는 믿음에서 발생하기 때문에 여성 해방은 여성이 남성을 배제한 채 독자적으로 쾌락을 추구하는 과정에서 구현될 수 있다. 이런 생각을 기반으로 급진적 페미니즘의 일부는 레즈비어니즘으로 발전한다.

이처럼 이성애 중심주의에 대한 비판을 기반으로 급진적 페미니즘은 이성애와 동성애의 관계를 다시 규정한다. 이성애가 남성의 섹슈얼리티를 중심으로 구성된다면 이성애 안에서 여성의 섹슈얼리티는 인정받지 못하고 억압될 수밖에 없다. 남성을 중심으로 구성되는 가부장제와 이성애가 무시하고 억압해 온 여성의 고유한 섹슈얼리티를 발견하고 향유하기 위해서 여성은 남성이 아니라 다른 여성이 필요하다. 이에 따라 일부 급진적 페미니스트들을 중심으로 여성들 사이의 연대를 중요한 정치적 활동으로 간주하자는 주장이 등장했다. 1970년 여성 동성애를 지지하는 페미니스트 단체가 뉴욕에서 열린 '제2차 여성연합 대회Second Congress to Unite Women'에서 『여성과 동일시하는 여성The Woman Identified Woman』이라는 선언문을 발표하면서 여성 해방은 남성의 성적 파트너로서의 여성이라는 정체성에서 벗어나 여성 사이의 성적 연대를 실천하는 과정에서 달성할 수 있다고 주장했다. 후에 '급진레즈비언Radicalesbians'이라고 명명된 이 단체는 페미니즘이 이성애주의에서 벗어나지 못하고 있음을 비판하면서 성적인 관계에서 남성들을 배제하는 여성들 간의 동성애를 적극적이고 구체적인 정치적 실천 활동으로 내세웠다. 이를 위해서는 여성들 사이의 동성애를 규범에서 벗어난 비정상적인 행위로 간주하는 인식을 버려야 한다고 주장했다.

이성애주의는 남성과 여성의 관계를 전제할 수밖에 없기에 여성의 역할과 위치를 남성과의 관계 속에서 바라보게 된다. 사회 전반에 걸쳐 가부장제가 지배하고 있는 상황에서 이처럼 남성과의 관계 속에서 여성의 역할과 위치를 바라보게 되면 여성을 남성보다 열등한 존재로 간주하게 될 수 밖에 없다. 즉, 여성은 성관계에서뿐만 아니라 사회적 관계에서도 남성을 보조하고 남성에게 봉사하는 존재로 간주된다. 가부장제와 이성애주의가 지배하는 사회에서 여성은 남성의 성적 대상으로 머물 수밖에 없기 때문이다. 이런 상황에서 궁극적으로 벗어나기 위해서는 가부장제뿐만 아니라 이성애도 거부해야 한다는 것이 급진적 레즈비어니즘의 주장이다. 여성은 거세 과정에서 모든 여성에 대한 금기를 받아들이면서 남성 지배를 용인하는 사회적 여성이 되기 때문에 남성 지배에 정면으로 맞서기 위해서는 모든 여성에 대한 금기를 거부해야 한다. 남성이 아닌 여성을 성적 파트너로 간주하는 것이 필요하다는 것이다. 결국, 중요한 것은 여성들 사이의 사랑과 연대이다. 모든 여성이 성적, 사회적으로 남성들과의 연결 고리를 끊고 여성들 사이의 동질감과 유대를 강화하는 것이 중요하다. 가부장제와 이성애주의를 통해 남성이 우월한 권력을 갖고 여성을 지배하는 성 차별적 사회에서 벗어나기 위해 여성이 선택할 수 있는 유일한 방법은 여성 동성애밖에는 없다는 것이다. 남성 동성애도 여성을 배제한다는 점에서 결국 성 차별적일 수밖에 없다고 봤다. 레즈비언 분리주의lesbian separatism가 본격적으로 주장된 것이다.

급진적 레즈비어니즘은 단순히 특정한 성적 선호를 의미하는 섹슈얼리티로서의 동성애의 실천을 주장하는 것이 아니다. 또한, 사회적 소수자로서의 동성애자의 권리를 인정받기 위해 투쟁하는 것도 아니다. 여성 동성애는 성차별을 철폐하고 여성을 해방하기 위해 필요한 정치적 실천 행위로 간주된다. 급진적 레즈비어니즘은 남성과 여성 사이의 이성애 관계를 그 자체로 이미 지배와 복종을 포함하고 있는 정치적 행위로 이해하기 때문에 그런 이성애 관계를 근본적으로 거부하는 여성 동성애는 체제 전복적인 정치 행위가 된다. 이런 이유로 여성에게 성적인 끌림을 느끼지는 않지만 여성 해방을 위한 정치적 활동의 하나로 여성과 성행위를 갖고자 노력하는 정치적 레즈비언들도 등장했다.

5. 포르노 전쟁과 정체성 정치

자유연애를 실현한 성 혁명이 남성에 의한 여성의 성적 도구화를 조장하는 결과를 낳았으며, 성 혁명을 주장한 신좌파 내부에서도 여전히 남성중심적 담론과 실천이 지배적이었음을 목격하면서 급진적 페미니스트들 중 일부는 여성의 성적 자유보다는 남성중심적 성관계 안에서 여성에게 가해지는 폭력과 여성이 처하는 위험 등에 초점을 맞추기 시작했다. 또한, 가부장적 이성애주의가 성 해방의 담론과 텍스트를 통해 어떤 방식으로 여성을 지배하고 통제하는가에 주목했다.

1970년대 중반이 되자 여성의 욕망과 쾌락을 강조하면서 자유로운 성행위를 통한 성 해방을 주장하는 목소리는 점차 작아지고 여성에 대한 성폭력을 고발하고 여성의 성적 안전을 확보해야 한다는 목소리가 커졌다. 이 움직임은 특히 포르노그래피에 대한 반대 운동으로 구체화되어 나타났다. 1976년 임신한 여성을 잔인하게 살해하는 내용을 담은 영화 『스너프Snuff』가 실제로 벌어진 살해 장면을 촬영했다는 의심을 받으면서 논란의 대상이 되었다. 안드레아 드워킨과 같은 페미니스트들은 즉각 이 영화를 여성에 대한 폭력을 구현한 사건으로 인식하고 영화 상영을 방해하는 시위를 벌였다. 그들은 이 영화가 단순히 여성에 대한 남성의 폭력을 재현하는 데 그치는 것이 아니라 여성의 몸을 폭력적으로 유린하고 지배하고자 하는 남성의 욕망을 표현한다고 주장했다. 그들은 이 영화가 재현하는 여성 살해의 욕망에서 여성의 몸을 유린하면서 인간성을 파괴하는 포르노 영화의 폭력적 지배 논리의 궁극적 도달점을 발견했다. 이로부터 페미니스트들의 반포르노anti-porn 운동이 본격적으로 조직되기 시작했다. 1979년에는 '포르노에 반대하는 여성들Women Against Pornography, WAP'이라는 반포르노 운동 단체가 결성되었다.

반포르노 페미니스트들은 남성의 성적 욕망을 부추기고 쾌락을 극대화하기 위한 방식으로 만들어지는 포르노 영화가 여성을 극단적으로 성적 대상으로 축소하면서 비인간화함으로써 여성에 대한 완전한 지배라는 남성의 판타지를 실현하고 현실에서도 여성에 대한 남성의 폭력을 조장한다고 주장했다. 따라서 여성에 대한 폭력을 근절하기 위해서는 우선 여성에 대한 폭력을 재현하고 조장하는 포르노 영화를 금지할 것을 요구했다.

하지만 모든 페미니스트들이 이런 주장에 동의한 것은 아니었다.

성에 대해 급진적인 태도를 갖고 있던 페미니스트들은 1979년부터 반포르노 페미니스트들이 성에 대해 매우 보수적인 태도를 취하는 성적 금욕주의와 도덕적 권위주의의 모습을 보인다고 비판하고 포르노를 금지하고자 하는 시도는 표현의 자유를 억압할 수 있다고 경고했다. 그들이 보기에, 반포르노 페미니스트들은 성 소수자들의 권리와 자유를 억압하고 처벌하는 가부장적인 보수 우파와 정치적으로 결탁하는 잘못을 저지르고 있었다. 반면에 반포르노 페미니스트들은 성급진주의 페미니스트들이 가부장적 지배 논리를 담고 있는 포르노 영화를 옹호하면서 결국은 가부장제를 용인하는 잘못을 저지르고 있다고 비판했다.

이로써 페미니즘 운동의 역사에서 소위 '섹스 전쟁' 혹은 '포르노 전쟁'이라고 불리는 대립이 시작되었다. 포르노에 대해 반대하는 진영은 반포르노anti-porn 혹은 반섹스anti-sex 페미니스트라고 불리며 주로 레즈비언 분리주의자들과 문화적cultural 페미니스트들이 속해 있었고, 포르노의 허용을 주장하는 진영은 친섹스pro-sex 혹은 성급진주의sex-radical, 성자유주의sexually liberal 페미니스트라고 불리며 주로 이성애 페미니스트들과 S/M가학/피학 행위를 인정하는 레즈비언 페미니스트들이 속해 있었다.

이 섹스 전쟁은 여성에게 성적 쾌락과 성적 자유가 갖는 의미가 무엇인지에 대해 고민하는 계기가 되었으며 동시에 여성의 정체성이란 무엇인지에 대한 근본적인 질문을 던지게 만들었다. 이를 통해 남성과 여성, 이성애와 동성애로 구분되는 단순한 이분법적 대립 구조가 유효한가란 질문이 제기되었다. 또한, 여성의 정체성, 여성의 섹슈얼리티가 가진 다층성이 주목받기 시작하면서 결국 대학교육을 받은 중산층 백인 여성 중심으로 진행되던 페미니즘 운동에 대한 비판과 도전이 시작되었다.

젠더를 단순히 생물학적 성에 사회문화적 의미가 부여된 것으로 이해하면, 성 억압이나 성차별은 생물학적 여성을 사회적 여성으로 만드는 과정에서 발생하는 것으로 이해하게 된다. 이것은 결국 성 문제를 '거세'를 기반으로 전개되는 남성과 여성의 대립으로 환원하고 이성애 중심 사회에서 여성에 대한 남성의 지배가 유지되는 방식에 초점을 맞추는 결과를 낳는다. 따라서 모든 여성에 대한 금기를 거부하면서 레즈비어니즘을 택하는 것은 여성 억압에 대한 저항 행위로 이해될 수 있다. 하지만 문제는 이런 이성애 중심주의와 젠더 본질주의적 논리로는 남성 동성애를 비롯한 다양한 소수자 섹슈얼리티에 대한 사회적 억압을 설명하고 해결 방안을 제시하기 어렵다는 데 있다. 이로 인해 성 평등과 성 해방에 대한 요구가 여성의 문제로만 축소되는 결과가 나타날 뿐만 아니라 여성 내부에 존재하는 다양한 차이들이 은폐되거나 억압되는 문제가 발생했다.

이런 문제의식이 대두되면서 백인 중심적인 페미니즘 이론과 운동에서 자신의 자리를 찾지 못하고 있던 흑인 등 소수인종 페미니스트들이 목소리를 내면서 정치적 집단을 만들기 시작했다. 특히 흑인 여성의 경우, 흑인 인권운동에서는 흑인 남성에 의해 소외되고 페미니즘 운동에서는 백인 여성에 의해 배제되고 있다고 느끼면서 페미니즘은 성차별뿐만 아니라 인종차별의 문제와도 싸워야 한다고 주장했다. 실제로 성 해방을 주장하는 과정에서도 인종, 민족, 계급, 섹슈얼리티 등에 따라 분화되어 있는 다양한 집단들 사이에서 차별과 위계가 존재했다. 예를 들어, 백인 보수주의자는 백인 이성애 페미니스트를 비난했고 백인 이성애 페미니스트는 백인 동성애 페미니스트를 배제했으며 백인 동성애 페미니스트는 흑인 동성애 페미니스트를 소외시켰다. 각 집단이 자신을 억압하는 지배적 위치의 집단에 저항하면서 다른 소수자 집단을 억압하는 이율배반적 태도가 나타났던 것이다. 이것은 인종, 계급, 섹슈얼리티의 위계를 나누는 사회의 일반적 고정관념이 큰 변화 없이 재생산되고 있었음을 보여준다.

1970년대의 백인 여성 중심의 페미니즘이 남성에 맞서는 여성의 연대를 주장하면서 여성이라는 큰 범주 안에 존재하는 다양하고 다층적인 여성 집단들을 억압하고 침묵시켜 왔다는 문제의식을 바탕으로 유색인종 페미니즘뿐만 아니라 다양한 퀴어 집단이 자기 목소리를 내기 시작하면서 이제 섹슈얼리티 문제는 젠더뿐만 아니라 인종, 계급, 민족의 문제를 고려하면서 접근해야 하는 것으로 인식되고 있다. 남성뿐만 아니라 여성이란 범주도 단일하고 획일적인 정체성을 가진 개념이 아니라 인종, 계급, 민족, 섹슈얼리티 등과 교차하면서 다양하고 다층적인 정체성들로 이뤄진 개념으로 인식되고 있다.

여성이나 남성, 동성애나 이성애와 같은 젠더와 섹슈얼리티는 사람들이 자신의 정체성을 인지하는 과정에서 형성되는 개념이다. 젠더와 섹슈얼리티는 생물학적 성에 의해 결정되지도 않고 사회문화적 의미 구조에 의해 결정되지도 않는다. 몸에 있는 생식기의 형태에 의해 젠더와 섹슈얼리티가 결정되지 않듯이, 사회적으로 구성된 남성과 여성의 역할을 배우는 것에 의해 젠더와 섹슈얼리티가 결정되지도 않는다. 버틀러Butler, 1988에 의하면, 젠더와 섹슈얼리티는 수행 행위performative act에 의해 구성된다. 사람들이 다양한 행위를 수행하는 가운데 특정 행위가 반복되고 양식화되는 것을 통해 젠더와 섹슈얼리티가 구성된다는 것이다. 수행 행위가 젠더와 섹슈얼리티를 구성한다면, 반복되거나 양식화된 수행 행위를 멈추거나 바꿈으로써 젠더와 섹슈얼리티를 바꿀 수 있다. 즉, 정체성을 바꿀 수 있는 것이다. 젠더와 섹슈얼리티는 행위자의 정체성을 나타내는 것이지만 동시에 행위자에게 정체성의 환상을 주는 것이기도 하다. 젠더와 섹슈얼리티는 어떤 실체로서 존재하는 것이 아니라 수행 행위를 통해 구성되는 것이지만 사람들은 이미 존재하는 젠더와 섹슈얼리티에 적합한 행위를 수행한다고 믿는다. 이를 통해 자신의 젠더와 섹슈얼리티를 자연스럽고 필연적인 것으로 받아들인다. 사람들은 양식화된 행위를 수행하면서 자신의 정체성을 만들어가지만, 오히려 자신의 정체성에 따라 행위를 수행한다고 믿는 것이다. 따라서 젠더와 섹슈얼리티는 단순히 성에 의미를 부여하는 사회문화적 구성물이 아니라 정체성을 만들어내는 담론적 장치이다.

젠더와 섹슈얼리티가 사람들의 수행 행위를 통해 구성되는 허구적 개념이면서 동시에 사람들의 정체성을 만들어내는 담론적 장치라면, 젠더와 섹슈얼리티는 억압과 차별에 반대하는 투쟁의 기반이 아니라 투쟁이 벌어지는 장소가 된다. 여성으로서 여성을 해방하기 위해 투쟁하는 것이 아니라 여성이라는 정체성을 만드는 담론적 장치를 바꾸는 것이 중요해진다. 정체성이 구체적인 수행 행위들을 통해 만들어지는 것이라면 남성이나 여성과 같은 단일하고 획일적인 범주의 정체성은 존재할 수 없다. 미세하고 다양한 차이들에 의해 구분되는 수많은 정체성이 존재한다. 성 정체성은 고정되어 있지 않고 수행 행위를 통해 계속 변해간다. 이럴 경우, 성 억압이란 지배적 성이 다른 성에 대해 행사하는 억압이 아니라 사회적 규범이 정체성의 차이들과 변동성을 무시하고 획일적이고 고정된 성 정체성을 강제하는 작업으로 이해된다. 젠더와 섹슈얼리티의 문제는 '정체성 정치identity politics'의 문제가 된다.

6. 페미니즘의 간단한 분류

페미니즘은 여성과 남성의 평등을 달성하고자 하는 목적을 가진 사상과 이론 그리고 구체적인 사회 운동 등으로 구성된 일련의 활동을 일컫는다. 여성과 남성을 어떻게 정의하느냐, 남성과 여성 사이의 평등을 어떤 수준에서 이해하느냐, 젠더와 섹슈얼리티 문제를 어떻게 규정하느냐, 불평등을 해소하고 평등을 달성하기 위해 사용하는 방법은 무엇이냐 등 여러 사안에 대한 해답은 매우 다를 수 있기에, 다양한 사안들에 대해 어떤 입장을 취하느냐에 따라 많은 종류의 페미니즘들이 구분될 수 있으며 다른 입장을 가진 페미니즘 진영들 사이에 격렬한 논쟁과 대립이 발생하기도 한다.

주디스 로버Judith Lorber. 2012는 다양한 페미니즘들을 크게 세 갈래로 구분한다. 젠더 개혁 페미니즘Gender Reform Feminisms, 젠더 저항 페미니즘Gender Resistance Feminisms, 젠더 반란 페미니즘Gender Rebellion Feminisms이 그것이다.

젠더 개혁 페미니즘은 주로 1960년대부터 등장한 페미니즘들로 제2세대 페미니즘의 시작을 알렸다. 자유주의 페미니즘Liberal Feminism, 맑스주의 페미니즘Marxist Feminism, 사회주의 페미니즘Socialist Feminism, 트랜스내셔널 페미니즘Transnational Feminism 등이 이에 속한다. 자유주의 페미니즘의 이론적 뿌리는 18세기와 19세기에 발달한 개인적 권리를 중시하는 자유주의 사상에 있다. 맑스주의 페미니즘과 사회주의 페미니즘은 자본주의 비판과 계급의식 등의 개념을 강조한 맑스의 사상에 뿌리를 두고 있다. 트랜스내셔널 페미니즘은 20세기에 등장한 제3세계 국가의 반식민주의anti-colonialism, 포스트식민주의post-colonialism 사상에 뿌리를 둔다.

자유주의 페미니즘은 젠더 차이는 생물학적 차이에 의해 발생하는 것이 아니기에 여성과 남성의 차이는 없다고 본다. 따라서 여성과 남성은 법적으로 동등한 권리를 보장받아야 한다. 특히 교육이나 노동의 영역에서 여성은 남성과 동등한 권리와 대우를 받아야 한다. 자유주의 페미니즘은 일종의 시민권 운동의 차원에서 여성의 권리 찾기를 진행했고 남녀평등을 보장하는 제도적, 법적 장치를 마련하고 개선하고자 노력했다. 이런 노력을 통해 일반적으로 남성의 영역으로 알려진 교육과 직업 세계에 여성이 진입할 수 있는 환경을 만들었다.

맑스주의 페미니즘과 사회주의 페미니즘은 자본주의 체계 안에서 여성이 하는 역할에 대해 주목했다. 가정 안에서 여성이 하는 노동은 무임금노동이지만 남성의 사회적 노동을 지지하는 기반이 될 뿐만 아니라 미래의 자본가와 노동자를 재생산하는 역할을 한다. 게다가 여성은 필요한 경우에는 사회적 임금노동을 통해 가족의 생계에 보탬을 주기도 한다. 이런 이유로 맑스주의 페미니즘과 사회주의 페미니즘은 가정이 여성에게만 가사노동의 부담을 지움으로써 억압과 착취의 원천으로 기능한다고 비판한다. 이런 상황에서 벗어나기 위해서는 일차적으로는 여성을 가정에서 해방하는 것이 필요하다. 그리고 여성이 남성으로부터 경제적 독립을 유지해야 한다. 이를 실현하기 위해서 공공 보육 서비스의 전면적 실시가 필요할 뿐만 아니라 여성의 사회적 노동에 대한 임금을 남성과 동등한 수준으로 유지해야 한다는 것이 이들 페미니즘의 주장이다.

트랜스내셔널 페미니즘은 식민지배를 겪은 제3세계 국가들이 산업화를 진행하는 과정에서 여성을 경제적으로 착취하는 문제에 관심을 기울인다. 중남미, 아프리카, 아시아 등에 있는 개발 도상 국가들에서 여성은 농촌 지역에서 곡물이나 원자재를 재배하거나 채취하고 가사노동을 하면서 간신히 생계를 유지할 정도로 어렵게 살아간다.

여성은 전통적 가부장 체계 안에서 남성과 동일한 노동을 하더라도 더 적은 임금을 받으며 산다. 하지만 식량 생산 과정에 참여하는 여성의 비중이 큰 사회의 경우, 여성의 권력과 권한이 커진다. 개인의 인권이나 경제적 독립을 내세우는 서구의 사상은 제3세계 여성들에게 일정 부분 도움이 되기는 하지만 식량 생산과 양육에 있어서 상호부조의 전통을 가진 공동체 사회의 협업 체계를 약화하는 원인이 되기도 한다. 트랜스내셔널 페미니즘은 자본주의 체계의 세계화 과정에서 제3세계 국가의 고유한 문화가 획일적으로 제거되는 것에 반대하면서 지역의 전통문화 안에서 행사되는 여성의 권한과 권력을 각 지역의 특수한 관점에서 이해해야 한다고 주장한다. 그리고 지구적 차원의 자본주의가 국가권력과 결탁해 각 지역의 여성들을 이중으로 착취하고 억압하는 문제를 제1세계 백인 여성의 관점이 아닌 제3세계 여성의 관점에서 이해하고 해결하고자 한다.

젠더 저항 페미니즘은 주로 1970년대에 등장했다. 1960년대 젠더 개혁 페미니즘 운동의 결실로 여성의 사회적 진출이 활발히 이뤄지고 각 분야에서 여성이 활동할 수 있게 되는 등 제도적 차원에서 여성의 자유와 권리는 신장했지만, 일상생활에서 여성이 겪는 차별과 불평등은 여전했다. 특히 1960년대 서구 사회를 휩쓸었던 신좌파 운동권 안에서 시민운동에 참여하던 여성들은 자유와 혁명을 외치는 남성들이 여성에 대해서는 여전히 18세기적인 생각을 하고 있다는 것을 느낀다. 이런 발견과 자각을 기반으로 해서 급진적 페미니즘Radical Feminism, 레즈비언 페미니즘Lesbian Feminism, 정신분석학적, 문화적 페미니즘Psychoanalytic and Cultural Feminism, 관점 페미니즘Standpoint Feminism 등이 등장했다.

급진적 페미니즘은 가부장제가 지배하는 한 공적 영역이든, 사적 영역이든, 삶의 모든 영역에서 여성에 대한 억압과 착취는 끝나지 않는다고 주장한다. 가부장제는 남성의 의식 깊은 곳에 단단히 뿌리를 내리고 있기 때문에 제거하기 어렵다. 가부장제에 저항하기 위해서는 여성이 주체적으로 생각하고 행동할 수 있는 여성만의 공간, 여성만이 참여하는 조직을 만들어야 한다. 여성 건강 센터, 가정폭력 피해 여성 쉼터, 강간 피해 여성 법률 자문 서비스 등의 공간을 만들어 여성을 도와야 하고 남성의 것과는 다른 여성의 문화, 여성의 연대 나아가 여성의 종교를 만들어야 한다. 급진적 페미니즘은 객관성, 거리 두기, 통제, 냉철함, 공격성, 경쟁심 등의 속성을 남성의 속성으로 간주하고 그런 속성을 가진 남성은 전쟁, 빈곤, 강간, 폭력, 아동 학대, 근친상간 등의 악행을 저지를 수밖에 없다고 주장한다. 이에 반대해 돌봄, 설득, 협력, 상호부조, 공감, 따스함, 공유 등의 속성을 여성의 속성으로 간주하고 이런 속성을 가진 여성들만이 평화, 화해, 공존의 세계를 만들 수 있다고 주장한다. 급진적 페미니즘은 여성에 대한 남성의 공격성이 특히 포르노그래피, 성추행, 강간, 데이트폭력, 가정폭력, 살인 등의 형태로 나타나고 있다고 보고 포르노그래피의 제작과 유통을 금지하고 폭력의 희생자들을 돕기 위한 사회적 장치를 만들어야 한다고 주장한다.

레즈비언 페미니즘은 급진적 페미니즘이 가진 남성에 대한 생각이 초래하는 논리적 결과라고 할 수 있다. 남성이 가진 가부장적 생각과 폭력적 속성 때문에 이성애적 관계는 여성에 대한 성 착취를 내재하고 있을 수밖에 없다. 그렇기에 이성애적 관계에서 벗어나 서로 돌보고 공유하고 공감하는 속성을 가진 여성과 동성애 관계를 맺는 것이 바람직하다. 이것은 '레즈비언 연속체Lesbian continuum'에 의해 자연스러운 일일 수 있다. 정신분석학에 따르면, 모든 사람은 태어나서 어머니와 강한 유대감을 갖는다. 따라서 여성이 여성과 강한 유대관계를 형성하는 것은 자연스러운 일이다. 레즈비언 연속체 개념을 통해 여성과 여성의 사랑은 단순히 성적이고 감정적인 관계를 넘어서 여성의 동일성, 공동체, 문화를 만드는 일로 이해된다.

정신분석학적, 문화적 페미니즘은 프로이트의 정신분석학과 라깡, 데리다, 푸코 등의 후기구조주의 사상의 영향을 받아 등장했다. 정신분석학에 따르면, 오이디푸스 콤플렉스 단계에서 남성과 여성의 정체성이 형성된다. 남자아이는 거세공포를 통해 어머니와 분리되고 아버지의 질서를 받아들이면서 남성성을 획득한다. 이 남성성은 독립적 행동, 객관적이고 합리적인 사고라는 서구 문화에서 높이 평가되는 속성으로 구성된다. 여성의 성적 유혹은 이런 남성성에 대한 위협으로 간주된다. 여자아이는 어머니와의 동일시를 유지하면서 감성적이고 공감적인 속성을 여성성으로 갖게 된다. 정신분석학적 페미니즘은 젠더의 속성이 이처럼 고정되지 않으려면 남성도 돌봄 능력을 갖춰야 한다고 주장하고 남성에게 아이 양육 교육을 받을 것을 요구한다. 또한, 정신분석학적 페미니즘은 소설, 드라마, 영화 등과 같은 문화상품에도 남성의 무의식이 반영된다고 주장한다. 왜냐하면, 남성의 무의식 안에 억압된 어머니에 대한 욕망과 아버지에 의한 거세의 공포가 문화적 창작 활동을 통해 승화되기 때문이다. 이런 문화상품 안에서 여성은 남성의 응시에 의해 성적으로 대상화된다. 이에 대항하기 위해 정신분석학적 페미니즘은 여성이 월경, 임신, 출산, 섹슈얼리티 등과 같은 여성의 신체적 경험을 적극적으로 표현함으로써 남성이 만든 문화상품 안에서의 상징적 소멸에 저항해야 한다고 본다.

관점 페미니즘은 여성과 여성의 관점이 지식, 과학, 문화, 정치 등의 영역에서 중심이 되어야 한다고 주장한다. 지식이나 문화적 산물을 생산하는 자가 이념적인 헤게모니를 갖고 있는데, 가부장제 사회에서 이 헤게모니를 가진 자는 남성이다. 관점 페미니즘은 우리가 객관적이고 보편적, 중립적이며 사실이라고 믿는 과학적 지식이 남성적 지식이라고 주장한다. 과학적 지식을 얻는 연구방법, 지식을 표현하는 방법, 지식을 생산하는 방법 등이 모두 남성의 목소리를 담고 있다. 따라서 남성의 목소리와는 다른 여성의 목소리를 담은 지식을 생산하고 표현하는 것이 중요하다. 임신과 출산을 하고 일상적인 가사노동과 돌봄 노동에 종사하는 여성의 신체적 경험과 감정은 여성으로 하여금 세상을 아주 구체적이고 통합된 방식으로 파악하도록 한다. 남성의 관점에서 세상을 보는 것과 여성의 관점에서 세상을 보는 것은 다르기에, 여성 연구자들은 여성만의 신체적 경험과 감정을 통해 파악한 세상을 지식으로 표현해야 한다. 남성적 지식이 보편적 지식의 행세를 해왔을 뿐이지 보편적 지식은 존재하지 않는다. 따라서 관점 페미니즘은 관점에 따라 달라지는 지식의 다양성을 추구해야 한다고 주장한다.

젠더 반란 페미니즘은 1980년대 이후 등장했다. 이 페미니즘은 젠더의 차이와 위계질서가 명확히 구분될 수 없다고 보고 남성이 지배하는 사회질서를 해체하고자 한다. 사회적 구성주의 페미니즘Social Construction Feminism, 다인종/다민족 페미니즘Multiracial/Multiethnic Feminism, 남성 연구 페미니즘Feminist Studies of Men, 포스트모던 페미니즘과 퀴어 이론Post-Modern Feminism and Queer Theory, 제3세대 페미니즘Third-Wave Feminism 등이 이에 포함된다.

사회적 구성주의 페미니즘은 젠더를 사회적으로 구성된 제도로 본다. 젠더는 일종의 사회 제도로서 권력이나 특혜, 경제적 자원 등을 분배하는 기능을 한다. 현재는 남성과 여성이란 젠더에 대한 사회적 규범과 기대가 존재하고 그것을 벗어난 다른 행동이나 태도는 생각조차 할 수 없는 상황이다. 젠더에 대한 사회적 규범과 기대는 너무나 강력하게 자리를 잡고 있기에 젠더 차이는 생물학적이고 자연적이라고 여겨진다. 젠더 차이는 성별 노동 분업을 정당화하고 스포츠, 예술, 문화 등 각종 분야에서 남성과 여성을 구분하며 젠더에 적합한 태도와 행동을 장려하고 부적합한 태도와 행동을 억제한다. 이런 이유로 트랜스베스티트transvestite나 트랜스섹슈얼transsexual처럼 이항대립적 젠더에 속하지 않고 경계를 흩트리는 사람들조차 정상적인 남성이나 정상적 여성에 요구되는 태도와 행동을 보여주려 한다. 따라서 사회적 구성주의 페미니즘은 사회 제도로 고착화된 젠더 차이를 깨뜨리기 위해서는 개인적인 의식 변화와 사회적인 제도 변화를 동시에 추진해야 한다고 주장한다.

다인종/다민족 페미니즘은 사회적 불평등 문제에 젠더, 인종, 민족, 종교, 계급 등의 관계가 복잡하게 얽혀 있다고 생각한다. 그렇기에 여성의 관점에서만 불평등 문제에 접근하는 것은 불충분하다. 다른 민족, 다른 종교, 다른 계급 등에 속한 남성과 여성의 경험을 고려하면서 불평등 문제에 접근해야 한다. 민족, 종교, 계급 등의 이유로 남성도 여성만큼 억압받고 차별받을 수 있다. 하지만 남성과 여성은 다른 방식으로 억압받고 차별받는다. 예를 들어, 미국에서 흑인 남성은 공격적인 남성성 때문에 억압받지만, 흑인 여성은 성적 대상이나 후덕한 어머니로 간주되면서 편견과 차별을 받는다. 소수자 집단의 여성은 같은 집단의 남성으로부터 억압과 차별을 받을 뿐만 아니라 다수자 집단의 남성과 여성으로부터도 억압과 차별을 받는다. 결국, 다인종/다민족 페미니즘은 여성에게 가해지는 억압과 차별을 온전히 이해하기 위해서는 젠더라는 기준만으로는 부족하며 젠더, 인종, 민족, 종교, 계급, 종교 등의 다양한 측면을 동시에 고려하는 '상호교차성intersectionality'의 관점을 가져야 한다고 주장한다.

남성 연구 페미니즘은 페미니즘의 관점에서 남성과 남성성을 연구한다. 남성 연구 페미니즘은 남성과 남성성을 단일한 범주로 보지 않고 다양한 층위의 남성들과 남성성들을 발견하고자 한다. 모든 사회에서 동일하게 나타나는 보편적 남성성이란 존재하지 않는다. 인종, 계급, 민족, 섹슈얼리티 등에 따라 다양한 남성과 남성성이 나타난다. 이들 중 경제적 부와 인종적 우월성, 이성애를 가진 남성성이 헤게모니적 남성성hegemonic masculinity이 된다. 남성 연구 페미니즘은 남성성이 또한 여성성과의 대립적 관계 안에서 이해되어야 한다고 본다. 젠더 불평등은 여성에 대한 남성의 차별과 착취뿐만 아니라 다른 남성에 대한 남성의 차별과 착취도 포함한다. 하층계급 남성 노동자는 지구적 자본주의의 불평등한 관계 안에서 착취당한다. 남성은 또한 가족 내에서 아버지와 동일시해야 하지만 감정적으로는 친밀함을 느껴서는 안 된다는 압력을 받으며 여성이나 자식에 대해서도 일정한 거리를 둬야 한다는 압박을 받으면서 감정적으로 고립된다. 이것을 상쇄하기 위해 스포츠, 군대, 남성 클럽 등에서 거칠고 강한 남성성을 찾고자 하며 이 과정에서 여성차별주의misogyny와 동성애혐오homophobia 같은 성폭력적 태도를 강화한다.

포스트모던 페미니즘과 퀴어 이론은 섹슈얼리티와 젠더가 고정된 범주가 아니라 유동적이고 변하는 다층적 범주라고 주장한다. 남성과 여성이라는 두 개의 섹스, 두 개의 젠더, 두 개의 섹슈얼리티는 사회질서를 유지하기 위해 만들어진 인위적 개념이다. 철학 서적, 과학 이론, 소설, 시, 그림, 사진, 영화, 드라마, 연극, 오페라, 무용, 노래, 음악, 신문 기사, 방송 뉴스 등, 인간이 그동안 만들어 온 수많은 텍스트가 이 인위적 개념을 자연적인 것으로 만드는 담론을 구성한다. 각각의 텍스트는 그것이 생산된 사회문화적 맥락과 상황에 의해 의미를 부여받고 그 맥락과 상황을 지배하는 담론을 만드는 데 참여한다. 포스트모던 페미니즘과 퀴어 이론은 이 과정에 개입하는 모든 요소를 낱낱이 밝히고 인위성을 드러냄으로써 담론을 해체하고자 한다. 이 담론은 여성이 무엇이고 남성이 무엇인지, 여성의 몸과 남성의 몸은 어떻게 다른지, 여성의 성 욕망과 남성의 성 욕망의 특성은 무엇인지, 젠더의 사회적 역할은 무엇인지를 알려줌으로써 우리가 남성이나 여성의 정체성을 갖고 적절하게 행동하고 살 수 있도록 한다. 결국, 젠더와 섹슈얼리티는 처음부터 존재하는 것이 아니라 우리가 행동하고 상호작용하면서 만들어내는 것이다. 바로 수행performances이 젠더와 섹슈얼리티를 결정한다. 이것을 다르게 해석하면 우리는 어떻게 행동하느냐에 따라 스스로 기존 젠더와 섹슈얼리티의 이항 대립 구도에서 벗어나는 젠더와 섹슈얼리티를 만들어낼 수 있다는 결론에 도달할 수 있다.

1990년대에 등장한 제3세대 페미니즘은 포스트모더니즘의 영향 속에서 젠더, 섹슈얼리티, 남성성, 여성성 등과 같은 개념들을 재정의하고자 한다. 남성과 여성이라는 이항 대립적이고 고정적인 젠더 개념을 거부하고 '젠더 연속체gender continuum' 개념을 내세운다. 젠더 연속체는 젠더의 속성이 남성과 여성으로 양분되어 고정된 것이 아니라 일련의 연속된 스펙트럼의 형태로 퍼져있다는 것을 의미한다. 우리는 젠더와 관련해 다양한 스펙트럼의 속성들을 소유하고 표현하기 때문에 남성과 여성으로 명확히 규정할 수 없는 다양한 형태의 젠더 표현이 나타날 수 있으며 사람들마다 젠더나 섹슈얼리티와 관련된 태도와 행동에서 다양하고 미묘한 작은 차이들이 드러난다. 고정된 젠더와 섹슈얼리티 개념이 사회적으로 만들어진 것이라는 것을 인식하면 자신의 고유한 젠더 정체성을 스스로 만들어갈 수 있다. 민족, 인종, 종교, 계급 등의 다양한 속성들에 의해 주어지는 개인적이고 특수한 경험들도 젠더 정체성을 만드는 과정에 개입한다.

2010년대에 등장한 제4세대 페미니즘Fourth-Wave Feminism은 소셜 미디어의 등장으로 일상에서의 개인적 경험들을 공유하는 일이 일반화되면서 여성이 일상에서 경험하는 다양한 성적 공격과 피해들이 드러나고 주목받는 과정에서 등장했다. 제3세대 페미니즘의 기본적 생각들을 이어받으면서 제4세대 페미니즘은 일상적 생활 공간에서 주로 여성에게 가해지는 성희롱, 성추행, 강간 등과 같은 성폭력 문제에 대한 사회적 관심을 요구하고 여성의 정의를 세우고자 한다.

페미니즘의 갈래는 너무 다양하기 때문에 위에서 열거한 것들 외에도 여러 다른 명칭의 페미니즘들이 존재한다. 모든 페미니즘은 여성의 자유, 평등, 해방, 권리 등을 요구하고 획득하고자 한다는 공통의 목표를 갖고 있지만, 여성의 억압과 차별이 발생하는 원인을 분석하고 해결 방법 등을 제시하는 과정에서는 의견을 달리한다. 페미니즘들 사이에 다양한 차이들이 존재하지만, 젠더 차이가 남성과 여성이 가진 본질적 속성에 의해 발생하느냐는 물음에 어떻게 대답하느냐에 따라 크게 보면 두 개의 진영으로 구분될 수 있다.

첫 번째 것은 남성과 여성이 가진 본질적 속성에 의해 젠더 차이가 발생한다고 보는 진영이다. 이것은 가부장제 사회에서 나타나는 여성차별주의적 생각과 겉으로는 동일해 보이지만 해석 방식이 다르다. 가부장적 여성차별주의에서는 남성성이 우월하고 여성성은 열등하다고 보지만, 페미니즘 진영에서는 남성성은 폭력적이고 파괴적인 속성을 가진 반면에, 여성성은 돌봄, 조화, 화해, 평화, 공감, 공존 등의 긍정적 가치를 갖고 있다고 본다. 이 입장에 따르면, 인간 사회에서 발생하는 모든 문제의 원인은 기본적으로 남성성에 기반을 둔 가부장적 체계이기 때문에 가부장적 체계를 전복하고 여성성을 기반으로 한 새로운 사회를 건설하는 것이 근본적인 해결책이 될 수 있다. 젠더 개혁 페미니즘과 젠더 저항 페미니즘이 대략 이 진영에 속한다고 할 수 있다.

두 번째 입장은 남성과 여성의 본질적 속성은 존재하지 않으며 남성이나 여성이라는 정체성은 사회적 구성물에 불과하다고 보는 것이다. 이 입장에 따르면, 가부장적 사회는 남성에게는 남성성을 부여하고 여성에게는 여성성을 부여함으로써 젠더 차이를 기반으로 한 사회 질서를 만들지만, 남성성과 여성성이란 것 자체가 본질적인 속성이 아니라 사람들의 실천 행위에 의해 구성되는 것이기 때문에 사회적으로 규정된 젠더 정체성을 거부하는 행위를 통해 젠더 차이에 기반한 사회질서를 전복할 수 있다. 젠더 반란 페미니즘이 대략 이 진영으로 분류될 수 있다.

6장

이성애와 낭만적 사랑

1. 사랑과 연애

이성애는 많은 사회에서 일반적이고 지배적인 섹슈얼리티로 자리 잡고 있다. 많은 사람이 이성을 만나 사랑을 하고 연애를 하다가 때로는 가슴 아프게 이별을 하고 때로는 결혼을 해 행복하게 사는 것을 자연스러운 일로 받아들인다. 수많은 소설, 드라마, 영화는 물론이고 주변에서 들리는 사람들의 일상생활 이야기에서 우리는 사랑, 연애, 이별, 결혼 등을 보고 들으며 살아간다. 그래서 사랑하면 연애를 하고 연애를 하다가 결혼하는 것이 당연할 뿐만 아니라 일상의 행복에 이르는 이상적인 과정이라고 생각하는 경향이 있다. 하지만 사실 사랑-연애-결혼으로 이어지는 회로는 그렇게 당연하고 자연스러운 것은 아니다.

사랑에서 연애를 거쳐 결혼에 이르는 과정은 현대사회를 살아가는 우리에게는 너무나 당연하고 자연스러운 생활의 한 부분으로 여겨지지만, 엄밀히 보면 그것은 인위적으로 만들어진 사회적 제도의 일부이다. 특히 사랑은 감정의 영역에 속하기 때문에 일정 부분 자연적인 속성이 있지만, 연애와 결혼은 사회적 관계를 만들어내는 사회문화적 산물이다. 이성에게 사랑의 감정을 느끼는 것은 자연적인 현상이지만 그 이성과 연애를 하고 결혼을 하는 것은 사회문화적 현상이다. 사실, 사랑하는 사람과 연애를 하고 결혼하는 일은 근대에 들어와 일반화된 현상이다. 봉건 사회에서는 연애라는 것이 존재하지 않았다. 연애라는 단어 자체가 만들어진 것도 얼마 되지 않았다.

연애戀愛는 원래 사랑과 비슷한 의미로 사전에서는 남녀가 서로 그리워하고 좋아한다는 뜻을 가진 단어로 소개한다. 하지만 연애는 단순한 사랑을 의미하는 단어로 사용된 것이 아니라 낭만적 사랑이라고 하는 특별한 유형의 사랑을 의미하는 단어로 사용되던 것이다. 따라서 흔히 연애는 love가 아닌 romance에 상응하는 단어로 이해된다. 김지영2012에 따르면, 연애가 남녀 간의 사랑만을 지칭하는 근대적 개념으로 사용된 것은 20세기 초부터이다. 원래 연애는 일본에서 love를 번역한 단어였다. 처음에 일본에서 love를 연애로 번역한 이유는 사랑을 의미하는 일본 단어들이 모두 성행위를 포함하는 의미를 갖고 있었기 때문에 육체적 관계와는 분리된 사랑을 지시할 마땅한 단어가 없었기 때문이다. 그전까지 일본에서는 남녀의 사랑이 즉각적인 성행위를 포함하는 개념이었던데 비해 연애는 반드시 성행위를 포함할 필요는 없는, 오히려 정신적 교감과 순정에 강조점이 있는 개념이었다. 연애라는 새로운 번역어는 단순히 성행위로 환원되지 않는 순수한 사랑을 의미하는 것이었다. 이것은 유럽의 기사도적 사랑을 일본어로 번역하는 과정에서 나왔다.

일본의 식민지배를 당하던 한국에도 자연스럽게 연애라는 말이 수입되었다. 연애라는 단어는 남녀의 사랑을 다룬 번안 소설이나 번역 소설들을 통해 일반인들에게 알려지기 시작했다. 근대적인 사랑과 결혼에 대한 담론들이 증가하면서 연애는 1920년대 들어 유행어가 되었다. 특히 연애는 모든 종류의 좋아하는 감정을 지시할 수 있는 보편적인 개념인 사랑과는 달리 남녀 사이의 사랑만을 의미했기 때문에 더욱 특별하게 사용되었다. 연애는 남녀 간의 순수하고 순결한 감정을 지시했기 때문에, 남녀 간의 관계를 공론화하는 것을 금기시했던 당시 사회에서 남녀 간의 사랑을 긍정적인 의미로 말하기 위해 연애라는 단어가 의도적으로 활용되었다. 봉건적인 의미의 사랑은 개인의 의지나 의사가 아닌 집안의 결정에 의한 결혼과 자식을 낳기 위한 성행위로 축소될 수 있었다. 이런 봉건적 사랑을 거부하고

자 한 당시의 젊은이들은 개인의 의지와 의사에 의해 선택하는 자유로운 사랑으로서의 연애를 찬양했다. 연예는 봉건적 관습에서 벗어나려는 의지와 자신의 삶을 자율적으로 영위하려는 주체성을 드러내 보여주는 행위였다. 연예라는 단어를 통해 새로운 형식의 사랑이 사회적 담론으로 구성된 것이다.

전근대 사회에서 사랑과 결혼은 분리되어 있었다. 사랑은 인간의 보편적 감정으로 누구나 경험할 수 있는 것이었다. 하지만 사랑을 전제로 해서 결혼이 이뤄지지는 않았다. 당시의 결혼은 사랑을 구체적으로 실현하고 결실을 맺게 하는 사회적 제도가 아니었다. 결혼은 개인의 감정이나 의사와는 무관하게 집단의 평화로운 공존과 생물학적 재생산이라는 사회적 필요를 충족하기 위해 고안된 제도였다. 여기에 덤으로 개인에게는 합법적으로 성적인 쾌락을 즐길 수 있는 기회를 제공했다. 따라서 결혼은 사회 구성원의 성을 관리하고 노동력을 재생산하는 기능을 하는 제도였다. 일반적으로 결혼은 중매와 같은 매개를 통해 가족과 가족이 결합하는 형태였으며 얼굴도 알지 못하는 사람과 결혼하는 것이 다반사였다. 사랑의 감정이 있을 리 없었다. 사랑보다는 생물학적 재생산을 위한 성행위가 먼저였다. 나중에 부부 사이에 사랑의 감정이 생겨날 수도 있었지만, 그것은 결혼과는 무관한 것이었다. 이성 사이의 감정적 끌림으로서의 사랑은 존재했지만, 이 사랑은 결혼과 무관한 감정으로 대개는 육체적 성행위를 목표로 하거나 동반하는 열정적 사랑이었다. 이때 '나는 너를 사랑한다'라는 말은 '나는 너와 성교를 하고 싶다'는 의미였다. 실제로 여전히 우리의 일상생활에서 '사랑을 나눈다'는 말은 '성교를 한다'는 의미로 사용된다. 따라서 성행위와 직접 연결되지 않고 성행위와 무관하게 이성과 감정 교류를 하는 사랑을 지시하는 단어가 필요하게 되었다. 바로 이런 이유로 일본에서 새로운 형태의 사랑을 번역하기 위해 연애란 단어를 사용한 것이다.

연애는 전근대 사회에서는 찾아보기 어려웠던 낭만적 사랑을 의미하는 단어였다. 연애는 결혼과는 무관한 열정적 사랑이 아니라 결혼과 직접 연결되어 있는 낭만적 사랑을 의미했다. 사랑이 없는 결혼은 무의미하며 사랑을 위해서는 어떤 난관도 극복하고 희생도 감내할 수 있다고 생각하면서, 내가 선택한 사랑하는 사람과 결혼해 평생 행복하게 사는 것이 사랑과 결혼의 이상적 모습이 되었다. 낭만적 사랑은 남녀가 만나 단순히 성적 자극과 흥분을 느끼면서 불타오르는 감정이 아니다. 첫눈에 반할 수 있지만, 성행위보다는 감정적 교류가 더 중요하기 때문에 상대방에 대한 감정을 표현하면서 관계를 발전해 나가는 과정이 중요하게 되었다. 이제는 연애를 위한 시간과 공간, 그리고 자원과 노력이 필요하게 된 것이다. 사랑과 결혼이 개인의 선택 문제가 되었기 때문에 개인의 자유와 권리 그리고 능력이 무엇보다도 중요하게 되었다. 이런 이유로 남성보다 사회적 제약과 구속을 더 많이 느끼는 여성에게 낭만적 사랑이 주는 의미가 더 컸다.

2. 낭만적 사랑

남녀 간의 열정적 사랑은 시대와 사회를 막론하고 어디에서나 발견되는 자연적 현상이다. 상대에게 호감을 느끼고 성적 자극과 흥분을 동반한 격렬한 감정을 경험하는 것은 생리적 현상이라 할 수 있을 정도로 보편적인 일이다. 이것은 유전자의 생물학적 재생산을 위해 필요한 현상이기도 하다. 열정적 사랑은 아마도 인류가 등장했을 때부터 존재하던 감정일 것이다. 하지만 열정적 사랑과는 달리 낭만적 사랑은 사회문화적인 환경에 의해 형성된 개념이다.

낭만적 사랑의 원형은 12세기 유럽에서 등장한 기사도적 사랑courtly love에서 찾을 수 있다Paris, 1883. 중세의 기사는 자신이 모시는 귀부인Lady에게 헌신하는 것을 명예로 여겼다. 귀부인은 기사가 육체적으로 범접할 수 없는 존재이기 때문에 귀부인을 향한 기사의 사랑과 열정은 정신적인 영역에 머물렀다. 기사는 자신의 생명을 바쳐 귀부인을 보호할 정도로 그를 사랑하지만, 그 사랑은 성적 결합을 통해 완성될 수 없는 순결한 사랑으로 인식되었다. 기사도적 사랑은 현실에서는 이뤄질 수 없고 도달할 수도 없는 불가능하고 이상적인 사랑이었다. 당시 귀족들 사이의 결혼은 정치적, 사회적 필요에 따른 형식적 결합이었기 때문에, 귀부인을 향한 기사의 사랑은 남녀 사이의 이상적인 감정적 친밀함을 표현하는 것으로 이해되었다. 하지만 동시에 기사도적 사랑은 남녀 간의 사랑이었기에 성적인 관계를 완전히 배제할 수 없는 사랑이기도 했다. 귀부인은 대부분 기사가 모시는 군주의 부인이기 때문에 귀부인과 기사의 사랑은 불륜의 사랑이기도 했다. 기사도적 사랑은 육체적 관계를 배제한 채 헌신하는 순결한 사랑이면서 동시에 유부녀와의 성적 관계를 포함하는 부도덕한 사랑이기도 했다. 이 점에서 기사도적 사랑은 이중으로 불가능한 사랑이었고 난관과 장애를 극복해야 하는 사랑이었다. 기사도적 사랑은 대부분 이뤄질 수 없는 비극적 사랑으로 묘사되었다. 이 기사도적 사랑을 노래하고 이상화한 당시의 문학 작품들을 통해 기사도적 사랑이 남녀 간의 이상적 사랑의 형태로 알려지기 시작했다. 『트리스탄과 이졸데Tristan and Isolde』, 『랜슬롯과 기네비어Lancelot and Guinevere』 등과 같은 이야기들이 기사와 귀부인 사이의 불가능한 사랑을 다루면서 이후에 많은 작품에서 다뤄진 남녀의 비극적이고 낭만적인 사랑의 원형이 되었다.

귀부인을 대하는 기사의 예의 바르고 헌신적인 태도는 기사도 정신의 하나로 자리 잡으면서 특히 귀족 남성이 지켜야 할 예의 규범이 되었다. 귀부인을 보호하는 기사의 의무는 계급, 신분, 나이를 막론하고 모든 여성을 보호해야 한다는 기사도 정신으로 발전했다. 귀족 남성들이 품성 교육의 하나로 익힌 기사도 정신은 귀족이 가질 수 있는 세련된 태도와 예절 감각을 대표했으며 우월한 사회적 지위를 드러내는 수단이었다. 교육의 기회를 갖지 못하고 힘든 노동에 전념해야 했던 평민과 하층민에게 있어서 기사도 정신이란 사치에 불과했다. 정신적이고 순결한 기사도적 사랑은 귀족만이 누릴 수 있는 우아한 감정이었으며 귀족 남성의 우월한 지위를 과시하는 시혜적 감정이었다.

15세기 이후 인쇄술이 발달하고 근대 소설이 등장했다. 기사도적 사랑 이야기들이 대중적인 소설 형태로 널리 퍼지기 시작함에 따라 남녀 간의 운명적이고 비극적인 사랑을 의미하는 낭만적 사랑 개념이 점차 자리를 잡아갔다. 사랑하지만 이별할 수밖에 없는 비극적 사랑을 의미하는 낭만적 사랑은 저항할 수 없는 강력한 힘을 갖고서 사람에게 고통과 죽음을 주는 무서운 질병처럼 묘사되었다. 16세기 셰익스피어Shakespeare의 비극 『로미오와 줄리엣Romeo and Juliet』은 낭만적 사랑을 재현한 대표적 작품이다. 하지만 낭만적 사랑을 다룬 작품들이 대중적 인기를 끌고 있었다고 하더라도 낭만적 사랑이 사회적으로 용인되는 사랑의 형태는 아니었다. 16세기와 17세기에 나온 교양서, 의학서, 종교서 등은 남녀가 자유롭게 만나 사랑을 나누고 결혼을 하는 것을 부정적으로 평가했다. 여전히 결혼은 부모에 의해 조정되고 결정되는 가문 간의 의례였다Stone, 1989.

18세기에는 비슷한 사회적 지위를 가진 남녀가 각각 부모의 허락 하에 3개월에서 6개월 정도의 연애 기간을 가진 후에 결혼하는 것이 권장되었다. 갑자기 사랑에 빠져 연애를 하는 것은 미친 짓으로 간주되었다. 1753년에 영국에서는 21세 이하의 남녀가 부모나 보호자의 허락 없이 결혼하는 것은 법으로 금지되었다. 남녀가 자유로운 의사에 따라 연애를 한 후에 결혼하는 것이 사회적으로 용인되기 시작한 것은 18세기 말에 낭만주의 운동이 시작되면서부터이다. 19세기에 남녀 간의 사랑을 다룬 싸구려 통속 소설들이 유행하면서 남녀가 사랑에 빠져 열정적으로 연애를 하는 것이 사회적으로 용인되기 시작했고 심지어는 10대 후반 정도에 그런 사랑을 경험하지 못하면 잘못된 것이라는 인식까지도 생겨났다. 이와 함께 부모가 정해주는 중매결혼에 대한 부정적 인식이 점차 증가했고 나아가 부모가 자식의 결혼에 간섭하는 것은 옳지 못하다는 생각으로 발전했다Stone, 1989.

이처럼 낭만적 사랑 개념이 점차 일반화되고 연애결혼이 보편적 결혼의 형태로 자리 잡게 된 배경에는 개인주의의 등장과 확산이 있다. 인간의 이성을 중요시하는 근대로 접어들면서 계몽사상이 등장하고 프랑스대혁명과 같은 부르주아 혁명이 일어남에 따라 개인의 자유와 권리가 사회를 지배하는 기본 원리로 부상했다. 과거의 봉건적 신분제에서 벗어나 누구나 자신의 자유의지에 따라 직업을 선택하고 삶을 결정할 수 있다는 생각이 당연한 것으로 자리 잡아가고 있었기 때문에 사랑과 결혼의 경우에도 개인의 선택이 가족의 필요에 앞서는 것으로 인식되었다. 개인은 자신이 사랑할 상대를 선택하고 연애 기간을 거치면서 감정적 애착 관계를 형성한 후에 결혼하고 가정을 꾸려 아이를 낳고 행복하게 살아가는 삶의 주체가 되었다. 개인은 자신의 사랑과 삶에 책임을 지는 주체로 인식된 것이다. 개인이 낭만적 사랑의 주체인 것이다.

산업혁명으로 경제적 발달을 이룩한 유럽 국가들이 19세기에 자원과 시장을 확보하기 위한 식민지 건설 경쟁에 뛰어들면서 아시아와 아프리카의 많은 국가가 식민지화되었다. 이 과정에서 유럽의 근대적 문물이 강제적으로 식민지에 이식되었는데 근대적 개인 개념과 함께 낭만적 사랑 개념도 전파되었다. 한국의 경우에도 앞에서 설명했듯이 일본을 통해 낭만적 사랑 개념이 연애라는 이름으로 들어왔고 소위 자유연애라는 것이 근대의 새로운 사랑 담론으로 자리를 잡았다. 낭만적 사랑은 무엇보다도 정신적이고 감정적 애착 관계가 중요시되는 사랑이었으며 행복한 결혼을 위한 조건으로 인식되었다. 중매결혼에서 중요시되는 돈이나 사회적 지위와 같은 요인들은 오히려 불순한 것으로 배격되었다. 1920년대에 인기가 있었던 『이수일과 심순애』에서 이수일이 심순애를 비난하면서 말하는 "김중배의 다이아몬드 반지가 그렇게도 좋더냐?"는 대사는 돈이 아니라 사랑이 결혼의 전제 조건이 되어야 한다는 낭만적 사랑의 핵심적 생각을 잘 드러낸다.

20세기가 되면서 자본주의가 발달하고 도시화, 산업화가 급속히 진행되면서 도시 노동자들이 사회를 구성하는 다수가 되었다. 경제가 발달한 유럽과 미국을 중심으로 도시에 살던 노동자들은 사랑하는 사람과 결혼해 자신의 집에서 자식을 기르며 행복하게 사는 것이 인생의 목표였다. 경제가 발전하고 도시 인구가 증가하면서 낭만적 사랑을 실천하는 방식에 변화가 생겼다. 사랑에 빠진 도시의 남녀들은 댄스홀, 극장, 레스토랑, 영화관, 공원 등의 공공장소에서 데이트를 즐기기 시작했다. 연애를 한다는 것은 데이트를 한다는 의미를 갖게 되었다. 공공장소에서의 데이트는 낭만적 사랑을 실천하는 보편적 행위가 되었다. 공공장소에서의 데이트는 남녀가 부모의 감시가 미치지 않는 집 밖에서 만난다는 것을 의미했다. 그 이전에는 결혼 전에 남녀가 만나는 일은 대개 여성의 집에서 부모의 감시 아래 이뤄졌다. 도시에 여가를 즐길 수 있는 문화시설이 많고 직업을 갖고 외부 활동을 하는 여성들의 수가 증가한 것이 데이트 문화가 발달하게 된 원인이었다.

집에서 만나고 정원이나 동네를 산책하는 것과는 달리 공공장소에서 데이트를 하는 것은 상당한 비용이 드는 활동이다. 데이트 비용을 누가 지불할 것인가에 대한 문제가 제기될 수밖에 없다. 1920년대 미국에서 데이트 문화가 일반화되었을 때 데이트 비용은 전적으로 남성이 부담했다. 이것은 사회에 존재하는 젠더 불평등 관계가 데이트를 통해 구체적으로 드러난 것으로 이해될 수 있다. 남성은 여성을 부양할 수 있는 경제적 능력을 갖고 있음을 데이트 비용을 부담함으로써 증명하고 여성은 남성의 리드에 따르면서 순종적인 모습을 보이는 방식으로 데이트가 구성되었다. 데이트에서 남성이 돈을 지불하고 여성이 그 혜택을 받는 구조는 낭만적 사랑 관계에서 남성이 주도권과 통제권을 갖는다는 것을 의미했다. 이것은 여성을 교환물로 삼아 구성되는 결혼 제도의 가부장적 구조가 낭만적 사랑 관계에서도 그대로 유지되고 있음을 보여준다.

베스 베일리Beth L. Bailey, 1993/2015는 데이트의 경제적 측면에 주목하면서 데이트의 어원이 매매춘처럼 여성의 성을 경제적으로 교환하는 것을 의미한다고 주장했다. 매매춘과 같이 데이트는 돈을 매개로 여성과 교제하는 측면이 있다는 것이다. 남성은 데이트 비용을 지불하고 여성은 감정적, 성적 호의를 제공하는 것이 데이트의 구조이기 때문이다. 데이트를 통해 남성은 자신의 우월한 권력을 과시하고 여성은 경제적 실리를 챙기는 구조인 것이다. 낭만적 사랑이 데이트를 통해 구체적으로 실천되고 20세기 초부터 큰 인기를 끈 영화를 통해 재현되면서 남성은 경제적 능력이, 여성은 매력적 외모가 낭만적 사랑에서 중요한 요소로 인식되기 시작했다.

경제적 능력을 갖춘 남성과 아름답고 착한 여성이 만나 순수한 사랑에 빠지고 장애와 시련을 극복한 후에 결혼해 가정을 꾸미고 아이를 낳아 행복하게 사는 것이 낭만적 사랑의 공식이 되었다. 전근대적 사회에서 대가족의 형태를 유지하던 혈연 공동체가 정치적, 경제적, 사회적 이유로 전략적으로 유지하던 결혼이라는 사회 제도가 근대 사회에서는 독립적 개인이 낭만적 사랑을 통해 자유롭게 선택하는 결혼으로 변화했다. 낭만적 사랑의 결과물로 등장한 가족은 부부와 아이로 구성되는 핵가족이다. 핵가족 안에서 남성은 과거 전통적 가족 제도에서 가부장이 가졌던 큰 권력과 권위는 상실했지만, 자신만의 작은 왕국에서 작은 권위와 권력을 행사하는 주인이 되었다. 여성 또한 자신이 선택한 남성과 결혼해 아이를 낳고 자신만의 작은 왕국을 가꾸는 재미를 누릴 수 있게 되었다. 이렇게 해서 낭만적 사랑-결혼-가정이라는 근대 결혼 제도의 이상적 회로가 완성되었다.

3. 낭만적 사랑과 여성

사랑 앞에서는 국경, 인종, 계급, 신분 등 모든 장벽이 무너지고 사라진다. 사랑한다면 현실의 어떤 고난과 장벽도 이겨낼 수 있다. 이것이 낭만적 사랑의 신화이다. 수많은 문학 작품과 영화, 텔레비전 등의 미디어 콘텐츠가 이 낭만적 사랑의 신화를 매일 재생산하고 있다.

낭만적 사랑에 대해서는 남성보다는 여성이 더 크게 신뢰하고 기대하는 것처럼 보인다. 낭만적 사랑을 다루는 콘텐츠의 주요 소비자층을 구성하는 것도 여성이다. 낭만적 사랑은 여성의 주제인 것처럼 다뤄진다. 여성이 남성에 비해 낭만적 사랑에 대해 더 민감하게 반응하는 이유는 무엇인가?

근대 이전의 가부장적 사회의 결혼 제도에서 여성은 가족 집단의 결합을 위해 교환되는 대상이었다. 결혼 후에 발생하는 임신과 출산은 가족의 재생산을 위해 여성에게 부과되던 의무였다. 전근대의 가부장적 가족 제도 안에서 단지 가족이라는 큰 집단을 유지하기 위한 도구로 간주 되던 여성의 입장에서 낭만적 사랑을 통한 결혼은 가부장제의 억압에서 탈출할 수 있는 기회가 될 수 있었다. 낭만적 사랑에서는 오직 개인의 의지와 감정만이 중요하다. 낭만적 사랑은 여성에게 처음으로 자신의 결혼 상대자를 결정할 권리를 부여했다. 낭만적 사랑을 다룬 근대의 통속 소설들이 여성들 사이에서 엄청난 인기를 끈 것은 바로 여성이 낭만적 사랑의 관계 안에서 자신의 삶을 결정하는 자아실현의 판타지를 발견했기 때문이다.

여성의 사회진출이 극도로 제한된 전근대 사회에서 여성이 사회적 직업을 수행함으로써 자신의 꿈을 실현하고 삶의 만족감을 찾을 수 있는 길은 구조적으로 막혀 있었다. 가부장제와 봉건제가 지배하는 사회에서 여성은 젠더와 계급을 통해 이중적인 억압을 받고 있었다. 여성은 남성에게 성적 즐거움을 주는 대상이자 임신과 출산을 통해 노동력을 재생산하는 수단이었고 가사노동에 전념해야 하는 저렴한 노동자였다. 젠더와 계급의 지배 아래에서 자신의 힘으로는 아무것도 선택하고 결정할 수 없는 상황에 놓여 있던 여성에게 낭만적 사랑은 그 상황을 타개할 수 있는 혁명적 출구로 인식되었다. 적어도 낭만적 사랑 안에서는 여성은 남성에 의해 선택될 뿐만 아니라 자신도 남성을 선택할 수 있었으며 서로를 인정하고 사랑하는 남성과 결혼을 하고 그 사랑의 결과로 탄생한 아이를 기르면서 자신이 사랑하는 남편과 아이를 위한 가정을 꾸리고 관리하는 즐거움을 누릴 수 있었다. 여성의 가사노동은 가부장제에 의해 강제된 노동이 아니라 자신의 작은 왕국을 꾸미기 위해 여성이 선택하는 노동이 될 수 있었고, 임신과 출산은 희생과 의무의 산물이 아니라 사랑의 결실이 될 수 있었다. 결국, 낭만적 사랑을 통한 결혼은 당시 사회에서 여성이 자아를 실현하기 위해 선택할 수 있는 최선의 방법이었다. 낭만적 사랑을 통해 구성된 가정에서 남편은 군림하는 가부장이라기보다는 검은 머리가 파 뿌리가 될 때까지 사랑하며 함께 살아가는 동반자가 될 수 있었고 자식은 훈육해야 할 미래의 노동자가 아니라 사랑으로 아끼고 돌봐야 하는 분신이 될 수 있었다. 낭만적 사랑으로 구성된 가정에서 여성은 성적 대상과 출산의 도구라는 지위에서 벗어나 현모양처라는 주체적 지위를 획득할 수 있었다. 게다가 여성이 단순한 가사노동자나 아이를 낳는 사람에 머물지 않고 현모양처가 되기 위해서는 여성에 대한 교육이 필요했기 때문에 교육의 기회와 권리를 요구할 수 있었다. 현재의 관점에서 보면, 현모양처 개념은 여성을 가정이라는 사적 영역에 가둬두는 가부장적 이데올로기지만, 적어도 근대 초기의 여성에게 있어서는 사회적 존재로서의 자아실현을 위해 한 걸음 앞으로 나아갈 수 있는 수단이었다.

낭만적 사랑을 통한 결혼은 부부 사이의 관계뿐만 아니라 부모와 자식 사이의 관계도 재정립했다. 우리가 일반적으로 믿고 있는 것과는 달리, 부모와 자식, 특히 어머니와 자식 사이의 관계가 언제나 감정적으로 친밀한 애착 관계였던 것은 아니다. 오히려 자식을 끔찍이 아끼고 사랑하며 자식을 위해 헌신하는 어머니의 모습은 낭만적 사랑을 통한 결혼의 산물이라고 볼 수 있다. 번식기가 별도로 존재하지 않고 유아기가 긴 인간의 특성상, 육아는 항상 여성에게 큰 짐이었다. 수렵 채집 생활을 하던 선사 시대부터 근대에 이르기까지 인간 사회가 경제적 풍요로움을 누린 기간은 거의 존재하지 않았기 때문에 어머니가 육아에만 전념할 수 있는 경우는 사실상 없었다. 여성이 연달아 두 명 이상의 아이를 낳게 되면 육아는 가족의 생계를 위협하는 위험 요인이 된다. 경제적 필요성 때문에 아이가 홀로 방치될 수밖에 없는 상황이 불가피했고 의도하든 의도하지 않았든 아이의 사망은 오히려 가족에게 도움이 되는 경우가 많았다. 유럽의 경우, 수유 기간에 여성이 성행위를 하는 것을 금기시하는 문화 때문에, 유모에게 아이를 맡기는 것이 일반적인 육아 관행이었다. 오랜 수유 기간 동안 아내와 성행위를 금하는 남편은 별로 없었기 때문이다. 집안에 유모를 둘 수 있을 정도로 부유한 가정은 드물었기에, 대부분의 가정이 아이를 동네에 있는 유모에게 일정 기간 맡기는 방식으로 육아를 했다. 아이를 직접 기르는 것보다 동네의 유모에게 맡기는 경우에 유아사망률이 더 높았다. 이로 인해, 유아기에 부모와 자식 사이의 교류가 사실상 없었고 부모와 자식 사이의 감정적 애착 관계도 형성되기 어려웠다. 18세기와 19세기 초 유럽에서 나타나는 높은 유아사망률이나 유기된 아이들의 수는 부모와 자식 사이의 감정적 애착 관계가 부재했음을 보여주는 결과로 해석되기도 한다. 아이가 죽거나 버려지지 않고 성장한 경우에도, 당시 부모의 입장에서 보면 그는 사랑스러운 자식이라기보다는 가정 경제에 도움이 되는 노동자에 더 가까웠다. 아이를 냉혹하고 거칠게 훈육하는 것이 일반적이었던 당시의 교육 방식도 부모와 자식 사이의 감정적 애착이 생겨나는 것을 막는 요인이었다Stone, 1989.

낭만적 사랑을 통해 결혼하고 가정을 꾸린 후 여성이 가정의 모든 것을 관장하는 현모양처로서 자리 잡는 회로가 형성되면서 어머니와 자식 사이의 감정적 애착 관계가 강화되기 시작했다. 낭만적 사랑은 연애 기간뿐만 아니라 결혼 기간에도 유지되는 것이었다. 사랑으로 가득 찬 가정이 낭만적 사랑이 만들어낸 이상적 가정이었다. 실제로, 낭만적 사랑과 결혼 문화의 정착은 유아사망률의 감소와 높은 상관관계를 가진다.

자신이 선택하고 사랑하는 사람과 결혼한 후에 꾸려진 가정에서 부부는 서로 존중하고 의논하는 동등한 동반자 관계를 유지하고 부모와 자식 간에는 아끼고 돌보는 감정적 애착 관계가 유지된다. 낭만적 사랑을 기반으로 형성되고 가족 간에 친밀하고 평등한 관계가 유지되는 핵가족의 생활양식은 부르주아 계급에 의해 주도되었다. 근대 이후 사회적 지배 계급으로 자리 잡은 부르주아지는 방탕하고 사치스러웠던 귀족이나 성적으로 자유로웠던 하층민들과는 달리 도덕적 순수함과 절제를 강조하면서 근면 검소한 삶을 사는 것을 미덕으로 삼았다. 이들 중 특히 프로테스탄트들은 남성과 여성의 영적 평등함을 믿었기 때문에 가부장제가 지배하는 사회였고 가정 안에서 가장의 권위가 절대적인 것으로 인식되었음에도 집안일과 육아에 관한한, 아내의 결정권이 폭넓게 용인되었다.

낭만적 사랑과 결혼은 일정한 교육과 경제적 능력을 갖춘 부르주아 중산층에게 우선적으로 허용된 문화였다. 기본적으로 낭만적 사랑과 결혼이라는 문화 자체가 허용된 것이 개인주의와 자본주의의 발달로 도시의 자본가들과 임금노동자들이 사회적으로 다수를 차지하면서부터이다. 18세기의 부르주아 혁명을 통해 모든 인간이 자유롭고 평등한 존재라는 생각이 널리 퍼졌고 정치든, 경제든, 개인의 자유로운 선택과 계약을 통해 모든 사회관계가 조정되는 사회가 등장했다. 사랑과 결혼 같은 사적 관계에서도 이런 원리가 동일하게 적용되었다Engels, 1902. 자본주의의 발달은 시장을 통해 교환 경제를 발달시키면서 사람들의 이동성을 증가시켰고 경제적 발전을 통해 생활수준을 향상했다. 농업 경제에서 공업 경제로, 농촌에서 도시로, 대가족에서 핵가족으로 이동하는 과정에서 낭만적 사랑을 통한 결혼은 자본주의 체계에 가장 적합한 제도로 자리를 잡았다. 열정적 사랑과 같은 비합리적 감정은 개인이 경제적 이익 추구라는 합리적 목표를 달성하기 위해 노력하는 것을 방해할 수 있다. 열정적 사랑은 현실의 문제를 내팽개치면서 욕망을 위해 도피하는 것을 부추길 수 있기 때문이다. 그렇기에 열정적 사랑은 개인의 끊임없는 이익 추구 노력을 원동력으로 삼아 작동하는 자본주의 체계에 해를 끼치는 감정일 수 있다. 반면에 낭만적 사랑은 비합리적 감정이면서도 결혼과 아이의 출산, 양육을 포함하는 지속 가능한 행복한 가정을 그 결과물로 상정하는 개념이라는 점에서 결국 경제적 이윤 추구라는 개인의 사회적 활동을 요구한다. 비합리적 감정이 합리적 행동을 유발하는 것이다. 게다가 낭만적 사랑은 도구적 합리성으로 인해 각박해지는 자본주의 사회에서 고립감을 느끼는 개인에게 타인과의 교감을 통해 삶의 의지와 에너지를 얻을 기회를 제공한다. 개인은 낭만적 사랑에서 살아가는 이유를 찾을 수 있는 것이다. 따라서 사람들이 낭만적 사랑을 추구할수록 자본주의 체계의 생산성은 증가한다.

부르주아 계급에 의해 적극적으로 실천되던 낭만적 사랑과 결혼은 점차 다른 계급들로도 퍼졌다. 여전히 상층계급에서는 정치적, 경제적, 사회적 이익을 위한 정략적 결혼이 선호되고 성적 쾌락의 추구에 집중하는 열정적 사랑에 대한 욕구도 다양한 계층에서 흔하게 발견되지만, 낭만적 사랑과 결혼은 이상적인 이성애의 사회적 실천으로 굳게 자리 잡았다. 연애 상대자의 자유로운 선택과 데이트로 구성되는 연애, 사랑을 기반으로 한 결혼, 상호존중과 타협, 동의에 기초한 부부 생활, 부부간 사랑의 결실인 자식에 대한 아낌 없는 투자는 현대의 낭만적 사랑과 결혼을 특징짓는 요소이다.

남성과 여성이 열정적 사랑을 나누는 것은 보편적 현상이다. 하지만 사회가 유지되기 위해서 열정적 사랑은 통제되고 조정되어야 한다. 낭만적 사랑은 열정적 사랑이 사회의 필요에 의해 특수한 방식으로 재구성된 현상이다. 어느 시대, 어느 사회에서나 사랑으로 맺어지고 사랑으로 유지되는 가정은 존재했겠지만, 오늘날 우리가 실천하는 낭만적 사랑은 근대 자본주의 체계에 적합한 방식으로 조정된 현상이다. 특히 20세기는 낭만적 사랑이 사회적으로 매우 중요하게 실천된 시기이다. 셀 수 없이 많은 미디어 콘텐츠가 낭만적 사랑을 재현했고 사실상 모든 사람이 낭만적 사랑과 결혼을 꿈꾸며 살았다. 19세기에서 20세기에 걸쳐 자신의 권리를 찾기 위해 노력해 온 여성에게 낭만적 사랑은 전근대 사회의 구속에서 벗어나기 위해 추구하던 것이었으면서 근대의 가부장제에서 벗어나기 위해 맞서야 했던 것이기도 했다. 21세기에 접어든 후에 낭만적 사랑이 차지하는 위치는 조금씩 변하고 있다. 개인에게 모든 자유와 책임이 극단적으로 주어지고 소비를 통해서 자신의 정체성을 찾도록 강요하는 후기 자본주의 사회에서 낭만적 사랑은 점차 이상화되고 불가능한 것이 되어 가고 있다. 근대 사회에서 낭만적 사랑은 개인적 이익을 위해 접근해서는 안 되는 것이었지만Sarsby, 1983, 6, 인간의 모든 활동이 '인간 자본human capital'을 축적하는 활동으로 인식되는 신자유주의 자본주의 체제에서는 낭만적 사랑도 개인의 이익을 위해 쌓아야 하는 일종의 '스펙'이 된다. 낭만적 사랑을 보장하기 위해 각자에게 맞는 상대를 소개해 주는 회사와 앱이 소비되고 성공적인 낭만적 사랑을 위한 소비 가이드가 제공된다. 이 과정에서 낭만적 사랑은 정량적으로 측정되는 교환가치를 가진 상품이 된다.

4. 낭만적 사랑과 결혼 시장

낭만적 사랑은 남성과 여성 사이에서 발달하는 자연스러운 감정이 아니라 결혼과 관련해 사회적으로 의미와 가치가 부여되는 감정이다. 사회를 지배하는 이데올로기가 변함에 따라 낭만적 사랑에 부여되는 의미와 가치도 변하고 낭만적 사랑을 실천하는 방식도 변한다. 19세기부터 낭만적 사랑의 추구와 실천이 여성에게는 전근대적인 가부장제의 억압으로부터 탈출할 수 있는 수단이 되면서 낭만적 사랑이 중요한 사회적 의미와 역할을 부여받았다면, 21세기에 접어든 현대사회에서 낭만적 사랑은 개인에게 자신의 가치를 확인해주는 장치로 작동하고 있다.

현대사회를 지배하고 있는 신자유주의 자본주의는 개인에게 자유를 주면서 동시에 책임을 요구하는 방식으로 사람들을 경쟁 상태에 몰아넣음으로써 통치한다. 푸코Michel Foucault에 따르면, 통치성gouvernmentality이란 특정한 목적을 위해 사물을 배치, 배열하는 기술이며 동시에 사람들의 행동을 끌어내고 행동방식에 영향을 행사하면서 합리화하는 전략이다Foucault, 2004a/2011, 131-165. 일반적으로 국가나 정부 기관이 직접 개인을 지배하는 행위는 경직되고 고정된 권력 관계가 드러나는 과정이다. 반면에 통치성은 인간이 스스로 자신을 이끄는 방식과 행동하는 방식을 통해 드러난다. 그런 이유로 통치성은 타인에 대한 지배의 테크놀로지일뿐만 아니라 자기에 대한 지배의 테크놀로지이기도 하다.

통치성은 광범위하고 다양한 전략들과 기술들로 구성되는데, 푸코는 통치를 위해 사용되는 기술로 사법, 규율, 안전을 들고 있다Foucault, 2004a/2011, 21-88.

첫 번째 유형의 통치 기술인 사법은 법을 제정하고 법에 따라 금지되는 것과 허용되는 것을 지정한 후에 법을 어기는 자를 처벌하고 통제하면서 복종하는 주체를 만드는 기술이다. 군주나 정부는 해야 할 일과 하지 말아야 할 일을 정해주고 이를 어기면 가차 없는 처벌과 추방을 함으로써 사람들을 통치한다. 군주에 대한 반대는 허용되지 않는다. 하지만 군주의 지시에 잘 따른다면 포상이나 훈장 수여 등을 통해 충성심을 고취한다. 군주는 "그에게 항거하고 그의 법령을 위반하는 자가 신하들 가운데 하나라면 ... 징벌이란 명목으로 그를 죽일 것이다"Foucault, 1976/1997, 148.

두 번째 유형의 통치 기술인 규율은 신체 활동에 대한 면밀한 감시와 통제를 통해 신체의 미세한 부분까지 훈육함으로써 순종적 육체와 정신을 만드는 기술이다. 규율은 사법처럼 금지된 것과 허용된 것을 알려주지만, 사법과는 달리 규율에서 중요한 것은 금지된 것들이 아니라 해야 하는 것들이다. 규율은 몇시까지 출근을 해야 하는지, 얼마 동안 점심을 먹으며 자유 시간을 가질 수 있는지, 도로의 오른편에서 걸어야 하는지, 왼편에서 걸어야 하는지, 어떤 자세로 앉아 있어야 하는지 등을 알려준다. 규율은 의무를 부과하고 훈련하는 방식으로 작동한다. 개인의 품행은 시간과 공간 속에 치밀한 방식으로 질서 있게 배치되고 합리적으로 정렬된다. "고전주의 시대에 다양한 규율제도들 - 대학, 중등학교, 병영, 일터 - 이 급속하게 발전하고 ... 군대 또는 학교와 같은 제도들 안에서 그리고 전술, 견습, 교육, 사회의 질서에 관한 성찰을 통해 구체화"되었다Foucault, 1976/1997, 150.

세 번째 유형의 통치 기술인 안전은 인간의 개별적 육체가 아니라 종으로서의 인간과 인구로서의 인간 생명을 집단으로 다루는 권력의 기술이다. 안전은 규율처럼 개인에게 해야 할 행동 양식을 부과하는 방식이 아니라 공동체의 주민인 인구 집단이 유지되고 조절될 수 있도록 출생률, 사망률, 질병의 발병률 등을 평균적인 상태로 유지하는 방식으로 작동한다. 규율이 모든 세부적인 품행을 통제하는 방식의 통치 기술이라면 안전은 사람들에게 자유를 주고 일정한 방임 상태로 내버려 두는 통치 기술이다. 개인들에게는 자유를 주지만 인구 전체의 측면에서는 관리를 하는 기술이다. 식량 부족 현상이 발생했을 때, 개인이 굶주리는 부분은 개인의 책임으로 내버려 두고 인구 전체의 수준에서 식량의 수급을 조절하는 것이 안전기술의 사례가 될 수 있다.

절대왕정과 같은 체제에서는 통치에 있어서 사법기술이 지배적이었고 근대 자본주의 시기에는 규율기술이 지배적이었지만 신자유주의 체제에서는 안전기술이 지배적으로 작동한다. 하지만 신자유주의 체제라고 해서 사법기술이나 규율기술이 사라진 것은 아니다. 신자유주의 체제에서는 안전기술을 중심으로 다른 기술들이 접합되고 결합되어 작동한다. 안전이 주도적인 통치 전략으로 사용되지만, 경우에 따라서는 사법에 의해 사람들의 행동에 처벌이 가해질 수도 있고 규율에 따라 사람들의 행동이 규제될 수도 있다.

신자유주의 체제의 통치성이 가진 특성을 보여주기 위해 푸코는 독일의 질서자유주의와 미국 시카고학파의 주요 이론과 개념들을 분석하면서 고전적 자유주의와 신자유주의의 차이를 대비시킨다Foucault, 2004b/2012.

첫째, 고전적 자유주의에서 '교환'을 중심으로 시장경제를 이해했다면, 신자유주의에서는 '경쟁'에 초점을 맞춘다. 고전적 자유주의에서 시장은 자연적 체계로서 개인 간의 자유로운 상품 교환을 통해 작동한다. 따라서 국가는 시장의 자유로운 교환에 개입하지 말아야 한다. 반면에 신자유주의에서는 인위적 관계인 경쟁을 보호하고 확장할 필요가 있다고 주장한다. 개인 간의 자유로운 경쟁이 가능하도록 조건을 만들어 보호할 때 비로소 시장이 원활히 작동하기 때문에 국가는 시장에서 자유로운 경쟁이 공정하게 이뤄질 수 있도록 개입해야 한다는 것이다Foucault, 2004b/2012, 183-188

둘째, 신자유주의에서 경제가 교환이 아닌 경쟁을 바탕으로 이뤄진다면, 인간의 모든 행동은 경제적인 투자와 비용의 관점에서 이해된다. 출산, 교육, 결혼, 취업, 양육 등의 모든 인간 활동이 투자를 통해 더 나은 수익을 얻기 위한 경제적 활동으로 이해된다. 그렇다면 인간은 하나의 인간 자본human capital이 되고 개인은 자기 자신을 투자, 관리, 운영하는 '자기의 기업가'가 된다. 자기의 행동을 최대한 합리화하고 최대 이익을 추구하는 합리적 인간인 호모 에코노미쿠스가 탄생하는 것이다Foucault, 2004b/2012, 317-321.

셋째, 신자유주의는 개인을 자기의 기업가로 만들면서 사람들을 통치하지 않으면서도 통치할 수 있게 된다. 푸코는 통치가 '품행에 대한 인도conduite des conduites'가 되었다고 주장한다Foucault, 2001, 1056. 신자유주의 체제는 사람들에게 스스로 선택할 수 있는 자유를 주면서 사람들의 품행을 특정한 방향으로 인도한다. 사람들은 자기의 기업가로서 자유로운 선택과 판단을 통해 투자하고 소비하기 때문에 그러한 선택과 판단으로부터 발생한 위험에 대한 책임도 스스로 져야 한다. 국가는 질병, 실업, 빈곤 등의 문제를 인구 전체의 차원에서 관리하는 안전장치를 사용할 뿐이지 개인의 질병, 실업, 빈곤에 대해서는 책임지지 않는다. 그것들은 자기의 기업가로서 자유로운 경쟁과 선택을 하는 개인의 책임일 뿐이다. 따라서 개인은 스스로 자기의 품행을 신자유주의 체제가 인도하는 방식으로 조직해야 한다Foucault, 2004b/2012, 333-433.

신자유주의 자본주의 체제에서 사람들은 자발적으로 경쟁하고 경쟁의 결과를 자신의 책임으로 받아들인다. 경쟁에 승리하기 위해서는 상품으로서의 자신의 가치를 높이는 것이 중요해진다. 각종 외국어 시험 점수를 높이고 자격증을 따고 다이어트와 피트니스로 몸매를 가꾸고 성형으로 얼굴을 매력적으로 만드는 것은 자신의 상품 가치를 높이는 일이기 때문에 사회적으로 칭송받는 긍정적 행위이다. 그렇지 못한 사람들은 자기계발을 하지 못하는 무능력한 사람이라는 손가락질을 받는다. 예를 들어, 비만의 원인과는 무관하게 비만인에게 쏟아지는 비난의 주요 내용은 자기관리에 실패한 인간이라는 것이다. 이런 상황에서 낭만적 사랑도 이제 자유로운 경쟁 시장에서 거래되는 상품이 되었다.

에바 일루즈Illouz, 2011/2013는 낭만적 사랑을 통한 결혼이 사람들을 시장에서 거래되는 상품처럼 만들었으며 결혼 시장에서 사람들은 특히 섹시함이라는 성적 매력을 기반으로 거래된다고 주장한다. 중매결혼이 많았던 19세기까지만 하더라도 재산이나 사회적 지위와 같은 객관적 기준이 결혼 상대자를 평가하는 중요한 기준의 역할을 했다. 결혼이 가족과 가족의 만남으로 이해되었기 때문에, 공동체의 필요나 규범이 결혼 상대자를 결정하는 과정에 큰 영향을 미쳤다. 하지만 개인이 선택한 사람과의 낭만적 사랑을 통한 결혼이 일반화되면서 결혼 상대자를 선택하는 기준도 공동체의 규범이나 필요보다는 개인의 감정과 욕망에 따르게 되었다. 낭만적 사랑을 하는 과정에서 중요한 것은 도덕이나 재산이 아니라 섹시함이라는 개인의 성적 매력이 되었다.

데이트와 같은 연애 문화의 등장과 낭만적 사랑을 다루는 미디어 콘텐츠의 유행으로 인해 낭만적 사랑의 실천 행위는 특정한 방식으로 발전했다. 낭만적 사랑을 한다는 것은 상대방의 품성, 외모 등과 같은 개인적 속성에 끌려 계급, 신분, 재력 등과 같은 외형적 조건은 무시하는 것으로 이해된다. 영화나 TV 드라마와 같은 미디어 콘텐츠는 이런 내용을 강조하는 방식으로 낭만적 사랑을 다룬다. 영상 미디어 콘텐츠의 특성상, 사랑에 빠진 남성과 여성의 매력적인 외모가 강조될 수밖에 없다. 첫눈에 반하는 사랑을 그럴듯하게 묘사하고 정당화하기 위해서는 남성과 여성의 매력적인 외모를 보여주는 것이 가장 손쉬운 방법이기 때문이다. 더구나 미디어 콘텐츠에서 낭만적 사랑은 진실한 키스나 열정적 섹스와 같은 육체적 행위를 통해 완성되기 때문에 사랑에 빠지는 남녀의 성적 매력이 낭만적 사랑을 구성하는 핵심적 요소가 된다. 남녀가 낭만적 사랑에 빠지기 위해서는 우선 외모가 매력적인 상태로 변해야 한다. 디즈니 애니메이션 『신데렐라 Cinderella, 1950』에서 나타나듯이, 특히 여성의 외모가 매력적으로 변해야만 낭만적 사랑이 시작될 수 있다.

19세기까지 아름다움은 인간이 가진 다양한 속성 중 하나였으며 섹시함과 같은 성적 의미를 가진 개념이라기보다는 덕성 등과 같이 성격과 더 깊이 연관된 개념으로 이해되었다. 아름다움은 외모만이 아니라 마음이나 성격과도 관련된 것이었다. 아름다운 여성은 매력적인 여성이었지만 그것이 성적인 욕구를 불러일으키는 섹시함을 가진 여성이라는 의미는 아니었다. 하지만 데이트 문화가 일반화되는 상황에서 성적 매력을 가진 남성과 여성을 주인공으로 하는 로맨스 영화와 같은 미디어 콘텐츠가 인기를 끌면서 소비되자 점차 섹시함이 낭만적 사랑을 위해 필요한 요소로 자리 잡기 시작했다. 이런 상황에서 1970년대에 밀어닥친 성 혁명의 물결은 낭만적 사랑에서 성적 쾌락이 차지하는 비중을 크게 높였다. 특히 성 혁명이 여성에게는 여성의 성 해방으로 인식되면서 자신의 성적 매력을 과시하고 성 욕망을 억압하거나 감추지 않는 여성이 주체적인 삶을 사는 당당한 여성으로 인식되었다. 여성이 성적 대상이 아니라 성적 주체로 자리매김 되어야 한다는 생각은 여성 스스로 자신의 성적 매력을 개발하고 드러내는 구체적 실천으로 이어졌다. 여성은 몸의 섹시함을 가꾸고 과시함으로써 자신의 성적 주체성을 드러내고자 했다. 그런데 여성이 성적 주체성을 찾아가는 작업이 후기 자본주의 사회의 소비문화와 만나면서 외모를 가꾸는 다양한 상품을 소비하는 작업으로 환원되는 문제가 발생했다. 여성의 주체적 역량이 미용산업과 의료산업의 상품들을 소비할 수 있는 능력으로 변질된 것이다. 이렇게 등장한 소비 주체로서의 여성을 포스트페미니스트postfeminist 여성이라고 한다.

데이트가 낭만적 사랑의 대표적인 실천 방식으로 자리를 잡으면서 남성의 상품성은 데이트 비용을 감당할 수 있는 경제적 능력이 있느냐에 의해 결정되었고 여성의 상품성은 경제적 능력이 있는 남성을 유혹할만한 성적 매력을 갖고 있느냐에 의해 결정되었다. 남성 우월적인 가부장적 사회 체계의 특성상 유리천장, 남녀 평균 임금 격차 등 직업 세계의 젠더 불평등이 해소되지 않은 상황에서 여성이 자신의 인간 자본을 축적해 낭만적 사랑과 결혼 시장에서 다른 여성과 경쟁할 수 있는 가장 빠른 길은 외모에 투자하는 것이다. 경제적 능력이 있는 남성의 사랑을 얻기 위해서는 자신의 성적 매력을 최대화해야 한다. 반면에 남성은 성적 매력을 갖춘 여성의 사랑을 얻기 위해서는 가능한 높은 경제력과 사회적 지위를 획득해야 한다. 이렇게 결혼 시장에서는 남성의 경제력과 사회적 지위가 여성의 섹시한 외모와 교환되는 구조가 성립하게 된다. 이것은 여성에게 기본적으로 불리한 시장이다. 왜냐하면, 경제적 능력과 사회적 지위는 나이에 크게 영향을 받지 않지만, 성적 매력이 있는 외모는 나이에 종속되는 경향이 있기 때문이다. 결혼 시장에서 남성은 나이가 들수록 오히려 선택의 폭이 넓어질 수 있지만, 여성의 경우는 반대이다. 게다가 남성 중심적 사회의 가부장적 규범은 여성에게 결혼 시장에서 키가 더 크고 나이가 더 많고 힘이 더 세고 돈이 더 많고 교육을 더 많이 받고 지위가 더 높은 남성과 결혼할 것을 요구한다. 여성은 나이가 들고 돈이 많고 지위가 높아지고 교육을 많이 받을수록 결혼 시장에서 선택의 폭이 좁아진다.

한국 결혼정보업체에는 남성회원과 여성회원의 급을 나누는 등급표가 존재한다고 알려져 있다. 인터넷에는 결혼정보업체에서 만들었다고 하는 남성회원과 여성회원의 등급표가 떠돌아다닌다. 등급표에 따르면, 남성회원은 출신대학과 직업에 의해 등급이 정해진다. 명문대학을 졸업하고 판사, 검사, 의사, 변호사 등의 직업을 가진 사람이 높은 등급을 받는다. 반면에 여성회원의 경우에는 부모의 직업과 재산, 그리고 본인의 외모가 가장 크게 등급에 영향을 미친다. 고위직에 있거나 재산이 많은 부모를 가진 여성이 최고 등급을 받으며 스타급 연예인이나 미인대회 우승자 출신이 다음 등급을 받는다. 여성 본인의 직업은 가장 나중에 고려된다. 이 등급표의 진위는 확인되지 않지만, 진위는 중요하지 않다. 중요한 것은 등급표의 내용이 사람들에게 그럴듯한 것으로 수용된다는 사실이다. 즉, 결혼 시장에서 남성은 경제력과 사회적 지위에 의해, 여성은 부모의 능력과 본인의 외모에 의해 상품 가치가 결정된다는 사실을 사람들이 당연하게 받아들이는 것이다.

부르디외Bourdieu, 1979/2005는 사회 계급을 결정하는 자본을 경제자본, 문화자본, 사회자본, 상징자본으로 구분했다. 경제자본은 한마디로 돈을 의미하고 문화자본은 교육과 지식을 의미하며 사회자본은 인맥과 같은 사회관계의 복잡도를 의미한다. 상징자본은 앞의 세 자본의 합에 의해 얻어지는 명예, 권위, 신용 등을 의미한다. 돈이 많고 학력이 높고 고위층과의 인맥이 있는 사람들일수록 더 많은 명예와 권위를 갖게 된다. 이런 사람들은 상층계급으로 분류된다. 사람들은 이 자본들을 더 많이 얻기 위해 노력하지만, 이미 결정된 계급 안에서 태어나는 사람들은 대개는 계급 상승을 이루기보다는 같은 계급 안에서 재생산되는 경향이 있다. 이미 정해진 계급 안에서 태어나고 성장하기 때문에 그 계급이 가진 일종의 생활 태도인 아비투스habitus와 취향을 내면화할 수밖에 없고 이미 내면화된 아비투스와 취향을 바꾸는 것은 매우 힘들기 때문이다. 예를 들어, 문화자본이 적은 계급 안에서 태어나면, 대학 이상의 고등 교육에 적합한 지식이나 교양을 내면화할 수 없기 때문에 자연스럽게 고등 교육을 받는 것을 포기한다. 이로써 문화자본이 적은 사람의 자식은 다시 적은 문화자본을 갖게 된다. 계급 재생산이 일어나는 것이다.

캐서린 하킴Catherine Hakim, 2010은 여기에 에로틱 자본erotic capital을 추가한다. 에로틱 자본은 아름다움, 성적 매력, 애교, 활기, 외모 꾸미기,

성적 능력 등으로 구성된다. 다른 자본들과는 달리, 에로틱 자본은 계급과는 무관하게 획득되고 증가할 수 있기 때문에, 계급 상승과 같은 사회적 이동을 유발할 가능성이 크다. 에로틱 자본은 남성에게도 중요한 자본이지만, 경제자본, 문화자본, 사회자본을 확보하기 위한 경쟁에서 남성에 비해 불리한 위치에 있는 여성에게 있어서 에로틱 자본은 신분 상승을 위해 가장 중요한 자본이며 가장 적극적으로 이용되는 자본이다. 화장, 성형, 패션, 장신구 등에 들이는 여성의 시간과 노력은 에로틱 자본을 증가시킴으로써 결혼 시장에서의 자신의 가치를 높이고 다른 여성보다 유리한 위치를 차지하기 위한 것이다.

그런데, 소비가 자아실현의 수단이 되는 후기 자본주의 사회에서 에로틱 자본의 축적은 점점 더 미용산업과 의료산업에서의 소비를 통해 이뤄지고 있다. 외모를 가꾸고 매력적으로 만들기 위해 점점 더 많은 돈이 사용되는 상황이다. 이것은 에로틱 자본을 축적하는 데 있어서 경제자본에 대한 의존도가 점점 증가하고 있음을 의미한다. 경제자본이 적은 하층계급 출신의 여성이 에로틱 자본을 이용해 계급 상승을 하기가 점점 어려워지고 있다. 이것은 많은 여성을 성 산업에 뛰어들게 하는 원인이 되고 있다. 하층계급 여성의 경우, 미디어 산업을 포함한 성 산업에 종사하면서 번 돈을 외모를 가꾸는 데 투자하고 그 외모를 이용해 다시 성 산업에 뛰어드는 악순환이 발생한다. 이것은 여성의 성 상품화 문제를 불러일으킨다. 직업 세계가 남성 중심적으로 구조화된 사회에서는 여성이 계급 상승을 하기 위해 이용할 수 있는 것이 에로틱 자본으로 한정될 수밖에 없다. 여성이 에로틱 자본의 축적을 위해 노력할수록 여성의 성 상품화에 대한 비판이 거세진다. 여성이 성 상품화라는 이유로 외모 꾸미기를 거부할 경우에는 에로틱 자본을 축적하고 이용할 기회가 사라진다. 이것은 여성의 계급 상승을 어렵게 만든다. 여성이 자신의 신분 상승을 위해 에로틱 자본을 최대화하려는 노력을 성 상품화 반대 논리로 억압함으로써 여성의 신분 상승을 억제하는 효과가 발생하는 것이다. 이것은 가부장제 사회 구조에 갇힌 여성을 진퇴양난의 길로 몰아넣는다. 경제자본, 사회자본, 문화자본을 획득하기 위한 싸움에서는 남성보다 구조적으로 불리한 위치에 있고, 상대적으로 유리한 에로틱 자본을 획득하기 위한 싸움에서도 제약을 받는 것이다. 결국, 여성이 에로틱 자본의 축적에 몰두할 수밖에 없도록 만드는 사회 구조가 유지되는 상황에서 여성이 에로틱 자본의 축적에 들이는 시간과 노력을 단순히 성 상품화의 관점에서 비판하는 것이 적절하냐는 문제가 발생한다.

5. 낭만적 사랑의 상품화

사랑의 감정이 즉각적으로 육체적 성행위를 통해 표현되는 열정적 사랑과는 달리 낭만적 사랑은 기본적으로 정신적인 순수한 애착관계를 강조하는 개념이다. 낭만적 사랑은 계급, 인종, 국경 등과 같은 장벽을 극복할 뿐만 아니라 공간적 거리도 극복하는 사랑이다. 남녀가 만날 수 없다 하더라도 유지되는 사랑이 낭만적 사랑이다. 낭만적 사랑은 육체적 성관계를 배제하지 않지만, 성행위보다는 상호존중과 신뢰를 기반으로 유지되는 애착 관계를 더 중요시한다. 낭만적 사랑은 결혼을 통해 꾸려진 행복한 가정에 의해 완성된다. 결국, 낭만적 사랑은 사랑-성-결혼을 잇는 회로를 구성한다. 사랑하면 당연히 상대에 대한 성적 욕망을 느끼지만, 성적 욕망의 충족을 통해 사랑이 완성되는 것이 아니라 결혼이라는 제도 안에서 성 욕망을 충족하고 가정을 만드는 것을 통해 사랑이 완성된다. 게다가 낭만적 사랑의 결실인 결혼과 가정은 일시적인 것이 아니라 일생을 가는 것이다. 검은 머리가 파 뿌리가 될 때까지, 죽음이 부부를 갈라놓을 때까지 유지되는 것이 낭만적 사랑이며 나아가 죽음도 갈라놓지 못하는 것이 낭만적 사랑이다. 낭만적 사랑은 모든 역경과 장애를 극복하면서 유지되고 실현되는 사랑이기 때문에 부부 사이의 신뢰와 충실함은 절대적이다. 낭만적 사랑의 주인공들은 결혼해서 아이를 낳고 영원히 행복하게 살기they live happily ever after로 결정되어 있다.

사랑-성-결혼의 회로를 구성하는 낭만적 사랑은 일부일처제를 기반으로 하는 이성애적 가족관계의 핵심 이데올로기로 기능한다. 남성과 여성이 각각 상대방을 대체 불가능한 유일무이한 존재로 상정하는 낭만적 사랑의 관계는 일부일처제를 이상적인 가족관계로 만든다. 전근대적 가부장제 사회는 남성이 성 욕망을 충족시키는 방법들은 폭넓게 용인하면서 여성의 성은 오직 남편과의 관계만으로 한정했다. 결혼 전뿐만 아니라 결혼 후에도 남성은 부인 외에 다른 여성들과 성관계를 맺는 것이 용인되었다. 많은 사회에서는 일부다처제가 허용되기도 했다. 근대의 낭만적 사랑은 유일무이한 배우자와의 성행위만을 정당한 것으로 만들면서 일부일처제의 규범을 확립했다. 이것이 낭만적 사랑이 여성에게 큰 환영을 받았던 이유 중의 하나이다.

근대 자본주의 사회는 낭만적 사랑을 이용해 성을 결혼을 통해서만 실천되는 행위로 제한함으로써 사회적 노동력의 안정된 생산과 재생산 장소로서의 핵가족을 사회의 기본 단위로 확립했다. 이런 성의 통제는 비합리적 감정인 사랑을 자본주의 사회의 합리적인 생산활동을 위한 동력으로 전환하는 효과를 발생시킨다. 또한, 남성은 공적 영역에서 임금노동을 하고 여성은 사적 영역에서 가사노동을 하는 성별 분업이 낭만적 사랑과 결혼을 통해 정당화되고 유지된다. 핵가족은 노동력이 재생산되는 공간이면서 가부장적 권력이 유지되는 공간이 된다. 핵가족이 안정되게 유지되기 위해서는 사랑에 기반하지 않은 성 욕망의 충족은 배척되어야 한다. 이를 위해서 성적 쾌락은 오직 사랑하는 사람과의 성행위를 통해서만 추구될 수 있고 사랑하는 사람과의 결혼을 통해 가장 안정적으로 실천될 수 있다는 생각이 성의 규범으로 자리 잡는다. 원나이트 스탠드One-night stand에서 성매매까지, 사랑이 없이 행해지는 모든 형태의 성관계는 부도덕하고 혐오스러운 행위로 간주된다. 이렇게 낭만적 사랑은 성에 대해 도덕적인 접근을 하도록 만들면서 기본적으로 가부장제의 성 보수주의를 실현한다.

낭만적 사랑은 페미니즘의 관점에서 보면 긍정적인 면과 부정적인 면을 모두 가진 복잡한 개념이다. 앞에서 봤듯이, 낭만적 사랑은 가부장적 질서와 남성 지배를 유지하는 이데올로기로서 작동한다. 낭만적 사랑의 이데올로기를 수용한 여성은 남성에게 종속되는 지위를 인정하면서 가정 내의 현모양처의 위치를 받아들이고 가족의 행복을 위해 자신을 기꺼이 희생하고자 한다. 심지어 남성이 신체적인 폭력을 가하는 상황에 직면해서도 사랑으로 모든 것을 극복할 수 있다고 믿고 사랑의 힘으로 남성을 고칠 수 있다고 생각하면서 인내하는 모습을 보이기까지 한다. 또한, 낭만적 사랑이 만들어낸 데이트 문화와 결혼 시장에서 여성은 외모와 성적 매력을 가꾸면서 자신에게 안정된 가정을 만들어 줄 수 있는 경제적 능력이 있는 남성을 찾고자 한다. 이를 통해 여성은 스스로 남성을 위한 성 상품화 혹은 성 대상화의 작업에 뛰어든다. 따라서 낭만적 사랑은 여성을 억압적이고 모멸적인 젠더 불평등의 상태로 이끈다.

반면에 낭만적 사랑은 개인의 자유로운 선택과 의지를 기반으로 실천된다는 점에서 여성이 남성과의 평등을 주장하고 남성 지배로부터 스스로 해방될 수 있는 기회를 제공하는 긍정적 역할을 하기도 한다. 여성이 낭만적 사랑을 믿는다는 것은 자신의 삶을 만들어가는 주인공이 되고자 하는 의지의 표현일 수 있다. 낭만적 사랑은 또한 남녀 사이의 평등한 관계를 전제하기 때문에 젠더 불평등을 고발하고 평등을 요구하는 기반이 될 수 있다. 낭만적 사랑이 실천되려면 상대방에 대한 존중과 동등한 대우가 필요하기 때문이다. 남성의 욕망이 중요한 만큼 여성의 욕망도 중요하다. 게다가 낭만적 사랑은 이성애를 넘어 동성애를 비롯한 다양한 섹슈얼리티에도 적용될 수 있는 개념이다. 사랑은 모든 장애와 한계를 극복할 수 있다고 여겨지기 때문이다.

결국, 낭만적 사랑도 그것에 어떤 의미와 가치를 부여하느냐에 따라 다르게 실천될 수 있다. 이성애적 일부일처제에서의 성과 결혼을 일치시키기 위해 낭만적 사랑이 이용된다면, 낭만적 사랑은 여성뿐만 아니라 다른 섹슈얼리티의 사람들에게도 억압적이고 공격적인 이데올로기가 된다. 여성의 성 상품화에 대한 비판도 어떤 관점에서 진행된 것이냐에 따라 적절한 것일 수도 있고 부적절한 것일 수도 있다. 성과 사랑의 일치라는 낭만적 사랑의 관점에서 여성의 성 상품화를 비판하는 것은 사실 성적 주체로서의 여성의 활동을 억압하고 금지하려는 시도가 될 수 있다. 성 상품화를 여성이 자신의 몸과 성에 대한 주체적 결정권을 갖느냐는 관점에서 접근하지 않고 단순히 여성의 몸을 상업적으로 노출하고 사용한다는 사실에만 초점을 맞출 때 발생하는 문제이다. 이 지점에서 여성의 성 상품화에 대한 가부장적 도덕주의의 비판과 일부 페미니즘의 비판이 수렴한다. 에로틱 자본을 축적하기 위한 여성의 노력에서 남성을 위해 성을 파는 여성의 종속성을 발견할 수도 있고 남성 지배적 사회질서를 전복하는 여성의 힘을 발견할 수도 있다. 가부장적 사회질서에 대한 고민이나 비판 없이 여성의 에로틱 자본만으로 여성이 힘을 갖는 임파워먼트 empowerment를 실행한다고 믿으면서 성적 소비에 몰두하는 것은 문제지만, 경제자본, 사회자본, 문화자본의 축적이 구조적으로 어려운 상황에 있는 여성이 에로틱 자본을 전략적으로 이용하는 행위 자체를 부정적으로 평가할 이유는 없는 것이다. 여성의 성 대상화와 여성의 성 주체화가 발현되는 형태는 사실상 큰 차이가 없다. 중요한 것은 어떤 맥락에서 어떤 목적을 갖고 그것이 발현되느냐 하는 것이다. 맥락과 목적의 차이를 무시한 채 단순히 드러나는 현상만을 비판하는 것은 무의미하다.

7장

디즈니 애니메이션과 젠더

1. 신데렐라 콤플렉스

자본주의 체계는 낭만적 사랑 이데올로기를 통해 이성애 일부일처제의 핵가족을 사회의 규범적 가족 제도로 확립했다. 핵가족은 노동의 성별 분업을 통해 자본주의적 노동 착취를 안정되게 유지하는 기반이 되었다. 가부장적 질서는 전근대 사회에 비해 약화되긴 했지만 핵가족 안에서의 성별 노동 분업을 통해 여전히 유지되었다. 낭만적 사랑을 통해 구성된 핵가족 안에서 아버지는 임금노동자로서 가족의 생계를 부양하고 어머니는 가사노동자로서 남편과 자식을 돌보는 임무를 부여받는다. 남성에게는 공적 영역에서의 임금노동을, 여성에게는 사적 영역에서의 돌봄 노동을 할당하는 성별 노동 분업은 남성과 여성의 생리적, 심리적 차이를 사회적 차이로 정당화하는 이데올로기를 기반으로 한다. 남성은 육체적으로 강한 힘과 이성적인 사고 능력을 갖고 있는 반면에, 여성은 신체적인 유연함과 감성적인 공감 능력을 갖고 있다는 생각을 바탕으로 남성에게는 공적 영역에서의 경쟁과 협력을 통한 생산적 노동의 역할을 부여하고 여성에게는 사적 영역에서의 공감과 이해를 통한 정서적 돌봄 노동의 역할을 부여하는 것이다.

이처럼 남성의 영역과 여성의 영역을 구분하면서 남성이 공적 영역에서의 노동을 통해 획득한 임금으로 여성과 아이의 생계를 책임지도록 하고 여성은 남성이 일터에서 경쟁하고 생존하기 위해 필요한 휴식과 안정을 제공하도록 함으로써, 자본주의 체계는 남성의 노동력을 최대한 착취하면서 생산성을 높일 수 있고 필요한 경우에는 여성의 노동력을 저렴한 비용으로 사용할 수 있는 일거양득의 효과를 발생시킬 수 있다. 가족의 생계 부양 의무를 갖고 있는 남성의 임금은 개인을 위한 임금이 아니라 가족을 위한 임금으로 이해되지만, 여성의 임금은 개인을 위한 부가적인 임금으로 이해된다. 결국, 남성은 가족의 생계를 위해 최대한 열심히 일을 해야 하고 여성은 임시적이고 일시적인 노동을 위해 싼값에 노동력을 제공해야 한다.

이런 성별 노동 분업 구조는 여성의 역할에 대한 다음과 같은 고정관념을 만들어낸다. 감성적이고 사랑 지향적인 여성은 낭만적 사랑을 추구하면서 경제적 능력이 있는 남성을 만나 결혼하고 행복한 가정을 꾸미고자 한다. 모성본능 덕분에 여성은 가정에서의 요리, 청소, 육아와 같은 돌봄 노동에 적합하다. 사회의 치열한 생존경쟁에서 지치고 상처 입은 남성을 치유하고 재충전할 수 있게 도와주는 여성의 힘은 사회의 마지막 안전판 역할을 한다. 여성은 자신이 선택한 낭만적 사랑을 통해 구성한 가정을 지키고 책임지는 존재로서 남편과 자식이 사회의 노동시장에서 생존할 수 있도록 지지와 격려를 아끼지 않는다. 필요할 때는 공적 영역에서 한시적 노동력을 제공할 수 있고 남성의 노동을 보조하는 역할을 할 수 있지만, 남편과 아이를 위해서는 언제든지 가정으로 돌아가는 헌신적 존재이다.

낭만적 사랑의 구체적 실천 행위인 데이트 문화와 낭만적 사랑을 재현하는 미디어 콘텐츠는 남성과 여성의 역할을 명확히 구분해 줌으로써 이런 성별 노동 분업을 정상적인 규범으로 만드는 기능을 한다. 또한, 이미 사회적으로 구조화된 성별 노동 분업이 데이트 문화와 미디어 콘텐츠를 통해 재생산된다고도 볼 수 있다. 낭만적 사랑과 관련된 데이트 문화와 미디어 콘텐츠는 성별 노동 분업을 반영하는 동시에 조장하는 것이다.

미디어 콘텐츠에 의해 재현되고 데이트 문화를 통해 구현되는 낭만적 사랑의 공식은 다음과 같다. 남성과 여성은 신분이나 상황에 상관없이 처음 보는 순간 사랑에 빠진다. 남성은 데이트 비용을 지불할 수 있는 경제력을 갖추고 이벤트를 기획하고 선물을 준비할 수 있는 로맨틱한 스타일과 감성을 갖고 있다. 게다가 여성보다는 키가 크고 여성을 부축하거나 위기 상황에서 구할 수 있을 만큼 힘이 세다. 여성은 남성보다 작은 키와 날씬한 몸을 갖고 있으며 성적인 매력을 강조하는 옷차림과 화장을 한다. 이들은 평소에는 잘 이용하지 않는 고급 레스토랑에서 좋은 음식을 먹고 경치가 좋은 곳으로 소풍이나 여행을 떠나고 이벤트와 선물을 준비해 기념일을 축하한다. 부드러운 신체적 접촉과 달콤한 키스, 열정적 성행위가 사랑의 감정을 더욱 고조시킨다. 둘 사이에 오해와 갈등이 생기고 싸움도 일어나지만, 사랑의 힘으로 극복하며 결국은 화해하고 행복에 도달한다.

첫눈에 빠지는 사랑, 힘과 부를 가진 남성, 순종적이고 섹시한 여성, 물질적 소비와 교환, 열정적 성행위, 갈등의 극복과 화해, 영원한 행복이라는 공식을 따라 작동하는 낭만적 사랑의 실천은 남성과 여성에게 각각 고정된 속성과 역할을 부여하는 사회적 관습을 강화한다. 낭만적 사랑에서는 상대에게 접근하고 데이트를 기획하고 비용을 지불하고 선물을 하고 사랑을 고백하고 청혼하는 능동적이고 적극적이며 공격적인 역할은 남성이 담당하는 반면에, 여성은 소극적이고 얌전하며 수동적이고 순종적인 역할을 담당하는 구조가 고착화된다. 여성은 사랑하는 과정에서도 혼자 힘으로 자신의 문제를 해결하지 못하고 남성의 도움을 기다리는 존재로 자리매김 된다. '신데렐라 콤플렉스Cinderella complex'는 이런 여성의 의존성을 가리키는 용어로 사용된다. 백마 탄 왕자를 기다리는 연약한 공주의 모습은 신데렐라 콤플렉스를 대표하는 이미지이다.

2. 디즈니의 공주 이야기

낭만적 사랑에 대한 사람들의 생각과 실천에서 나타나는 젠더에 대한 고정관념은 단순히 성인들의 문제가 아니다. 백마 탄 왕자를 기다리는 공주의 이야기는 사실 아이들을 위한 옛날이야기에 뿌리를 두고 있다. 왕자와 공주의 이야기를 다루는 동화나 애니메이션에서 우리는 흔히 젠더 역할의 고정관념이 나타나는 것을 볼 수 있다. 특히, 세계 애니메이션 시장을 지배하고 있는 월트 디즈니 컴퍼니의 애니메이션들은 오래전부터 젠더에 대한 고정관념을 만들어내고 있다는 비판을 받고 있다.

디즈니 애니메이션에서 젠더가 재현되는 방식은 오랫동안 많은 관심을 받아왔다. 디즈니 애니메이션이 주로 어린이를 대상으로 그들의 상상을 자극하는 멋진 주인공들의 모험 이야기를 제공해 왔기 때문에 디즈니 애니메이션에서 재현되는 남성과 여성의 속성과 역할이 아동의 마음속에 젠더에 대한 사회적 고정관념을 심어주는 데 기여한다는 주장이 제기되어 왔다.

사실, 미디어가 젠더에 대한 사회적 고정관념을 재현하고 재생산한다는 주장은 오래된 것이다. 이미 1970년대부터 존 버거Berger, 1972는 서구의 근대 회화에서부터 상업적 광고 영상에 이르기까지 다양한 영상 미디어에서 여성의 몸이 능동적인 행위의 주체가 아니라 남성의 시선과 욕망을 위한 수동적인 대상으로 재현된다고 주장했다. 또한, 앞에서 언급했듯이, 멀비Mulvey, 1975는 전통적 할리우드 영화에서 여성이 남성의 응시 대상으로 성적으로 재현되고 있음을 보여줬고, 드워킨Dworkin, 1981은 남성 중심적인 드라마와 영화들이 남성을 행동하는 영웅으로, 여성을 행동에 대한 보상으로 주어지는 상품으로 재현하면서 가부장적 이데올로기를 재생산한다고 주장했다. 드워킨이 보기에, 이 현상은 특히 포르노 영화에서 절정에 달해서 강한 남성이 약한 여성을 소유하는 방식으로 젠더에 대한 폭력적 재현이 이뤄진다.

어린이를 위한 미디어 텍스트에서 젠더가 재현되는 방식에 대한 연구도 성인을 위한 미디어 텍스트 연구보다는 상대적으로 적었기는 하지만 1970년대부터 꾸준히 진행되었다. 주로 아동이 보는 만화나 텔레비전 애니메이션에 대한 연구들이 이뤄졌다. 예를 들어, 스트라이커Streicher, 1974에 따르면, 만화에서 여성 캐릭터들은 남성 캐릭터들보다 수가 더 적고 대사도 적고 주인공 역할을 하는 경우도 더 적다. 여성 캐릭터들은 첫눈에 사랑에 빠지며 일을 잘 해보려고 하지만 가는 곳마다 문제를 일으키는 역할을 하는 방식으로 재현된다. 텔레비전 애니메이션에 대한 연구들Sternglanz & Serbin, 1974; Levinson, 1975도 남성 캐릭터 수가 여성 캐릭터 수보다 더 많으며 남성 캐릭터는 다양한 직업을 갖고 건설적이고 능동적인 행위를 하는 역할을, 여성 캐릭터는 주로 가정주부, 간호사, 교사, 여자친구 등의 역할을 맡고 수동적인 태도를 보인다는 것을 지적했다. 특히, 현실과 허구를 잘 구분하지 않는 아동의 특성상 텔레비전을 많이 시청할수록 텔레비전 텍스트가 재현하는 전통적인 성 역할에 대한 고정관념을 갖게 될 가능성이 큰 것으로 드러났다McGhee & Frueh 1980.

극장용 장편 애니메이션에서 젠더가 재현되는 문제에 대한 관심이 커진 것은 1990년대부터이다. 특히 1989년 월트 디즈니 컴퍼니가 제작한 『인어공주The Little Mermaid』가 흥행에 큰 성공을 거두고 잇달아 『미녀와 야수Beauty and the Beast, 1991』, 『알라딘Aladdin, 1992』, 『포카혼타스Pocahontas, 1995』, 『뮬란Mulan, 1998』 등 여성 캐릭터가 중심인물로 등장하는 애니메이션들이 인기를 끌면서 디즈니 애니메이션이 아동들에게 미치는 영향이 커지자 애니메이션에서 여성이 재현되는 방식에 대한 많은 분석이 있었다. 아동용 애니메이션 시장에서 지배적 위치를 차지하고 있던 디즈니 애니메이션 중에서 유난히 공주 캐릭터를 주인공으로 내세운 것들이 많다는 점도 사람들의 관심을 끌었다.

디즈니 애니메이션의 공주 이야기는 1937년에 제작된 『백설공주와 일곱 난쟁이Snow White and the Seven Dwarfs』에서부터 시작된다. 아름답고 즐거운 노래를 곁들여 정교하고 우아한 동작을 재현해낸 이 애니메이션은 개봉 당시 엄청난 상업적 성공을 거뒀고 비평에서도 좋은 평가를 받으면서 명작 애니메이션의 반열에 올랐다. 이후 세계 각국에서 수십 년에 걸쳐 개봉과 재개봉을 반복해가며 공개되었고 텔레비전에서 되풀이 방영된 것은 물론이고 1980년대와 90년대에는 홈비디오로 출시되어 계속 인기를 끌었다. 애니메이션의 캐릭터들은 인형, 그림책, 동화책, 의상, 공책 표지 등 수많은 상품을 통해 재생산되어 세계 곳곳에서 판매됨으로써 실제로 애니메이션을 보지 않은 사람들도 그림만 보면 백설공주라는 것을 알아볼 정도이다. 디즈니가 고안해 낸 백설공주와 일곱 난쟁이의 캐릭터 디자인을 떠올리지 않고서는 백설공주에 대해 생각할 수 없을 정도로 『백설공주와 일곱 난쟁이』의 영향력은 엄청났고 디즈니가 세계 장편 애니메이션 시장을 지배하게 된 원동력이 되었다.

『백설공주와 일곱 난쟁이』의 성공 이후 디즈니는 1950년 『신데렐라Cinderella』, 1959년 『잠자는 숲속의 공주Sleeping Beauty』를 제작하면서 고전 동화를 기반으로 한 공주 이야기를 애니메이션의 주요 소재로 사용하기 시작했다. 『잠자는 숲속의 공주』가 생각보다 저조한 흥행 실적을 올리면서 잠시 주춤했던 디즈니의 공주 이야기는 1989년 제작된 『인어공주』를 기점으로 『미녀와 야수』, 『알라딘』, 『포카혼타스』,

『뮬란』을 연달아 제작하면서 다시 전성기를 맞이했다. 2010년대에 들어서 디즈니는 『공주와 개구리The Princess and the Frog, 2009』, 『라푼젤Tangled, 2010』, 『겨울왕국Frozen, 2013』, 『모아나Moana, 2016』, 『겨울왕국2Frozen II, 2019』 등을 잇달아 공개하면서 공주 이야기가 자신들이 잘하는 것이라는 사실을 보여주고 있다.

디즈니의 공주 이야기는 크게 세 개의 시기로 구분된다. 백설공주, 신데렐라, 잠자는 숲속의 공주로 이어지는 1930년에서 50년대까지 제작된 애미니메이션의 공주들이 제1세대 공주라면 인어공주에서 뮬란에 이르는 1990년대 애니메이션의 공주들이 제2세대 공주이다. 2010년대 애니메이션의 공주들은 제3세대 공주라고 할 수 있다. 각 세대의 공주들은 이야기 안에서 맡은 역할이나 성격, 행동 등에서 차이를 보인다. 각 세대의 공주들이 가진 특징들을 살펴보면 디즈니 애니메이션에서 공주의 재현 방식이 어떻게 변해갔는지를 알 수 있고 이를 통해 여성에 대한 생각이 어떻게 변하고 있는지를 확인할 수 있다.

1) 제1세대 공주 이야기

백설공주를 비롯한 제1세대 공주들은 여성에 대한 전통적인 젠더 고정관념에 따라 재현되었다. 백설공주는 남성의 도움 없이 혼자 힘으로는 살 수 없는 연약하고 감정적인 여성으로 가사노동에 적합한 모습으로 재현된다. 또 다른 중요한 여성 캐릭터인 계모 왕비는 백설공주의 아름다움을 질투하며 백설공주를 죽이려다가 일곱 난쟁이에 쫓기게 되고 결국 자신의 꾀에 빠져 죽음을 맞이하는 악독하고 어리석은 인물로 재현된다. 백설공주는 계모 왕비의 미움을 받아 공주임에도 누더기를 입고 걸레질과 같은 집안일을 한다. 걸레질을 하다가 우연히 백마 탄 왕자를 만난 백설공주는 첫눈에 사랑에 빠진다. 사냥꾼의 연민 덕분에 목숨을 건진 백설공주는 달아나라는 사냥꾼의 말을 듣고 숲으로 도망치다 오두막을 발견한다. 오두막에서 백설공주가 처음 한 일은 더러운 집 안을 청소하고 요리를 만드는 것이었다. 백설공주는 청소와 요리를 해주는 조건으로 일곱 난쟁이와 함께 사는 것을 허락받고 일곱 난쟁이에게 식사 예절을 가르치는 등 어머니의 역할을 한다. 일곱 난쟁이는 백설공주에게 자신들이 없을 때 아무도 집에 들이지 말라고 말하지만 백설공주는 노파로 변장한 계모를 불쌍히 여겨 집으로 들인 후 독 사과를 먹고 숨을 거둔다. 화가 난 일곱 난쟁이는 계모를 쫓아가 죽음에 이르게 만든다. 숨을 거둔 채 관에 누워있던 백설공주는 왕자의 키스로 깨어나 왕자와 함께 그의 왕궁으로 떠난다. 그리고 그들은 영원히 행복하게 살았다.

신데렐라도 백설공주와 비슷한 모습으로 재현된다. 계모와 세 언니의 구박을 받으면서 누더기를 입고 요리와 청소를 하는 것이 신데렐라의 일이다. 신데렐라는 자신의 상황을 개선하기 위한 어떤 노력도 스스로 하지 않는다. 신데렐라는 동물들이 만들어 준 옷을 입고 무도회에 가려 하지만 계모와 언니들이 옷을 찢어버리자 절망에 빠져 울음을 터뜨린다. 결국, 요정이 나타나 만들어 준 옷과 마차를 타고 무도회에 간 신데렐라는 왕자와 첫눈에 사랑에 빠진다. 계모는 신데렐라를 다락방에 가두지만 수컷 개와 쥐들의 도움을 받아 다락방에서 나온 신데렐라는 유리구두 덕분에 왕자와 결혼하고 영원히 행복하게 살았다.

잠자는 숲속의 공주 오로라는 마녀로부터 16세 생일에 물레 바늘에 손가락을 찔려 죽는다는 저주를 받는다. 숲속의 오두막에서 몰래 숨어 살던 오로라는 16세 생일날에 집 청소를 하다가 산딸기를 따러

숲에 들어간다. 왕자를 만나는 상상을 하며 춤을 추던 오로라는 실제로 백마를 타고 온 왕자를 만나 첫눈에 사랑에 빠진다. 하지만 그날 저녁 저주대로 바늘에 찔려 죽음의 위협을 받는다. 오로라는 요정들의 도움으로 죽는 대신에 잠을 자게 된다. 잠에 빠진 오로라를 깨울 수 있는 유일한 방법은 사랑하는 왕자의 진실한 첫 키스이다. 결국, 왕자가 마녀를 싸워 물리치고 오로라에게 키스를 하면서 모든 저주가 풀리고 둘은 결혼해 영원히 행복하게 살았다.

제1세대 공주들은 자신의 의지와 관계없이 힘들고 어려운 상황에 빠지고 생명을 위협하는 위험에 직면하지만, 거기에서 스스로 빠져나올 능력을 갖고 있지 않다. 주변인들, 특히 왕자의 도움만이 공주를 구할 수 있다. 첫눈에 반하는 왕자와의 순수한 사랑, 진실한 첫 키스만이 공주의 유일한 희망이다. 제1세대 공주의 외모는 아름답고 날씬하며 성격은 온순하고 순종적이며 감정적이다. 돌봄과 가사노동에 적합한 성격과 태도를 갖고 있다. 이처럼 제1세대 디즈니 애니메이션은 여성을 남성의존적인 존재로 재현하면서 전통적인 젠더 재현의 고정관념을 충실히 재생산한다.

2) 제2세대 공주 이야기

제2세대 공주는 제1세대 공주와는 달리 좀 더 진취적인 모습을 보여준다. 수동적으로 자신을 구원해 줄 왕자만을 기다리던 제1세대 공주들과는 달리 제2세대 공주들은 아버지의 권위에 저항하고 자신의 운명을 스스로 개척하고자 하는 의지를 보인다는 점에서 좀 더 능동적인 여성으로 재현된다. 제2세대 공주들은 남성 파트너의 도움을 기다리는 것이 아니라 그와 함께 협력해서 자신의 행복을 이루려는 모습을 보인다.

인어공주 아리엘은 호기심이 많고 반항적이며 모험을 즐기는 모습을 보여준다. 인어 왕인 아버지의 지시를 어기고 혼자 찾아간 난파선에서 상어의 공격을 받지만, 누구의 도움도 받지 않고 자신의 힘으로 위기를 탈출한다. 아버지의 금지 명령에도 육지 세계에 대한 호기심을 억제하지 않고 계속 자신의 욕구를 충족시키기 위해 노력한다. 아리엘은 아버지 몰래 찾아간 배에서 왕자를 발견하고 첫눈에 사랑에 빠진다. 폭풍우에 배가 난파하자 아리엘은 왕자의 목숨을 구해준다. 아버지의 반대에도 왕자에 대한 사랑을 단념할 수 없는 아리엘은 마녀를 찾아간다. 마녀는 아리엘에게 목소리를 없애는 조건으로 다리를 만들어 준다. 삼일 안에 왕자의 진실한 사랑의 키스를 받지 못하면 아리엘은 다시 인어로 변한다. 인간이 된 아리엘은 왕자와 즐거운 시간을 보낸다. 마녀는 왕자와 아리엘의 사랑을 방해하기 위해 아름다운 여성으로 변신해 왕자를 유혹하고 결혼하기로 한다. 결혼식에서 다양한 동물들이 예식을 방해하고 마녀의 주술이 깨지자 왕자는 아리엘의 본모습을 알아본다. 하지만 시간이 늦어 아리엘은 마녀의 포로가 되고 인어 왕은 자신의 힘을 포기하면서 아리엘을 구한다. 왕자는 인어 왕의 힘을 갖게 된 마녀와 싸워 마녀를 해치우고 인어 왕을 구한다. 인어 왕은 아리엘에게 다리를 만들어 주고 인간이 된 아리엘과 왕자는 인어 왕의 축복 속에서 결혼한다. 제1세대 공주들에 비해 아리엘은 진취적이고 도전적인 모습을 보이지만 여전히 첫눈에 사랑에 빠진 왕자와 결혼하는 것이 그의 최종 목표이고, 결국, 아버지와 왕자의 도움 덕분에 최종 목표에 도달한다는 점에서 자신의 삶을 온전히 책임지지 못하는 여성의 모습으로 재현된다.

『미녀와 야수』의 주인공 벨은 독서를 좋아하는 지적인 여성이며, 마을의 인기 있는 미남 영웅이지만 무례하고 가부장적인 개스톤의 청혼을 거부하는 독립적인 여성이다. 한편, 마녀의 저주를 받아 야수로 변한 왕자는 마녀가 준 장미꽃이 모두 지기 전에 다른 사람과 진정한 사랑을 해야만 다시 인간이 될 수 있다. 벨은 야수에게 잡힌 아버지 대신에 야수의 성에서 포로로 지내기로 한다. 벨이 성에서 탈출을 시도하다 늑대에게 쫓기는 상황에서 야수가 나타나 벨을 구해준다. 이를 계기로 둘은 점차 마음을 열고 친구가 된다. 아버지가 아프다는 사실을 알게 된 벨이 상심하자 야수는 다시 인간이 될 수 있는 기회를 포기하고 벨을 아버지에게로 돌려보낸다. 벨이 개스톤의 강제적 청혼을 거부하며 야수를 사랑한다고 하자 개스톤은 벨을 가두고 마을 사람들을 선동해 야수의 성으로 쳐들어간다. 개스톤과의 싸움으로 야수는 상처를 입고 쓰러진다. 야수를 찾아온 벨이 죽어가는 그에게 사랑한다고 말하자 저주가 풀리고 야수는 다시 인간이 된다. 둘은 진정한 사랑의 키스를 하고 모두 행복하게 산다. 벨이 외모가 아니라 내면의 아름다움을 보고 남성을 평가하는 지적인 여성이며 어려움에 빠진 왕자를 구해주는 적극적인 여성으로 재현된다는 점에서 『미녀와 야수』는 제1세대 애니메이션에서 나타나는 백마 탄 잘생긴 왕자와 어려움에 빠진 연약한 공주라는 고정관념에서 벗어나는 남녀관계를 보여준다. 인어 왕이 딸을 위해 자신을 희생한 것과는 반대로 벨은 아버지를 위해 자신을 희생하며 가족을 보호하고 책임지는 모습을 보여준다. 벨이 개스톤을 거부하고 야수를 선택한다는 점에서 제2세대 애니메이션의 공주는 아무 왕자가 아닌 올바른 왕자를 선택하는 방식으로 진화했다고 볼 수 있다Stover, 2013.

뮬란은 거친 활동을 좋아하는 성격으로 좋은 신부감이 못 된다는 평을 받는 강인한 여성이다. 전쟁으로 아버지가 징집될 상황이 되자 뮬란은 남장을 하고 군대에 들어간다. 뮬란은 훈련소에서 우여곡절 끝에 동료의 인정을 받는 군인으로 성장한다. 뮬란은 전투에서 용맹하게 싸우며 지휘관인 샹을 구해주지만 상처를 치료하는 과정에서 여자라는 사실이 발각된다. 뮬란은 국법에 의해 사형을 당할 운명이었지만 샹은 뮬란을 살려주고 떠난다. 적의 음모를 알아낸 뮬란은 황제의 궁궐로 들어가 샹과 함께 황제를 구출하고 황제의 인정을 받는다. 살아 돌아온 뮬란을 보고 아버지는 기뻐하고 자신을 보기 위해 찾아온 샹에게 뮬란은 저녁을 먹고 가라고 초대한다. 뮬란은 엄격한 가부장적 질서가 지배하던 고대 중국에서 남성의 도움을 받지 않고 자신의 힘으로 영웅이 된다. 또한, 왕자와 결혼해 행복하게 사는 것을 목표로 하지도 않는다. 기존의 디즈니 애니메이션의 고정관념에서 벗어난 것이다. 포카혼타스의 경우에도 존 스미스와 사랑에 빠지고 그의 생명을 구하지만, 영국에 함께 가자는 스미스의 제안을 거부하고 자신의 땅에 남는 모습을 보여준다. 물론, 뮬란과 폰카혼타스도 후속편에서는 사랑하는 사람과 결혼을 하고 행복하게 사는 모습으로 재현되면서 큰 틀에서는 디즈니 애니메이션이 재생산하는 낭만적 사랑의 이야기를 들려준다.

제2세대 공주들은 자신이 처한 상황을 억압적이라고 느끼며 자신이 있는 곳에서 벗어나 자유로운 삶을 누리고자 하는 욕구를 가진 여성으로 재현된다. 또한, 아버지의 권위에 저항하고 명령에 불복종하거나 아버지의 허점이나 실수를 만회하고 아버지의 생각이나 태도를 변화시키는 역할을 한다. 아리엘, 『알라딘』의 자스민, 폰카혼타스는 전통을 지키고 자기 자리에 안주하려는 아버지에 맞서 새로운 세상을 경험하고자 하고 결국 아버지의 생각을 변화시킨다. 벨과 뮬란은 아버지가 직면한 문제로부터 아버지를 구하기 위해 노력한다. 결국, 가부장적 아버지에 대해서는 저항하면서 그의 생각을 바꾸고 허약한 아버지에 대해서는 그의 약점을 보완하면서 그를 보호하는 역할을 하는 것이다. 제2세대 공주들은 독립심과 모험심을 갖고 새로운 세계를 경험하는 것을 무서워하지 않으며 자신의 운명을 스스로 개척하려 한다. 하지만 그들도 결국 멋진 왕자를 만나 사랑에 빠지고 결혼을 하는 것을 자신의 모험에 대한 보답으로 받아들인다.

결국, 제2세대 공주들은 아버지의 권위에 저항하고 자신의 운명을 스스로 개척하고자 하는 의지를 보인다는 점에서 좀 더 능동적인 여성으로 재현되었지만, 모든 문제의 최종적인 해결을 남성과의 사랑에서 찾는다는 점에서 여전히 가부장적 질서가 요구하는 순종적 여성의 역할에서 완전히 벗어나지는 못한다. 1990년대의 제2세대 디즈니 애니메이션에서 나타나는 젠더 재현은 과거에 비해 여성의 독립성과 능력을 부각하는 방향으로 변하긴 했지만, 전체적으로 볼 때는 젠더 역할에 대한 사회적 고정관념이 그대로 유지되는 모습이 나타나는 것이다. 비록 남성과 여성 캐릭터 사이의 성격과 역할 차이가 줄기는 했지만, 여전히 남성은 독립적이고 이성적이며 적극적이고 공격적인 모습으로 재현되고, 여성은 남성에게 의존적이고 감정적인 모습으로 재현되는 경향이 나타난다. 가부장적인 가족애가 강조되며 낭만적 사랑의 도식이 유지되는 것도 젠더 고정관념이 유지되고 있음을 보여준다.

3) 제3세대 공주 이야기

2010년대에 들어서서 디즈니 애니메이션은 이전 세대의 이야기와는 다른 제3세대 공주 이야기를 보여준다. 『공주와 개구리』, 『라푼젤』에 이어 『겨울왕국』, 『모아나』, 『겨울왕국2』가 공개되었다. 제3세대 공주들은 제2세대 공주들보다 좀 더 공격적이고 독립적인 모습으로 재현된다. 경우에 따라서는 남성에 의존하는 모습을 보이지 않으며 심지어 낭만적 사랑을 비웃기까지 하는 모습도 나타난다.

『공주와 개구리』에는 디즈니 애니메이션 최초로 흑인 여성티아나이 주인공으로 등장한다. 1920년대 미국 뉴올리언스에 사는 티아나는 레스토랑을 열고자 했던 돌아가신 아버지의 꿈을 이어받아 레스토랑을 열기 위해 여러 가게에서 종업원으로 일하면서 돈을 번다. 뉴올리언스에 온 말도니아의 왕자 나빈은 부두교의 마술에 걸려 개구리가 된다. 개구리 왕자는 티아나를 공주라고 착각하고 티아나에게 사례를 할테니 사람으로 변하게 키스를 해달라고 한다. 티아나는 레스토랑을 열 돈을 구할 생각으로 억지로 개구리에게 키스를 하지만 오히려 티아나도 개구리로 변하고 만다. 개구리로 변한 나빈과 티아나는 티격태격하며 다시 인간으로 돌아가기 위해 좌충우돌하다가 서로 사랑에 빠진다. 티아나와 나빈은 부두 마술사를 싸워 물리치는 등 우여곡절을 겪었으나 다시 인간이 되지는 못한다. 그들이 서로의 사랑을 확인하며 개구리로서 결혼식을 올리고 키스를 하자 주술이 풀려 다시 원래 모습으로 돌아온다. 티아나는 그동안 모든 돈으로 레스토랑을 열고 나빈과 행복하게 산다. 티아나는 남성과의 사랑보다는 자신의 일과 인생을 더 중요시하는 모습을 보이면서 젠더의 사회적 고정관념을 파괴한다. 하지만 티아나는 대부분의 시간을 개구리의 모습으로 재현되고, 아버지를 기쁘게 하려고 레스토랑의 주인이 될 꿈을 꾸며, 왕자와의 결혼 덕분에 다시 인간으로 돌아와 공주가 된다는 점에서 젠더의 고정관념을 깨는 데 일정한 한계를 갖고 있다는 평가를 받을 수 있다.

라푼젤은 젊음을 유지하는 힘을 갖고 태어났기 때문에 마녀에게 납치당한 후 18년을 탑에 갇혀 산다. 바깥세상을 보고 싶어한 라푼젤은 18세 생일 전날 잘생기고 능글맞은 도둑인 유진을 만나 탑을 떠나 모험에 나선다. 라푼젤은 좌충우돌 모험을 하다 유진과 사랑에 빠지지만, 마녀에게 속아 유진과 헤어지고 탑으로 돌아온다. 탑에서 자신이 잃어버린 공주라는 것을 알아차린 라푼젤은 마녀와 싸우는데, 라푼젤을 구하기 위해 유진이 탑으로 온다. 마녀의 칼에 찔린 유진이 죽어가자 라푼젤은 마녀의 노예가 되는 조건으로 유진을 구하려 한다. 하지만 유진이 치료를 거부하고 라푼젤의 머리카락을 잘라버리자 라푼젤은 젊음을 유지하는 능력을 잃고 마녀는 죽는다. 라푼젤의 눈물 덕분에 유진은 되살아나고 궁으로 돌아가 둘은 결혼해 행복하게 산다. 라푼젤은 똑똑하고 능동적이며 긍정적이고 독립적일 뿐만 아니라 요리, 청소, 그림, 독서, 체스, 싸움 등 못하는 것이 없는 다재다능한 여성으로 묘사된다. 그는 임기응변과 결단력을 갖고서 위험 상황에서 자신의 힘으로 타개책을 찾는다. 하지만 라푼젤도 결국 남성의 도움으로 자신의 삶을 찾고 사랑하는 남성과의 결혼으로 행복해진다는 점에서 낭만적 사랑의 틀을 벗어나지는 못한다.

반면에, 『모아나』는 공주의 사랑 이야기를 담고 있지 않다는 점에서 다른 공주 이야기들과 차이를 보인다. 폴리네시아의 한 섬에서 추장의 딸로 태어난 모아나는 항해를 거부하는 아버지와는 달리 먼 바다로 나가고 싶은 모험심을 갖고 있다. 코코넛이 병들고 고기가 잡히지 않는 등 섬에 위기가 닥치자 모아나는 문제를 해결하기 위해 아버지의 반대를 무릅쓰고 작은 배를 타고 바다로 나간다. 모아나는 반신반인의 영웅 마우이를 만나 항해술을 배우고 그를 위기에서 구해주면서 친구가 된다. 모아나는 괴물로 변한 여신 테 피티를 설득해 다시 원래 모습으로 돌려놓고 세상을 평화롭게 만든다. 섬으로 돌아온 모아나는 부족을 이끌고 대항해에 나선다. 모아나는 능동적이고 강하고 독립적인 성격을 갖고 있으며 자신의 힘으로 문제를 해결하기 위해 노력하는 영웅으로 재현된다는 점에서 기존의 젠더 고정관념에서 벗어난 모습을 보인다. 특히, 남성과의 사랑을 갈구하지도 않고 남성과 사랑에 빠지지도 않으며 남성과의 사랑이 문제 해결의 열쇠가 되지도 않는다는 점에서 낭만적 사랑의 도식에서 벗어나 진정으로 독립적이고 진취적인 삶을 사는 여성의 모습을 보여준다.

『겨울왕국』과 『겨울왕국2』는 디즈니 애니메이션 역사상 가장 큰 성공을 기록한 작품이자 가장 뛰어난 작품이라는 평가를 받았다. 기존의 공주 애니메이션들과는 달리 자매가 주인공으로 등장한다는 특징을 갖고 있다. 『겨울왕국』과 『겨울왕국2』는 모두 흥행에서 큰 성공을 거뒀지만 이야기의 내용은 다르다. 『겨울왕국』은 마법의 힘을 통제하지 못하는 엘사와 진정한 사랑을 찾는 안나 사이의 갈등과 화해를 다룬다. 어린 시절 안나와 놀던 엘사가 실수로 마법의 힘으로 안나의 머리를 맞춘다. 의식을 잃은 안나를 치료해 준 트롤은 엘사가 마법을 쓴다는 사실을 안나가 기억하지 못하도록 한다. 그리고 엘사에게 두려움이 그의 가장 큰 적이 될 것이라고 경고한다. 이 사건 때문에 엘사의 부모가 왕궁의 문을 폐쇄하고 마법을 쓰는 것을 금지하면서 엘사는 안나와의 만남을 피한 채 홀로 생활하게 된다. 어린 시절 엘사와 놀던 행복한 기억을 가진 안나는 냉랭해진 왕궁의 분위기와 단절된 엘사와의 관계 때문에 외로움을 느끼고 사랑을 갈구하게 된다. 안나는 엘사의 대관식에서 처음 만나 첫눈에 사랑에 빠진 이웃나라 왕자 한스와 결혼하겠다고 한다. 이런 안나와 말다툼을 하던 엘사는 마법을 억제하지 못하고 사용한 후 아렌델을 떠난다. 아렌델을 떠난 엘사는 산에서 그토록 갈구하던 자유를 얻는다. 엘사는 모습을 바꾸고 자신의 성을 건설한 뒤 자유를 얻은 것에 만족한다. 안나는 엘사가 떠난 사건을 계기로 자신의 결핍을 확인하고 결핍을 메우기 위해 길을 떠난다. 안나는 우연히 만난 크리스토프의 도움을 받아 엘사에게 찾아가고 엘사를 설득해서 다시 아렌델로 데려오려 하지만, 엘사의 마법에 맞아 목숨이 위태로워진다. 우여곡절 끝에 한스의 사랑이 거짓이란 것이 폭로되면서 안나는 크리스토프와의 사랑을 깨닫지만 엘사를 구하기 위해 자신의 생명을 희생하고 애초에 억압되었던 사랑을 해방시킨다. 안나의 마지막 자기희생 행위는 엘사로 하여금 자신의 자유를 포기하고 다시 아렌델로 돌아와 모범적 여왕이 되도록 만든다. 결국, 안나는 모든 사랑의 정체를 밝힘으로써 아렌델을 평온한 상태로 되돌리는데 성공하며 그 보상으로 자신의 생명을 되찾고 엘사와 크리스토프의 사랑을 누리게 된다.

엘사는 모범적인 여왕이란 구속에서 벗어나 자신의 능력을 마음껏 발휘할 수 있는 자유를 꿈꿨고 그것을 이룬 것처럼 보였다. 그러나 안나에게 있어서 엘사의 자유는 문제로 인식되었고 결국 엘사를 제자리로 되돌림으로써 문제를 해결한다. 마지막에 엘사가 마법의 궁극적 제어력을 획득하게 된 것은 엘사 자신의 행위에 의한 것이 아니라 안나의 행위에 의해 주어진 것이다. 안나는 자기희생이란 "진정한 사랑의 행위"를 통해 엘사를 착한 마녀로 만듦으로써 엘사가 거부했던 모범적 여왕의 자리에 다시 그를 앉힌다. 안나가 능동적으로 체제를 거부했던 엘사를 체제에 적합한 수동적 인물로 교정한 것이다. 더구나 여왕으로서 엘사는 여성에 대한 기존의 남성지배적 담론에 그대로 포섭된다. 왜냐하면, 엘사는 이성에 대한 사랑을 추구하지 않는 자로 재현되기 때문이다. 남성지배적 담론에서 왕이 되는 남성은 권력뿐만 아니라 사랑을 획득하는 것이 당연하지만 여성은 권력을 얻거나 사랑을 추구하거나 둘 중 하나만을 선택해야 한다. 여성이 사랑과 권력을 동시에 향유하는 것은 인정되지 않으며 권력을 갖고 있으면서도 사랑을 추구하는 여성은 악녀이거나 요부이다. 결국, 엘사는 자유를 포기하는 대신 안전한 권력을, 안나는 엘사를 귀환시킨 보상으로 사랑을 얻는다. 따라서 『겨울왕국』에서는 여전히 낭만적 사랑이 이야기를 이끌어 가는 핵심 요소로 기능하며 남성의 세계에서 벗어나 자유로운 주체성을 획득한 여성이라도 그 상태를 유지할 수는 없으며 결국은 다시 남성의 세계에 편입될 수밖에 없음을 보여주고 있다.

『겨울왕국2』는 엘사와 안나의 대립이 아니라 문명사회인 아렌델과 자연의 정령인 아토할란의 대립과 화해를 이야기한다. 아버지가 어린 엘사와 안나에게 마법의 숲에서 일어난 비극적 사건에 대해 알려주면서 마법의 숲에는 아무도 갈 수 없고 그곳에서 오는 위험에 대비해야 한다고 말한다. 이 최초의 금지는 성인이 된 엘사가 이상한 소리를 듣고 불안해하다가 마침내 이상한 소리의 정체를 찾아 떠나기로 결심하면서 깨진다. 아렌델에 이상한 일이 발생하고 아렌델을 구하려면 마법의 숲의 진실을 밝혀야 한다는 트롤의 제안을 엘사가 받아들이면서 본격적인 모험이 시작된다. 결국, 엘사가 진실을 발견하고 마법의 숲과 아렌델을 구한 후에 자연의 정령이 되고 아렌델의 통치를 안나에게 맡기면서 모두가 행복해진다.

『겨울왕국』의 젠더 재현에 비해 『겨울왕국2』의 젠더 재현은 진일보했다. 『겨울왕국2』에서는 서사 전체를 관통하는 중심 주제가 사랑이 아니라 진실이기 때문에, 이성애적 낭만적 사랑이 부차적인 소주제가 되었고 엘사를 진실을 추구하는 능동적 모험가로 재현함으로써 엘사의 정체성을 섹슈얼리티 영역에 제한하던 『겨울왕국』의 한계에서 벗어났다. 『겨울왕국』의 서사는 이성애적 사랑을 추구하는 안나의 행동을 중심으로 구성되기 때문에 이성애적 사랑을 명시적으로 추구하지 않는 엘사의 행동이 상대적으로 주목을 끌면서 엘사의 섹슈얼리티 문제가 부각된다. 엘사는 남성에 대해 방어적인 태도를 취하면서도 변신 장면에서 화려한 여성적 매력을 뽐내는 방식으로 재현되기 때문에 이성애와 동성애를 모두 암시하는 엘사의 섹슈얼리티는 『겨울왕국』에서 엘사를 매력적으로 만드는 기능을 한다. 하지만 『겨울왕국2』에서 엘사는 진실을 추구하는 중성적 존재로 재현되면서 더는 사랑과 권력 중에서, 또는 이성애와 동성애 중에서 택일해야 하는 여성으로 한정되지 않는다. 엘사는 진실을 찾고자 하는 자신의 의지에 따라 모든 가능성을 향해 열린 사람이 된다.

『겨울왕국』의 영웅에서 『겨울왕국2』에서는 조력자로 서사적 지위가 변한 안나는 진실을 추구하는 엘사의 보조자sidekick가 된다. 이에 따라 안나가 추구하는 목표도 엘사의 목표에 수렴하게 되고 더는 사랑이 안나의 목표가 아니게 된다. 안나와 엘사는 진실이라는 공동의 목표를 위해 협력하고 연대해야 하는 관계가 된다. 결국, 『겨울왕국』에서 가부장적 가족애를 둘러싸고 적대적으로 대립해야 했던 여성들이 『겨울왕국2』에서는 진실이라는 공동의 목표를 위해 협력하고 연대하는 여성들이 된다.

『겨울왕국』에서는 사랑의 문제가 거세하는 여성과 돌보는 여성 사이의 대립 속에서 돌보는 여성의 승리를 통해 해결됨으로써 여성을 가정의 돌봄 노동에 적합한 존재로 인식하는 젠더 고정관념이 재생산된다. 『겨울왕국2』에서는 진실의 문제가 자연과 문명의 대립 속에서 자연의 승리를 통해 해결된다. 엘사는 자연과 문명의 대립 속에서 문명에 의해 거짓으로 포장되고 왜곡되어 있던 자연의 실체를 밝히고 문명에 의해 파괴되고 억압되어 있던 자연을 해방함으로써 스스로 자연의 정령으로 거듭난다. 이 과정에서 엘사의 할아버지가 자연을 적대시하고 공격하는 문명을 상징한다면, 엘사는 파괴된 모든 것을 회복할 뿐만 아니라 포용하는 자연의 힘을 상징한다. 자연을 강력한 힘을 갖고 있지만 포용하는 여성으로, 문명을 강력한 힘을 갖고 파괴하는 남성으로 재현하면서 가부장적 문명에 의해 야기된 문제를 자연과 동화되는 여성의 힘으로 해결하고자 하는 『겨울왕국2』의 이야기는 생태 페미니즘Ecofeminism의 생각과 연결될 수 있다. 『겨울왕국2』는 원주민의 문화를 억압하고 파괴하는 식민주의의 문제, 자연을 착취함으로써 생태계를 파괴하는 과학기술의 문제를 비판하는 내용을 담고 있다고 해석될 수 있으며 그 문제들을 자연과 동일시되는 여성의 힘으로 해결하고자 한다는 점에서 생태 페미니즘을 떠올리게 만든다. 물론, 생태 페미니즘과 관련해서는 그것이 자연과 문명의 관계를 여성과 남성의 관계로 단순 환원함으로써 여성을 가정이나 공동체의 삶에 적합한 속성을 가진 단일한 범주로 이해하는 젠더 본질주의에 빠져 오히려 가부장적 착취를 용인한다는 비판도 존재하지만, 지구적 자본주의 가부장제에 맞서 싸울 수 있는 실질적 힘을 제공한다는 주장도 있다박혜영, 2019.

여성의 능동성을 긍정적으로 묘사하기는 하지만 이성애적 낭만적 사랑을 기반으로 기존의 젠더 고정관념을 재생산하고 있는 『겨울왕국』과는 달리 『겨울왕국2』는 이성애적 낭만적 사랑을 서사의 부수적인 요소로 최소화하고 엘사를 진실을 찾는 영웅 모험가로 재현하면서 여성에게 기존에 남성성으로 분류되던 특질들을 부여함으로써 젠더 고정관념을 깨뜨리는 이야기를 제시한다. 하지만 동시에 자연과 문명의 대립을 여성성과 남성성의 대립으로 형상화함으로써 여전히 젠더 차이에 대한 고정관념을 재생산하고 있는 것처럼 보인다. 젠더 고정관념을 파괴하는 동시에 젠더 고정관념을 재생산하는 이 모순적으로 보이는 현상은 사실 젠더 차이와 젠더 불평등 사이의 복잡한 관계 때문에 발생한다. 현실에서는 젠더 차이를 본질이나 본성에서 비롯된 것으로 보고 남성 중심적 사회 안에서 젠더 불평등을 만들어내는 것이 문제이다. 이 문제를 해결하기 위해 그동안 페미니즘 이론들에서 제시한 방법은 크게 보면 대략 두 가지로 요약될 수 있다. 하나는 본성에 의해 발생하는 젠더 차이를 인정하는 대신에 여성의 관점에서 여성성의 우월을 강조함으로써 젠더 불평등 관계를 전복하는 것이고 다른 하나는 젠더 자체가 사회적 구성의 결과임을 주장하면서 개인적, 사회적 실천을 통해 젠더 차이를 없애거나 다른 방식으로 이용함으로써 젠더 불평등을 소멸시키는 것이다. 이 두 방법은 젠더 차이에 대한 기본 전제가 다르다는 점에서 논리적인 차원에서는 명확히 구분되고 대립적이지만 실천적인 차원에서는 함께 사용될 수 있다. 『겨울왕국2』의 서사에서 젠더가 재현되는 방식은 두 방법이 병행 가능함을 보여준다. 엘사는 진실을 찾는 모험이라는 구체적 행위를 통해 여성적인 신체로 남성성을 구현함으로써 기존의 젠더 범주로 환원되지 않는 모습을 보여줄 뿐만 아니라 전체 서사구조에서는 아버지-문명을 압도하는 어머니-자연의 강력한 힘을 상징한다. 이것은 구체적인 행위와 역할의 차원에서는 젠더 차이를 부정하면서 수행 행위를 통해 젠더가 구성된다는 것을 보여주고 상징적 차원에서는 남성성과 여성성의 차이를 인정하면서 여성적 가치를 지향하는 운동이 가능하다는 것을 보여준다.

『겨울왕국2』에서는 서사의 주제가 사랑에서 진실로 바뀜에 따라 낭만적 이성애를 중심으로 구성되는 디즈니 애니메이션의 전통적인 젠더 재현에서 벗어났고 엘사가 여성이란 젠더 안에 한정되거나 고립되지 않고 남성적 가치를 가진 행위를 수행하면서 젠더 고정관념을 파괴하는 모습이 나타난다. 게다가 『겨울왕국2』는 자연과 문명의 대립을 회복, 포용, 조화라는 여성적 가치를 통해 극복함으로써 여성적 가치가 사회를 구원하는 힘이 될 수 있다는 것을 보여준다.

『겨울왕국2』가 『겨울왕국』에 비해 젠더 재현에 있어서 진일보한 모습을 보이는 것이 사회에서 실제로 젠더에 대한 고정관념이 완화되거나 사라지고 있음을 반영하는지는 이 결과만으로 확답을 내릴 수 없다. 하지만 이미 『모아나』에서 이성애적 낭만적 사랑에 전혀 관심을 보이지 않고 자기 부족에게 닥친 문제를 해결하기 위해 모험을 떠나는 공주의 이야기가 제시된 바가 있고, 픽사에서 만든 『메리다와 마법의 숲Brave, 2012』의 공주도 이성애적 낭만적 사랑에는 관심이 없으며 남성과 무관하게 자신의 힘으로 문제를 해결하는 모습을 보인다. 이처럼 낭만적 사랑을 보여주면서 젠더 고정관념을 담아내는 대표적 작품인 공주 이야기에서조차 더는 낭만적 사랑에 울고 웃는 공주가 나타나지 않는 변화가 관찰된다는 것은 젠더에 대한 사회적 고정관념이 변하고 있음을 보여주는 일이라 해석될 수 있을 것이다.

3. 낭만적 사랑과 아름다움의 구매

디즈니 애니메이션의 젠더 재현에 관한 분석을 토대로 평가하자면, 80년이 넘는 기간 동안 제작된 많은 디즈니 애니메이션에 등장한 공주 캐릭터들은 의존적이고 수동적이며 순종적인 여성에서 점차 독립적이고 능동적인 여성으로 발전해 갔으며 최근에는 굳이 남성의 사랑을 필요로 하지 않는 독자적인 영웅의 모습을 갖춰가고 있는 것처럼 보인다. 특히 낭만적 사랑과 진실한 사랑의 키스를 이야기의 핵심 요소로 담고 있던 제1세대와 제2세대 애니메이션과는 달리 제3세대 애니메이션에서는 낭만적 사랑과 진실한 사랑의 키스가 부차적인 요소로 강등되거나 아예 언급되지 않는 현상이 나타난다. 예를 들어, 『겨울왕국』에서는 안나가 첫눈에 반하는 낭만적 사랑을 갈구하고 처음 만난 한스와 바로 사랑에 빠져 결혼을 하겠다고 한다. 이에 대해 엘사는 "방금 만난 남자와 결혼할 수는 없다"고 말하며 거부 의사를 확실히 밝힌다. 『겨울왕국』은 진실한 사랑을 찾아 떠난 안나의 모험을 통해 진실한 사랑은 첫눈에 반함으로써 생기는 것이 아니라 시간을 두고 천천히 서로의 진심을 알게 된 후에 도달하는 것이라는 것을 보여준다. 게다가 안나를 다시 살려낸 것도 사랑하는 남성의 키스가 아니라 사랑하는 언니의 눈물이다. 『겨울왕국2』에서도 청혼에 집착하는 크리스토프의 이야기를 통해, 낭만적이고 이성애적인 사랑을 강조하는 디즈니 애니메니션의 오랜 낙관주의Garlen & Sandlin, 2017가 아직 사라지지 않았다는 것이 나타나지만 크리스토프의 청혼 이야기는 부수적인 것으로 머물며 청혼의 성사도 이야기의 궁극적인 도달점이 아닌 파생물로 다뤄진다.

이처럼 제3세대 공주 애니메이션은 과거와는 달리 여성이 낭만적 사랑에 대한 집착에서 벗어나 당면한 문제를 스스로 해결하는 능력과 행동을 보여줌으로써 여성의 임파워먼트empowerment와 행위성agency을 재현한다. 하지만 제3세대 공주 애니메이션이 여성의 임파워먼트와 행위성을 충분히 재현하지 못하고 있다는 지적도 있다. 예를 들어, 엘사와 안나의 자매애를 그림으로써 기존의 디즈니 공주의 남성 의존성과 이성애적 낭만적 사랑의 도식에서 벗어났다는 평가를 듣는 『겨울왕국』의 경우에도 여성의 성 대상화와 젠더 고정관념의 재생산이 없어지지 않았다는 비판이 있다.

우선, 엘사와 안나는 현실에서는 찾아보기 어려운 소위 '바비인형' 같은 외모로 재현된다는 비판이 있다. 엘사와 안나의 여성스러운 성적 매력을 강조하는 것은 다른 디즈니 공주 애니메이션에서도 나타나는 성차별적 재현이다Gazda, 2015. 디즈니 애니메이션에서는 공주가 새로운 힘을 얻거나 새로운 단계로 접어드는 것을 묘사하기 위해 공주의 외모가 변하는 장면을 만드는 경향이 있다. 대표적인 경우가 신데렐라이다. 신데렐라는 요정의 도움을 얻어 멋진 옷으로 갈아입으면서 아름다운 공주가 되고 왕자의 사랑을 얻는다. 이런 외모의 변신은 여성의 성적 매력을 강조함으로써 여성을 남성의 시선에 몸을 맡기는 대상으로 만드는 장치이다. 아름다운 드레스를 입고 왕자와 춤을 추는 공주의 모습은 디즈니 공주 애니메이션의 대표적인 클리셰cliché이다. 『겨울왕국』에서는 엘사가 독립, 자유, 자신감을 획득하는 것을 보여주기 위해 머리와 드레스 등이 화려하고 아름답게 변한다. 엘사의 이런 '꽃단장'은 아름다움과 성적 매력을 확보하는 것이 여성의 독립과 자유에 이르는 길이라고 보는 포스트페미니즘 담론을 드러내는 장면으로 해석될 수 있다Macaluso, 2016. 이것은 1970년대 성 해방의 물결을 지나면서 여성의 임파워먼트를 성적 주체화에서 찾고 여성이 더는 억압되거나 불평등한 처우를 받지 않고 완전히 자율적인 존재가 되었다고 믿는 포스트페미니즘의 신화를 디즈니 애니메이션이 수용한 결과이다. 제3세대 디즈니 애니메이션에서 남성에게 의존하지 않는 자율적이고 독립적인 주체로 재현되는 여성은 사실은 자신의 쾌락을 위해 아름다움을 구매하는 여성이다. 여성의 힘과 독립은 여성의 성적 매력을 통해 나타난다. 이 포스트페미니스트 여성이 갖는 권력은 "남의 시선을 끄는 권력의 환상illusion of the power of being looked at"이다Stover, 2013, 7.

두 번째, 일반적으로 디즈니 애니메이션에서 남성을 필요로 하지 않는 여성의 강한 힘은 두렵고 위험한 것으로 부정적으로 묘사된다. 백설공주의 계모 마녀로부터 인어공주의 바다마녀를 거쳐 엘사에 이르기까지 남성의 지배를 위협하는 강한 힘을 가진 여성은 부정적으로 재현된다. 이런 마녀는 결국 벌을 받아 힘을 잃거나 죽임을 당함으로써 남성 지배의 안전과 영속성이 보장된다. 엘사의 경우에, 남성 지배를 위협하고 파괴하는 엘사의 거세적 힘은 남성 없이 울라프와 같은 생명체를 탄생시키는 처녀생식을 보여주면서 상징적으로 재현된다. 하지만 엘사가 안나의 자기희생 과정에서 전형적인 여성적 눈물을 보이면서 구원받음에 따라 위험한 힘은 아렌델 사람들을 보살피는 안전한 힘으로 교정된다. 남성의 힘을 거세하는 여성이 남성을 보살피는 여성으로 교화되는 것이다Dundes et al., 2018. 이처럼 엘사의 원래 힘이 가진 잠재력이 컸지만 결국 그 힘은 모두가 진정한 사랑을 통해 가족공동체로 돌아가는 디즈니 애니메이션의 전형적 해피엔딩을 위해 필요한 장애물로만 사용된다. 이로 인해 엘사는 『겨울왕국』 전체 서사에서 부수적인 자리를 차지하는데 특히 포스터와 예고편에서 이런 현상은 더욱 두드러진다Wilde, 2014.

『겨울왕국2』에서도 엘사가 진실을 발견하고 새로운 힘을 얻게 되었을 때 외모의 변신이 나타난다. 하지만 『겨울왕국2』에서는 자연의 관점에서 바라본 자연의 복원과 화해가 엘사의 아름다운 몸과 행위를 통해 재현되기 때문에 그것이 더는 여성의 성적 매력을 강조하는 것으로 이해되지 않는다. 그것은 오히려 아름다움을 통한 여성과 자연의 일치를 재현하는 것으로 이해될 수 있다. 또한, 엘사가 바지를 입고 있는 모습으로 재현되고 있으며 자연의 정령이란 지위를 얻게 된다는 점에서 이성애나 동성애와 같은 섹슈얼리티의 관점에서 엘사를 해석하는 것을 어렵게 한다.

그런데 『겨울왕국2』가 여성을 외모나 사랑이 아닌 진실을 찾는 능동적이고 독립적인 주체로 재현하고 있다고 하더라도, 현실에서는 어린 소녀들이 디즈니가 판매하는 공주 캐릭터 상품들을 열광적으로 소비하면서 외모와 사랑을 중시하는 여성으로 성장할 수 있다Coyne et al., 2016. 실제로, 모든 공주 캐릭터가 아름다운 상품으로 포장되어 함께 판매되는 디즈니 세계 안에서 백마 탄 왕자의 첫 키스를 기다리는 순종적인 백설공주와 남자의 사랑을 기다리지 않는 독립적 엘사 사이의 경계선은 무너지고 둘 사이의 차이는 인지되지 않을 수 있다. 이 경우에 앞에서 언급한 '남의 시선을 끄는 권력의 환상'이 소녀의 정신에 내면화될 수도 있을 것이다. 이런 문제에 대한 비판적 인식을 유지한다면, 어떤 미디어 텍스트의 서사가 담고 있는 젠더 이데올로기가 그대로 수용자에게 영향을 미친다고 단순히 확언하는 것은 피할 수 있을 것이다.

8장

한국영화의 젠더 재현

1. 성 역할의 근대성

여성과 남성 사이의 생물학적 차이나 섹슈얼리티와 관련된 심리학적, 행동학적 차이와는 별개로 사회문화적으로 여성과 남성에게 부여되는 역할이 있다. 특히 직업이나 사회적 활동과 관련해 사회마다 고정된 젠더 역할이 존재한다. 오늘날 젠더 역할은 사회적 노동과 깊이 연관되어 있다. 자본주의의 발달에 따라 근대적 산업 구조가 출현하면서 사회적 노동이 이뤄지는 공적 영역과 가사노동이 이뤄지는 사적 영역의 구분이 확립되었다. 이 과정에서 남성에게는 공적 영역에서 사회적 노동에 종사하는 역할이 부여되고 여성에게는 사적 영역에서 가사노동에 종사하는 역할이 부여되었다. 이것은 근대 사회의 가부장적 자본주의 체계가 노동 생산성을 최대화하기 위해 핵가족을 중심으로 사회 구조를 재편성하는 과정에서 발생했다. 생산 영역과 재생산 영역을 엄격히 구분함으로써 남성에게는 노동을 통해 받은 임금으로 가족의 생계를 부양할 책임을 지우고 여성에게는 남성의 노동력과 미래의 노동자를 재생산할 책임을 부여한 것이다. 이에 따라 같은 요리라고 하더라도 임금노동으로서의 요리는 남성의 직업이 되고, 가사노동으로서의 요리는 여성의 일이 되었다.

성별 노동 분업의 결과로, 가족을 부양할 책임을 지게 된 남성들은 취업을 하고 직업을 갖고서 사회적 노동에 종사하는 것이 당연시되었고 여성보다 우선 취업될 수 있는 기회를 보장받았다. 남성이 받게 되는 임금도 남성 개인을 위한 임금이 아니라 가족의 생계를 위해 필요한 임금, 즉 가족 임금family wage으로 처리되었다. 호봉제와 같이 근무 연한이 증가할수록 상승하는 임금 체계가 만들어진 것은 결혼, 출산, 양육을 통해 노동자인 남성이 부양해야 할 가족 수와 비용이 나이가 들수록 증가하기 때문이다. 남성에게 가족을 부양할 수 있는 수준의 임금을 지속적으로 지급함으로써 가부장적 사회질서와 노동시장을 안정시키고자 한 것이다. 반면에 여성은 결혼 후에는 남성의 부양대상으로 간주되기 때문에 직업을 갖고 있더라도 결혼과 동시에 일을 그만두는 것이 당연시되었으며 결혼 후에 사회적 노동을 한다고 하더라도 가족을 부양할 소득이 아닌 부가적 소득을 올리는 것으로 인식되어 남성보다 더 적은 임금을 받았다. 이로 인해 남녀 임금 격차가 발생했다. 이런 사회 구조는 여성이 경제적으로 남성에게 의존할 수밖에 없는 상황을 만들어내고 성별 노동 분업을 유지, 강화하는 효과를 발생시켰다.

한국의 경우, 전근대적인 사회에서 근대 산업 사회로 급속히 변화하는 과정에서 기존의 전통적인 가부장제와 자본주의 산업 체계가 결합하면서 성별 노동 분업이 특히 강조되고 강화된 사회로 발전했다. 게다가 1960년대부터 권력을 장악한 군부독재 정권이 정권의 정당성을 확보하기 위한 수단으로 근대화와 산업화를 강력하게 추진하면서 가부장제와 군사적 위계질서 문화 그리고 노동착취적 자본주의 체계를 바탕으로 사회가 운영되었다. 남성은 '산업역군'으로 호명되면서 경제라는 전쟁터에서 국가를 위해 싸우고 희생하는 노동자가 되었고 여성은 결혼 전에는 저임금 노동자로 착취당하고 결혼 후에는 남성을 내조하고 미래의 산업역군을 양육하는 현모양처가 되어야 했다. 전통적 대가족의 가부장에서 근대적 핵가족의 가장이 된 남성은 위계질서를 강조하는 사회에서 산업역군으로서 국가와 회사를 위해 희생한다면 근무연한에 따라 증가하는 호봉제 임금으로 가족을 먹여 살릴 수 있었다. 남성은 권위적이고 엄격하며 강한 공격적인 사내다움을 보여줘야 했으며 가족의 생계를 책임지는 아버지가 되어야 했다. 여성은 의존적이고 순종적인 계집다움을 보여줘야 했고 무엇보다도 남편과 아이를 위해 희생하는 어머니여야 했다.

1990년대 이후 한국 사회는 정치적 민주화를 거치면서 신자유주의 자본주의를 받아들였다. 1997년 IMF 시기를 거치면서 확산된 신자유주의는 성별 노동 분업에도 변화를 가져왔다. 우선, 개인의 능력을 중요시하는 실력주의meritocracy가 노동시장을 지배하면서 호봉제가 점차 사라지고 있다. 가족 임금을 보장했던 호봉제가 사라지고 평생 직장이 무너지면서 가족의 생계를 책임지던 가장의 권위도 무너졌다. 남성은 더는 홀로 가족의 생계를 책임질 수 없게 되었다. 여성은 이제 저임금 노동자로만 한정되지도 않고 결혼 후에 직업을 포기할 이유도 없어졌다. 가족의 생계를 책임질 수 없게 된 남성은 여성도 가족을 위한 임금노동을 할 것을 요구하기 시작했다. 이에 따라 성별 노동 분업에 근거해 남성과 여성에게 요구되던 젠더 역할에도 변화가 발생하고 있다. 이런 변화는 미디어 콘텐츠에서 젠더를 재현하는 방식에도 영향을 미친다. 특히 현실의 이야기를 픽션의 형식으로 반영하는 드라마와 같은 장르에서 젠더가 재현되는 방식은 시대의 변화를 그대로 따라가는 경향을 보인다.

여기에서는 지난 70여 년 동안 한국영화에 나타난 젠더 재현의 역사를 살펴보면서 시대 변화에 따라 각 시대가 요구하는 남성상과 여성상이 영화에서 어떤 방식으로 재현되고 있는지를 알아보도록 하자. 1950년대부터 2010년대까지의 한국영화를 10년 단위로 구분해서 각 시대의 특징적인 영화 장르를 식별해내고 해당 장르의 영화에서 남성과 여성의 사회적 역할과 욕망이 재현되는 방식이 당시의 사회문화적 상황의 특수성과 어떻게 연결되는지를 알아볼 것이다. 특히 낭만적 사랑과 결혼을 통해 구성되는 핵가족과 성별 노동 분업이 영화 속에서 시대에 따라 어떤 방식으로 다르게 재현되는지를 살펴볼 것이다. 10년 단위로 시대를 구분한 것은 그것이 단순히 시대를 구분하는 관례적인 방식이어서가 아니라 한국 전쟁, 5.16쿠데타, 유신체제, 제5공화국, 6월 항쟁, IMF, 글로벌 금융위기 등 한국 현대사의 시대적 경계를 나눌 수 있는 중요한 사건들이 사실상 거의 10년 단위로 일어났기 때문이다. 각 시대를 특징짓는 영화는 흥행에서 좋은 성적을 올린 작품들과 사회적으로 화제가 됐던 작품들 중에서 이전 시대와는 다른 형식과 내용을 보여주는 것을 중심으로 선정했다.

2. 1950년대: 낭만적 사랑과 자유에 대한 환상

1950년대의 한국 사회에서는 한국 전쟁의 여파로 전통적인 대가족 체계에 균열이 온 상태에서 생존의 희열과 재건의 희망이 미국 문화의 홍수 안에서 자유와 해방의 욕망이란 형태로 분출하고 있었다. 이런 시대 상황을 반영한 대표적 미디어 콘텐츠는 당시의 영화이다. 전쟁 후, 대중이 즐길 수 있는 몇 안 되는 오락 미디어였던 영화에 대한 수요가 증가하면서 영화 제작 편수는 1955년 15편에서 1956년 30편, 1957년 37편, 1958년 74편, 1959년 111편으로 급증했다김종원&정중헌, 2005, 254. 대부분은 반공을 주제로 한 여러 장르의 오락 영화이거나 『춘향전이규환, 1955』, 『사도세자안종화, 1956』, 『마의태자전창근, 1956』 등과 같은 사극이었다. 당시 영화는 전쟁 직후였음에도 상이군인, 전쟁고아, 피난민 등 전쟁의 트라우마를 그린 작품을 찾아보기 어렵다는 특징을 갖고 있었다. 이것은 대중적인 상업 영화를 지향하던 영화산업의 특성상 전쟁의 아픈 기억과 암울한 현 상황을 묘사하는 것보다는 전쟁이 초래한 고통을 잠시나마 잊게 해주는 작품을 선호하는 대중의 요구를 반영했기 때문이라고 할 수 있다.

당시 영화 중 젠더 재현과 관련한 생각을 엿볼 수 있는 세 편의 영화를 분석해 보도록 하자. 『자유부인한형모, 1956』, 『자유결혼이병일, 1958』, 『여사장한형모, 1959』은 1945년 해방 이후 들어 온 미국의 자본주의 문화가 전쟁을 거치면서 '자유'라는 이름으로 이상화되던 당시의 상황을 보여주는 영화 중의 하나이다. 『자유부인』이 성적인 해방과 경제적 독립을 갈구하는 가정주부의 욕망이 가부장제에 의해 처벌받고 억압되는 이야기를 그리고 있다면, 『자유결혼』은 전근대적 결혼 제도에 저항하며 낭만적 사랑과 결혼을 추구하는 젊은 여성들의 이야기를 전한다. 『여사장』은 젠더 역할이 역전된 사회에 대한 조롱을 통해 가부장적 질서의 회복을 이야기한다.

『자유부인』은 대학교수 부인 오선영이 양장점의 지배인으로 일하면서 옆집 대학생 춘호의 유혹을 받기도 하고 댄스홀에 가서 춤을 배우기도 하고 양장점의 사장과 호텔에 갔다가 그의 부인에게 들켜 혼이 나기도 하는 등의 사건을 겪고 다시 집으로 돌아와 남편의 용서를 구한다는 내용이다. 선영의 친구 최윤주는 돈이 많은 명사의 부인이지만 사업으로 돈을 벌려다 사기꾼을 만나 불륜을 저지르고 돈을 모두 잃은 뒤 댄스홀에서 자살을 한다. 정비석의 소설 『자유부인』을 극화한 이 영화는 소설이 큰 인기를 끌었듯이 흥행에 성공했다. 이 영화는 전쟁 직후 상류층 남성과 여성의 성 욕망을 소재로 해서 성적으로 개방적인 미국 문화의 영향 속에서 공적 영역으로 진출하면서 경제적 독립을 노리는 여성과 전통적인 가부장제 이데올로기 사이의 충돌과 갈등을 그려낸다강성률, 2012.

1950년대에는 미국에서 온 모든 것을 좋고 귀한 것으로 받아들이는 분위기가 팽배했다. 영어 단어의 과도한 사용, 미국 문화에 대한 예찬 등이 당시 영화에서 흔하게 발견된다. 특히 성과 관련해 성적 자유를 미국의 선진 문화로 합리화하려는 경향이 나타난다. 선영과 춘호의 대화는 자유연애를 미국에서 온 이상적인 성 문화로 수용하는 당시의 인식을 잘 보여준다.

"춘호는 명옥이하고 사랑하는 사인가?

그저 프렌드죠.

그럼 사랑하지 않는단 말인가?

사랑하는 사람은 단 하나일 뿐입니다. 프렌드야 얼마든지 있을 수 있죠. … 그야 프렌드로서의 작별인사죠. 뭐 키스 좀 했다고 해서 뭐가 다 애인이겠습니까?"

'땐스'라고 하는 서양식 춤은 성 욕망의 발현이자 자유연애의 은유로 사용되면서 성행위를 암시하는 장치로 영화 곳곳에서 사용된다. 전통적 가부장제가 지배하는 가정에서 벗어나고자 하는 선영의 욕망은 춘호와의 대화에서 춤이란 단어를 통해 드러난다. 전통적 가부장제의 늙은이가 춤을 배우면서 서양식 낭만적 사랑을 하는 젊고 아름다운 여성으로 호명되는 것이다.

"나 같은 늙은이도 춤을 배울 수 있을까?

왜 늙은이 늙은이 하십니까? 아주머니는 젊고 아름답고 양장이라고 하시면 아주 스타일이 베리 굿일겝니다."

선영의 친구 윤주는 고위직 명사의 부인이지만 전통적 가부장제 아래에서 권위와 성적 자유를 누리는 남편에 저항하며 자유를 꿈꾼다. 그는 자유로운 삶의 기반이 경제적 독립이란 것을 자각하고 있다. 윤주는 선영에게 이렇게 말한다.

"요는 돈이야. 돈만 있고 보면 세상만사 안 되는 일이 없거든. 특히 우리 여성들은 말이야 남편의 압제를 받지 않으려면 경제적으로 자립하는 능력을 가져야 하는거야. 알았어? 남편이란게 다 뭐냐 말이야!

어머나, 넌 인제 못할 말이 없구나.

그럼 너같이 춤도 출 줄 모르는 깜깜소식이 되란 말이냐? 아이구 참. 너나 나나 이젠 시들어 가는 장미야. 이제 남은 건 어떻게 해서 짧은 인생을 엔조이하느냐가 문제지. 엔조이할려면 악착같이 돈을 벌어야 하거든."

하지만 자신의 욕망을 충실히 따르면서 성적 자유를 꿈꾸는 여성의 행위성은 가부장제를 지키는 남성뿐만 아니라 자유연애의 잠재적 파트너인 남성에게까지 부정적으로 인식된다. 선영이 남편과 하는 대화는 전통적 가부장제 아래에서 직업을 갖고 외부 활동을 하는 여성에 대해 수많은 미디어 콘텐츠에서 반복되는 사회적 클리셰를 보여준다.

"어머나, 벌써 들어오셨구려? 저녁 진지 잡수셨수?

먹었어.

아휴, 속상해 죽겠네. 오늘 또 매상고 계산이 틀려져서 그걸 바로잡느라고.

그렇게 속상한 일을 누가 하랬소? 고아처럼 내버려 둔 경수를 좀 생각해야지.

고아 같다뇨?

고아라고 어디 따로 있소? 보살펴 줄 애미 없는 애가 고아지.

참, 어처구니없는 말씀 다 하시네. 왜 그 애가 애미가 없단 말이에요? 괜히 요즘 신경질만 부리셔. 누가 흥에 겨워 쏘다니는 줄 아세요?"

또한, 선영의 애인인 한태석 사장과의 대화는 가부장제 아래에서 자유연애를 하는 여성이 어떤 식으로 인식되는지를 잘 보여준다. 여성은 가정의 어머니이거나 매춘부라는 두 가지 선택지 중의 하나로만 인식된다.

"누구를 위해서든 아름답게 꾸며야 하는 현대 여성일수록 점점 매춘부적 소질이 농후해 간다고 볼 수 있겠죠.

어머나, 그건 폭언이세요. 화장이란 여성의 생활과 마음을 아름답게 하는 절대 조건이죠. 그건 선생님의 너무 비문화적인 관찰인 탓이에요.

하하하. 이젠 신사의 자격까지 박탈당하게 되었군. 이를테면 야만인이란 말이죠?"

『자유부인』이 전통적 가부장제에서 탈주를 시도하는 여성의 모습을 보여준다면, 『자유결혼』과 『여사장』은 일종의 스크루볼screwball 코미디 형식으로 자유연애와 결혼의 문제를 가벼운 방식으로 다루고 있다. 스크루볼 코미디는 1930년대 미국에서 유행했던 장르로 계급이나 신분의 차이가 있는 남녀 사이의 낭만적 사랑을 재치 있는 대사와 상황으로 보여주는 것이다. 일반적으로 스크루볼 코미디에서는 독립적이고 진취적인 여성이 시대적 규범에서 벗어나는 진보적인 행동과 말을 하면서 남성과 충돌하는 것을 유쾌하게 묘사한다. 이런 형식의 영화는 결국 여성의 탈규범적 행동이 남성과의 사랑을 통해 교정되면서 사랑이 완성되는 행복한 결말을 보여준다.

전지니2014에 따르면, 1950년대 한국에는 두 종류의 여성이 존재했다. 하나는 해방 후 미국문물을 추종하면서 미국식 외모와 행동을 보이는 여성이다. 물질적 소비를 중요시하고 성을 엔조이하려는 이들은 '양갈보', '양부인', '양공주' 등의 부정적 단어로 호명되기도 하고 해방 후에는 '헬로걸', 전쟁 후에는 '아프레걸'로 명명되기도 한다. 다른 하나는 교양과 지식을 갖춘 여대생, 여사원의 모습을 가진 신여성이다. 『자유결혼』과 『여사장』은 아프레걸의 육체적 해방을 지향하는 신여성의 성적 방종을 통제하려는 가부장적 담론을 보여준다.

『자유결혼』은 의대 교수의 세 딸이 자유연애를 통해 결혼에 성공하는 과정을 그리고 있다. 『자유결혼』에서 큰딸 숙희는 자유연애로 결혼했지만, 신혼 첫날밤에 남편이 과거 연애 사실을 털어놓자 자신도 연애 경험담을 이야기했다가 소박을 맞고 울며 지낸다. 둘째딸 문희는 가정교사와 사랑에 빠지지만, 부모가 결혼에 반대하자 가출을 하기도 하고 음독자살을 기도한다. 모든 남자를 우습게 보는 여대생이자 막내딸 명희는 남녀 평등한 결혼생활을 주장하는 미국 유학생 출신 남성의 청혼을 거절하고 자신을 무시하는 아버지의 조수에게 마음을 뺏긴다. 명희가 어머니에게 하는 말은 이 영화의 주제를 보여줌과 동시에 민주주의나 자유에 대한 당시 사회의 강박적 추종을 잘 보여준다.

"자식이 성인이 된 이상 연애와 결혼 같은 건 민주주의 원칙에 의해서 자식의 자유의사를 존중해야 해요. … 난 미리 어머니에게 경고해 두지만 앞으로 저의 결혼 문제에 대해서는 절대로 간섭해서는 안되어요. 전 제 의사 대로 할 테니까요."

자식 문제에 대해 상의하는 온화한 아버지와 교양을 갖춘 어머니, 가정교사와 식모를 두고 피아노, 전화, 전축 등 다양한 문화적 장비를 갖춘 대저택, 집에서 그림을 그리거나 피아노를 치고 자가용을 타고 골프를 치러 가는 부유한 삶은 당시 한국 사회에서는 사실 비현실적이라고 할 수 있을 정도로 근대적 핵가족의 이상적 모습을 보여준다. 이 상류층 집안의 딸들은 신분이나 계급의 차이가 있는 남성들과 사랑에 빠지고 사랑을 위해서 목숨까지 버리려 하는 낭만적 사랑을 한다. 이 과정에서 낭만적 사랑을 거부하는 전통적 가부장제와 낭만적 사랑을 통해 완성되는 근대적 가부장제 사이의 갈등이 발생한다. 학교 다닐 때 다른 남성에게 사랑의 감정을 느꼈다는 이유만으로 소박을 당한 숙희를 통해 전통적 가부장제가 아직 힘을 유지하고 있음이 나타나지만, 사랑을 위해 자살을 감행하는 문희를 통해 낭만적 사랑의 거부할 수 없는 도래가 드러난다. 이 둘의 갈등은 결국 명희가 남녀평등을 내세우는 남성을 거부하고 가부장적 남성을 자신의 의지로 선택함으로써 봉합된다. 이 영화는 숙희의 남편이 재결합을 위해 집을 찾아오고 시골에서 올라온 할아버지와 아버지 그리고 막내아들, 삼대가 서로 손을 잡고 병원에 있는 문희를 보러 가는 장면을 보여주면서 끝을 맺는다. 전통적 가부장제와 근대적 가부장제가 낭만적 사랑에 대해 타협하는 모습을 상징적으로 보여주는 것이다.

『여사장』은 남성을 무시할 뿐만 아니라 자신의 성적 매력을 활용해 남성을 이용하는 요안나가 가부장적이고 거칠고 무뚝뚝한 사원인 용호를 만나 사랑에 빠져 결혼한 뒤 모든 것을 내려놓고 평범한 가정주부가 된다는 이야기이다. 요안나가 운영하는 『신여성』 잡지사는 '여존남비'를 사훈으로 내세우고 있으며 모든 간부 사원이 여성으로 구성되어 있다. 한 마디로 전통적인 젠더 역할이 역전된 상황에 있는 것이다. 회사의 남성들은 무능하거나 소극적이고 무식하다. 숙부와 어머니가 사업을 하지 말고 시집이나 가라고 하지만 요안나는 거부

한다. 요안나는 처음에는 용호를 구박하지만, 좋아하게 된 이후로는 술을 마시거나 춤을 추러 가자고 강요하고 심지어 호텔 방으로 부르는 등 적극적으로 유혹하면서 시종일관 관계를 주도한다. 요안나의 여동생과 미장원 여주인도 용호를 마음에 두고 적극적으로 접근한다. 반면에 용호는 남녀관계에 있어서는 여성의 리드에 끌려가는 소극적이며 고지식한 모습을 보여준다. 『여사장』은 가부장적 체계 안에서 억압받으며 살아가는 여성들이 꿈꾸는 일종의 판타지를 재현하는 것처럼 보인다. 결국, 요안나가 용호에게 굴복해 모든 권력을 넘기고 가정주부가 되면서 판타지는 현실로 바뀐다. 회사의 사훈은 '남존여비'가 되고 기가 죽어 있던 남성이 간부가 되어 호통을 치고 간부였던 여성들은 평사원으로 돌아간다. 젠더 역할의 역전과 재역전이 코미디의 소재가 될 수 있는 것은 현실에서 그만큼 젠더 역할이 고착되어 있기 때문이다.

『여사장』이 보여주는 한 가지 흥미로운 내용은 회사 안에서 자유연애를 한 커플이 결국 보상을 받는다는 것이다. 사진기자인 미스터 양과 기자인 미스 장은 몰래 연애를 하다가 미스 장이 임신을 하게 된다. 이 일로 미스 장은 사직서를 제출하는데 요안나는 미스터 양도 책임을 지고 사직을 하라고 한다. 성별 노동 분업을 전제로 하는 낭만적 사랑에 대한 징벌이 이뤄진 것이다. 반면에 회사의 사장이 된 용호는 미스터 양과 미스 장을 복직시키고 미스 장을 영업국장의 자리에 앉힌다. 영업국장 부부는 아들의 백일 사진을 사장에게 보여주고 덕담을 듣는다. 당시의 상황에 비춰 본다면 비현실적으로 보이는 이런 보상은 낭만적 사랑과 결혼에 대한 근대 가부장적 자본주의 체계의 지지를 보여줌과 동시에 여성 관객들이 현실에 연착륙할 수 있게 도와주는 장치의 역할을 한다.

3. 1960년대: 근대적 가부장과 현모양처

1950년대의 정치적, 사회적 혼란기는 사람들에게 억압적 사회질서에서 벗어나 새로운 세상을 꿈꿀 수 있는 자유를 부여했다. 당시 한국보다는 훨씬 더 자유롭고 평등하며 민주적으로 보였던 미국 사회와 문화에 대한 동경은 미국의 언어, 미국의 생활방식, 미국의 문물을 소비하는 방식으로 표출되었다. 1950년대를 특징지었던 자유와 해방에 대한 갈망은 1961년 5.16쿠데타가 발생하고 군사독재가 시작되면서 다시 억압되었다. 군사독재정권은 정권의 정당성을 확보하기 위해 근대화와 경제발전을 당면 과제로 설정했고 모든 국가 체계를 과제 달성을 위해 재정비했다. 국토 재건 사업과 공업을 중심으로 산업 구조가 재편되면서 산업역군으로 일할 강한 남성과 가정에서 남성을 지원하고 공장에서 남성의 빈 자리를 채우는 산업예비군으로서의 여성이 필요해졌다. 국가가 주도하는 강력한 근대화 프로젝트는 절대 권력을 가진 독재자를 아버지로 상정하는 국가주의 가부장적 사회질서를 확립하면서 추진되었다. 남성을 국가와 가족을 발전시키는 주체로 호명하고 여성을 남편과 아이를 위해 헌신하는 주변화된 노동자로 호명하면서 한국 사회는 일종의 '가족 국가'가 되었다. 1950년대의 아프레걸과 자유부인은 이제 성적 자유를 반납하고 국가와 가족을 위해 헌신하는 현모양처가 되어야 했다심혜경, 2018.

1960년대에는 서민 가정의 가장이 현실의 어려움을 이겨내고 가정의 행복을 달성하는 내용의 영화가 많이 제작되었다. 『박서방』강대진, 1960』, 『로맨스 빠빠신상옥, 1960』, 『마부강대진, 1961』, 『삼등과장이봉래, 1961』, 『월급쟁이이봉래, 1962』, 『골목 안 풍경박종호, 1962』 등의 영화에서 배우 김승호가 연기한 아버지들은 어려운 환경에서 자식들의 말썽에

속을 썩이면서도 가족을 지키는 버팀목 역할을 하는 믿음직한 남성으로 국가주의 가부장제를 지키는 가부장을 형상화한다. 아버지는 자식들이 저지르는 다양한 사고들을 수습하며 아내의 내조를 받아 가족을 지켜낸다. 『삼등과장』의 아버지가 아내에게 하는 말은 근대적 핵가족의 가부장제를 요약한다.

"가족이란 합승 택시에 타고 있는 손님 같은 거야. 저마다 심리가 다른 사람들이 타고 있기 때문에. 부부란 운전수와 차장이야. 무사하게 운전을 잘하지 않으면 안 된단 말이야. 운전수인 내가 사고 없이 운전을 하고, 또 차장인 당신이 제멋대로 탄 손님들을 적당한 자리에 태워가지고 안심하고 갈 수 있게 운전하지 않으면 안 된단 말이야. 운전수와 차장 사이가 좋지 않으면 손님이 불안할 거 아니야? 그러니깐 우리 둘이는 언제나 한 마음 한 뜻이래야 돼."

1960년대 초반 김승호가 연기한 아버지들은 고집스레 가족을 지켜내고 장성한 자식들의 성공을 통해 보답을 받는다. 군사정권의 근대화 논리가 강화되면서 영화 속 아버지는 더욱 노골적으로 국가주의 가부장제의 호명을 받는다. 이것을 명확히 보여주는 대표적 영화가 바로 『팔도강산배석인, 1967』이다. 『팔도강산』은 국립영화제작소가 국정 홍보용으로 제작한 상업용 계몽영화이다. 1967년 대통령 선거를 석 달 앞두고 정부의 적극적 지원 속에서 제작, 상영되어 흥행에서 큰 성공을 거뒀고 4편의 후속작과 여러 아류작을 탄생시켰다. 군사정권이 심혈을 기울여 가다듬은 근대화 담론의 충실한 선전물이었다고 할 수 있다. 『팔도강산』은 서울에 사는 노부부가 충청도, 전라도, 부산, 울산, 강원도로 시집보낸 딸들의 집을 방문하면서 지방 곳곳에 남아 있는 전근대적 요소들을 확인하고 개선의 필요성을 느낌과 동시에 근대화, 산업화되고 있는 국가의 발전상을 확인한다는 내용을 갖고 있다.

배우 김희갑이 연기한 『팔도강산』의 아버지는 이젠 손님이 없는 한의원을 경영하는 시대에 뒤떨어지는 인물이다. 막내딸은 그를 “약간 히스테리인데다가 17세기적인 외고집이 있다”고 묘사한다. 아버지는 막내딸이 “씩씩하고 믿음직스러운 스포츠맨”이자 “아주 박력있는 남자”를 소개해 주겠다면서 함께 나타나자 자신이 정해 준 남자와 결혼하라면서 그를 내친다. 이 아버지는 충청도에서 사돈과 음식을 먹는 과정에서 음료수 빨대의 사용방법을 몰라 젓가락으로 사용하려 할 정도로 세상 물정에 어두운 사람이다. 그는 전국 곳곳의 중요한 산업현장에서 산업역군으로 일하는 사위들을 만나면서 딸과 사위의 갈등을 해결하고 사위들이 만들어내는 새롭고 강한 근대국가의 모습에 감화되면서 새로운 시대의 질서를 받아들인다. 아버지는 전국에 흩어진 산업역군들을 연결해 국민적 통합을 이루는 “차이와 갈등의 조정자”로 자리매김 되고 건장한 신체의 사위들은 크고 강한 기계들을 다루는 관리자로서 근대화의 주인공으로 재현된다. 딸들은 미래를 위한 아들을 낳고 아이들을 기르면서 남편을 지원하는 현모양처로 재현된다이대범&정수완, 2017.

남성이 가족의 주인인 가장이나 국가 근대화의 주역으로 재현되는 것과는 달리, 여성은 어머니, 아내, 딸의 역할을 하는 가정 안의 존재로 재현되었다. 어머니, 아내, 딸로서 여성은 아버지와 남편을 섬기고 아이를 위해 헌신하는 존재여야 했다. 『사랑방 손님과 어머니신상옥, 1961』에서 어머니는 주어진 운명에 순종하기로 하고 아이를 위해 자신의 욕망을 포기한다. 이처럼 수동적이고 감성적이며 의존적인 여성은 1960년대 한국영화에서 재현되는 전형적인 여성의 모습이다. 이런 여성의 모습을 극단적인 방식으로 재현한 것이 『미워도 다시 한번정소영, 1968』이다. 여성 관객의 압도적 지지를 받으며 1960년대 최고 흥행작 중의 하나가 된 『미워도 다시 한번』은 사랑하는 남성과 아이를 위해 자신을 희생하는 여성의 이야기이다. 고향에 아내와 아이들을 두고 혼자 서울에서 생활하는 신호는 유치원 교사 혜영을 만나 유부남인 것을 숨기고 사랑을 한다. 사실을 알게 된 혜영은 고향으로 내려가 혼자 아이를 낳아 기르지만, 아이가 아버지를 그리워하자 아이의 장래를 위해 신호에게 아이를 보낸다. 신호와 아내는 아이를 잘 기르려 하지만 아이가 새 환경에 적응을 못하고 혜영을 그리워하자 다시 혜영은 자신이 아이를 기르기로 하고 아이를 데리고 떠난다.

모든 문제의 원인을 제공한 사람은 신호이지만 그의 아내와 혜영은 신호를 원망하거나 비난하지 않고 그의 처분만을 기다리는 순종하고 인내하는 모습을 보인다. 혜영은 신호가 유부남이란 사실을 알고 떠나며 이렇게 독백한다.

"선생님, 용서하세요. 여지껏 숨겨왔지만 전 선생님의 애기를 가졌어요. 제 힘으로 나아서 곱게 기르렵니다. 눈, 코, 입, 모두 선생님 닮은 애길 갖고 싶습니다. 평생을 걸고 선생님을 모시고자 결심한 저였기 때문에 선생님 핏줄을 소중하게 지니고 갑니다."

신호의 아내도 갑자기 찾아온 혜영의 아이를 자신의 아이로 받아들이고 사랑을 쏟으며 기른다. 남성의 잘못으로 모든 문제가 발생했지만, 잘못의 책임을 여성들이 떠안으면서 가장의 권위는 손상되지 않고 유지된다. 여성의 자발적 지지를 통해 가부장제가 유지되는 것이다.

이처럼 1960년대 영화에서 여성은 국가의 근대화를 위해 싸우는 남성의 든든한 조력자이자 보조자로 재현되었다. 실제로는 1960년대의 주력 산업이었던 섬유, 신발, 의복, 가발 등의 경공업 산업체에서 일하는 노동자의 대부분이 여성이었음에도 당시에 여공을 다룬 영화는 찾아보기 어려웠다. 조진희2008에 따르면, 1960년대에 제작된 664편의 멜로 영화 중에서 하층계급 여성을 주인공으로 하는 영화는 103편에 불과하고 여성의 직업도 기생20편, 바걸20편, 마담17편, 식모14편로 대부분 유흥업 종사자로 재현되며 직업이 공장 노동자인 경우는 2편에 그쳤다. 이것은 당시 영화에서 여성이 남성을 접대하고 보조하는 역할로만 재현되고 여성의 사회적 노동이 사실상 부정되었음을 보여준다.

4. 1970년대: 파괴된 남성을 위로하는 고결한 창녀

1970년대는 국가가 강력하게 진행한 근대화의 결실과 부작용이 나타나기 시작한 시대였다. 이 시대는 전쟁 후에 태어나 한글 교육을 받고 자란 베이비붐 세대가 청년이 되는 시기로 높은 경제성장률 속에서 소득 증가로 인한 소비문화가 활성화되기 시작했다. 1972년 유신 체제가 들어서면서 정치적으로는 강한 억압과 폭력이 자행되는 가운데, 산업화와 도시화가 급속히 진행되면서 대도시 서울을 중심으로 육체노동과 유흥업에 종사하는 하층민들이 증가하기 시작했다. 독재 정권 아래에서 정치적, 사회적 권리와 자유가 억압되는 상황에서 한국영화는 급속한 경제발전의 부산물이라고 할 수 있는 도시 하층민의 삶을 소재로 삼아 자본주의의 계급 갈등 속에서 분출하는 성 욕망을 묘사하는 데 집중했다.

1970년대에는 유흥업에 종사하는 하층계급 여성의 삶을 그린 소위 '호스티스 영화'가 많이 제작되었다. 호스티스는 술집에서 손님을 접대하는 여성을 가리키는 말로 1970년대 경제발전의 결과로 생긴 유흥 소비문화의 산물이다. 『별들의 고향이장호, 1974』, 『영자의 전성시대김호선, 1975』, 『O양의 아파트변장호, 1978』, 『나는 77번 아가씨박호태, 1978』, 『꽃순이를 아시나요정인엽, 1979』 등이 이 시대를 대표하는 영화이다. 호스티스 영화는 대부분 착하고 순수한 여성이 가난과 남성의 폭력과 배신 등에 의해 유흥업에 종사하게 되면서 몸과 마음이 망가져 가는 내용을 갖고 있다. 여성은 가부장적 사회 구조와 자본주의의 착취 구조에 의해 희생당하는 피해자로 재현된다. 남성은 여성의 정신과 신체를 짓밟아 파멸로 이끄는 존재이거나 망가진 여성을 동정하고 구원하고자 하는 존재로 재현된다.

호스티스 영화에서 여성들은 남성의 욕망을 충족시키는 육체로 환원되어 재현된다는 점에서 기본적으로는 여성의 육체를 시각적으로 대상화하는 남성적 응시가 영화 전체를 지배한다. 여성의 성 욕망은 표현되지 않으며 여성은 오직 남성을 위로하거나 남성에게 정복당하는 방식으로 수동적으로 성행위에 응할 뿐이다. 여성의 아름다운 몸은 남성의 탐욕에 의해 정복되어야 할 대상으로 주어지고 결국 유린되고 버려지지만, 여성은 그 고통을 온전히 자신의 운명으로 받아들이고 결국 자신의 육체를 매개로 자본주의 소비사회에서 생존한다. 호스티스의 몸을 자본과 권력을 통해 통제하면서 남성은 근대화와 경제발전 과정에서 배제되고 낙오된 좌절감을 보상받고자 한다. 결국, 여성의 매매되는 몸은 남성의 죄를 용서받기 위한 속죄양으로 이용되는 것이다한영현, 2019.

폭력적인 국가 자본주의의 착취를 기반으로 진행된 급속한 근대화는 대량의 도시 하층민을 만들어냈고 이들 중 여성은 젠더 지배와 계급지배를 통해 이중으로 고통받는 존재였다. 이 이중의 고통을 온몸으로 구현하는 존재가 바로 고결한 창녀이다. 돈을 받고 몸을 파는 천한 직업이지만 정신은 타락하지 않고 순수한 고결한 창녀는 남성의 판타지 대상이다. 처녀의 순수한 육체를 정복하고 더럽힌 남성이 느끼는 죄의식은 그럼에도 여전히 유지되는 정신의 순결함을 확인하면서 보상받는다. 처녀는 근대화의 산업역군이 되기 위해 남성이 떠난 고향이자 도시와 공장을 건설하기 위해 남성이 파괴한 자연이다. 국가의 근대화와 경제발전을 위한 산업역군으로 소모된 채 결국 삶의 이정표를 잃고 정신적 아노미 상태에 빠진 남성에게 고결한 창녀는 망가졌지만 아직 최초의 순수함을 간직하고 남성이 돌아오길 기다리는 고향의 판타지로 기능한다. 『별들의 고향』에서 문호가 경아와 나누는 대화는 바로 이 점을 보여준다.

"난 늘 초조하고 불안하기만 하고 그동안 도시의 한 모퉁이에서 나처럼 철부지인 경아를 만났다는 기쁨 외엔 난 아무것도 건진 것이라곤 없어.

알고 있어요. 그 말이 무엇을 뜻하는지 알고 있어요. 난 아무런 도움도 줄 수 없는 여자예요. 한데 모든 사람들은 내게서 위안을 찾아요. 그러나 그러다간 하나둘 내 곁을 떠나고 말아요. 난 그걸 알고 있어요. 결국엔 우리가 혼자뿐이란 걸 난 알아요."

호스티스 영화에서 여성은 낭만적 사랑과 결혼을 통한 행복한 핵가족의 구성을 꿈꾸지만, 여성의 꿈은 매번 산산이 부서지고 결국 여성의 낭만적 사랑은 교환가치만을 가진 상품이었음이 밝혀진다. 이를 통해 영화는 낭만적 사랑이 허구의 이데올로기임을 폭로하지만 동시에 여성의 탈출구가 낭만적 사랑과 결혼밖에는 없음을 상기시키면서 낭만적 사랑에 대한 여성의 판타지를 재생산한다. 『꽃순이를 아시나요』에서 은하는 이렇게 말한다.

"손님도 참 쑥맥이구나. 껍질을 벗겨야잖아. 껍질을 벗기고 날 가져야지. 그러곤 떠나겠지. 지쳤어. 정말 지쳤어. 손님 술 한잔 사줘요. 술, 술 한잔 사주면 나 자기 아내 될게. 정말이야. 아주 멋진 아내 되어줄게. 평생 데리고 살아달라는 거 아니야. 치, 내가 언제 데리고 살아달라 그랬나? 싫으면 그만두면 되지 뭐. 쩨쩨하게. 밥 짓고 빨래하고 부엌 청소나 하고. 시시하게 아내 같은 건 안 해. 누가 한데? 손님, 나 술 안 취했어요. 정말이에요. 주정 안 할게 나 술 한잔 사줘. 응? 부탁해요. 술 안 먹으면 잠이 안 와요. 버릇이 되었나 봐. 잘 좀 어떻게 해줘요. 날 차라리 먼 곳으로 데려가 줘요. 아주 먼 곳 있잖아요. 먼 곳."

낭만적 사랑이 불가능한 상황에서 여성의 몸이 남성의 판타지를 위해 이용되는 호스티스 영화에서 성은 즐거움과 쾌락이 아니라 고통과 슬픔을 준다. 영화에서 성행위를 묘사하는 장면은 고통과 슬픔으로 가득 차 있다. 여성은 고통으로 얼굴을 찡그리거나 슬픔에 잠겨 오열한다. 1970년대 호스티스 영화에서 즐거운 섹스가 아닌 고통스러운 섹스를 통해 착취당하고 망가지는 여성의 몸과 정신을 시각적으로 소비하고자 했던 대중의 가학성과 자학성은 국가 가부장을 자처하는 독재 정권의 폭압적 지배와 자본주의 소비문화가 폭로하는 계급지배의 참담한 현실에 의해 억압된 욕망의 왜곡된 발현이라고 볼 수 있다.

5. 1980년대: 무능한 가부장과 드러나는 여성의 욕망

1980년대에는 정치적으로 군사독재가 유지되는 가운데 경제적으로는 호황을 누렸다. 1979년 12·12사태로 권력을 잡은 전두환 정권은 1980년에 저지른 광주 학살이라는 잔인한 사건의 기억을 지우고 정치적 자유를 소비 활동의 자유로 전환하면서 정치적 억압에 대한 대중의 불만을 누그러트리기 위해 문화적 유화 정책을 시행했다. 광주 학살 후 1년 만인 1981년 5월에 전국의 대학생 6천여 명과 연예인들을 동원해 『국풍81』이라는 대규모 문화축제를 5일간 열었고 컬러 TV방송의 실시, 프로스포츠 출범, 중고등학생의 두발과 교복 자유화, 야간 통행금지 폐지와 유흥업소의 영업시간 연장, 86 아시아게임과 88 서울 올림픽 개최 등 문화적 소비를 촉진하는 정책과 행사들을 잇달아 내놓았다. 흔히 3Sscreen, sports, sex 정책이라고 불리는 이런 문화적 유화 정책은 정치적 자유와 민주주의를 향한 대중의 욕구를 문화적 소비 활동을 통해 대리 해소해 주는 기능을 했다. 강제적인 언론 통폐합이 진행되었고 신문과 방송 뉴스의 기사는 물론이거니와 대중음악과 영화 등의 문화 콘텐츠에 대한 검열도 여전히 존재했지만, 자유와 민주에 대한 요구를 1970년대처럼 폭력적으로 억압하는 데에는 한계가 있었기 때문에 정권에서는 시대의 흐름을 역행하는 것을 포기한 채 조금씩 타협하면서 대중의 요구를 가능한 한 통제하려 노력했다. 이런 이유로 여전히 검열을 받기는 했지만 1970년대와는 달리 사회 비판적인 내용을 가진 영화들이 제작될 수 있었다.

1980년대를 특징짓는 영화는 크게 두 종류가 있다. 하나는 사회 비판적인 관점에서 하층민의 삶을 사실적으로 묘사한 영화이고 다른 하나는 중산층 여성의 성 욕망을 그린 에로영화이다. 『바람 불어 좋은 날이장호, 1980』, 『백구야 훨훨 날지 마라정진우, 1981』, 『어둠의 자식들이장호, 1981』, 『난장이가 쏘아올린 작은 공이원세, 1981』, 『꼬방동네 사람들배창호, 1982』, 『버려진 청춘정소영, 1982』, 『바보선언이장호, 1984』, 『고래사냥배창호, 1984』, 『장사의 꿈신승수, 1985』, 『티켓임권택, 1986』, 『칠수와 만수박광수, 1988』 등은 도시 빈민의 삶을 그린 대표적 영화들이다.

급속한 근대화와 산업화로 인한 이촌향도 현상의 결과로 발생한 도시 빈민은 일종의 잉여인구로서 일반적인 노동자가 아닌 날품팔이, 넝마주이, 소매치기, 거지, 부랑자, 창녀 등으로 인구의 최하층민을 구성한다. 육체를 유일한 자본으로 가진 도시 빈민은 생산적인 일을 하기보다는 소비에 기생하며 살아간다. 도시 빈민 영화에서 여성은 두 부류로 재현된다. 영화의 중심인물인 하층계급 여성은 대부분 창녀이다. 여성이 빈곤에서 벗어날 수 있는 길은 몸을 파는 것이다. 그들은 자발적이든 타의에 의해서든 무능한 아버지와 남편을 대신해 가족을 부양하고 경제적 빈곤 상황에서 벗어나기 위해 몸을 파는 것을 선택한다. 호스티스 영화에서와 마찬가지로 도시 빈민 영화에서도 여성의 몸은 남성적 응시의 대상으로 성적으로 소비된다. 하지만 호스티스 영화에서와는 달리 도시 빈민 영화의 창녀는 단순히 남성의 욕망을 위해 착취당하는 수동적 대상으로 재현되는 것이 아니라 자신의 욕망을 가진 존재로 재현된다. 그들은 가족을 부양하기 위해, 부자가 되기 위해, 계급 상승을 위해 육체를 매개로 남성을 적극적으로 이용한다. 그들은 자신의 육체를 허락하는 대가로 무엇을 원하는지를 명확히 알고 표현한다.

"어제까지만 해도 이런 곳에 사랑하는 사람과 함께 오고 싶었어요. 거짓말이라도 좋으니 사랑한다고 말해주시지 않겠어요?"『바람 불어 좋은 날』의 미쓰 유.

"나 돈 좀 벌 수 있게 해줄 수 있겠어? 지키고 있으려니까 거추장스럽기도 하고 힘도 들어. 기왕이면 돈도 벌고 싶어."『난장이가 쏘아 올린 작은 공』의 명희.

물론 그들은 결국 목적을 달성하지 못하고 좌절하지만, 남성의 욕망을 위해 수동적으로 이용당하지만은 않는다. 욕망을 적극적으로 드러내고 표현하는 모습은 상류층과 중산층 여성의 경우에 더 명확히 나타난다. 이들 여성은 하층계급 남성들을 자신의 성적 욕망과 유희를 위한 대상으로 이용한다. 『바람 불어 좋은 날』에서 덕배는 부잣집 딸 명희의 유희 대상으로 이용당하고 중국집 여주인은 성 욕망을 해소하기 위해 종업원 조씨를 탐한다. 『장사의 꿈』에서 일봉은 유한계급 중년여성들의 성노예로 이용당한다. 도시 빈민 남성들의 경우에는 이런 여성들을 지배하거나 소유하지도 못하고 경멸하지도 못하는 존재로 재현된다. 정영권2018에 따르면, 이와 같은 빈민 남성의 무능은 빈민 남성이 가족을 부양하면서 가정에서 군림하는 가부장이 아니라 여성의 노동에 생존을 의지하는 기생자의 지위를 갖기에 생기는 것이다. 하층계급 남성은 지배계급의 가부장적 질서와 공모할 수 없는 무력감과 자기연민에 빠진 존재로 재현된다.

도시 빈민 영화에서 빈민 남성의 육체를 농락하던 상류층과 중산층 여성의 성 욕망은 에로영화를 통해 본격적으로 다뤄진다. 1980년대에 에로영화가 큰 인기를 끌면서 제작될 수 있었던 것은 정치적 자유를 탄압하던 당시 정권이 성적 자유에 대해서는 상대적으로 유화적인 태도를 취했기 때문이다. 1980년대의 영화는 주제나 내용과는 무관하게 에로티시즘을 표방하는 영화로 광고되고 인식되는 경향이 있었다. 영화에 잠깐 등장하는 노출 장면이나 정사 장면이 영화 포스터의 중심을 차지했고 때로는 영화에는 나오지 않는 여배우의 나체를 촬영해 마케팅에 사용하기도 했다. 예를 들어, 『난장이가 쏘아 올린 작은 공』의 포스터를 보면, 영희를 연기한 배우 금보라가 정사 장면에서 입을 벌리고 신음하는 얼굴 모습이 전면을 차지하고 있다. 이처럼 당시의 한국영화가 내용과 무관하게 에로티시즘을 강조하는 마케팅을 한 이유 중에는 컬러TV와의 경쟁에서 상대적 우위를 점할 수 있는 부분이 성적 표현 수위라는 점을 들 수 있겠지만 중요한 것은 이런 마케팅 방법에 대중이 호응을 했다는 사실이다. 해방 이후 줄곧 가부장적이고 권위적인 정권의 통치 아래에서 정치적 자유는 물론 성적 자유도 억압받아 온 대중은 1980년대에 성적 금기에 대해 잠시 느슨해진 권력의 통제로 생긴 빈틈을 이용해 자유에 대한 갈망을 드러낸 것이다. 노골적으로 성애를 내세웠던 에로영화에 대한 대중의 열광적 반응은 억압적 권력에 대한 저항으로 해석될 수 있다.

『애마부인정인엽, 1982』은 '완전성인영화'를 표방하면서 "가슴이 가장 크고 육감적"인 여배우, "글래머 배우 안소영 전라 출연" 등의 표현을 사용하면서 마케팅을 했다. 당시 언론에서는 여배우의 가슴 크기가 얼마인지가 주요 화제로 다뤄졌다. 한국영화 최초로 여성의 육체를 노골적으로 전시하는 방식으로 제작된 『애마부인』은 곧 이어지는 수많은 아류작의 모범이 되었다. 여성이 성적으로 착취당하는 대상으로 재현되었던 호스티스 영화와는 달리 에로영화는 유한계급 여성의 성 욕망을 과장된 방식으로 드러내면서 가부장적 억압에서 탈주하고자 하는 여성의 욕구를 보여준다. 에로영화는 일반적인 포르노 영화에서처럼 남성 관객을 위한 응시의 대상으로 여성의 몸을 전시하고 있지만, 서사의 관점에서 본다면 남성을 성적으로 무능력한 존재로 재현하고 여성의 욕망을 전면에 내세우면서 가부장적 사회에 대한 일정한 비판을 담고 있다는 특징을 갖는다. 성을 규제하고자 하는 도덕적 훈육의 태도를 보이는 국가 가부장의 억압에 저항하면서 여성을 욕망의 주체로 그려내는 에로영화는 "그 자체로 가부장제 질서에 대한 도발적 위반이며 권위주의에 대한 도전"이라고 볼 수 있다이현진, 2014, 104. 『애마부인』에서 애마의 친구 에리카의 다음과 같은 말은 낡은 가부장제 질서에서 벗어나고자 하는 여성의 욕망을 대변한다.

"애마야, 제발 그런 봉건적 사상 좀 버려. 사랑해 주지 않는 그런 남자하고는 같이 살 필요가 없는 거라구. 아직 늦지 않았어, 동엽이란 청년하고 떠나. 애마 너도 그 청년 사랑하고 있잖니? 그렇지? 그럼 되었어. 마음을 굳게 먹고 새로운 인생을 출발하는 거야."

하지만 애마가 자신의 딸을 버릴 수 없다는 이유로 남편과의 재결합을 선택함으로써 스스로 봉건적이라고 인식하는 가부장적 질서를 다시 받아들이는 것처럼 1980년대의 여성에게 이런 도전은 제한된 것이었다.

1980년대에 유행했던 에로 사극영화를 대표하는 『어우동이장호, 1985』은 자신의 욕망을 충족시키기 위해 남성을 성 노리개로 다루는 여성의 능동적 행위를 표현했다. 어우동은 권력을 가진 양반들을 성적으로 도발하고 희롱하면서 자신의 발아래 무릎 꿇게 만든다. 하지만 가부장적 질서를 극복하지 못하고 결국 자살을 택한다. 영화는 마지막 자막으로 "어우동은 권력에 의해 죽은 것이 아니라 억압받아온 뭇 여성들의 가슴 속에 영원히 살아남아 오고 있다"라는 메시지를 남겼지만, 현실에서 어우동은 당시 유흥업소에서 '어우동 쇼'라는 이름의 스트립쇼로 재생산되면서 남성의 성적 대상으로 소비되었다.

6. 1990년대: 낭만적 사랑과 결혼의 찬양

1987년 6월 항쟁의 결과로 얻어낸 정치적 민주화와 "단군 이래 최대 호황"이라는 경제적 풍요로움 속에서 시작된 1990년대는 대중문화산업의 양적, 질적 발전이 두드러지게 나타난 시대였다. 1980년대 대학에서 문화 운동을 하던 학생들이 졸업 후 사회로 진출하면서 정치적 민주화로 인해 조금씩 허용되기 시작한 표현의 자유라는 혜택을 누리기 시작했다. 게다가 경제적 활황으로 넘쳐나는 돈이 문화산업으로 흘러들어오면서 대중문화 전반에 걸쳐 적극적인 투자와 소비가 이뤄졌다. 새로운 형식의 음악과 영화가 시도되었고 대중문화 시장이 폭발적으로 성장하면서 소위 대중문화 르네상스가 시작되었다. 이 대중문화 르네상스 시기의 지배적 소비층으로 부상한 것이 바로 '신세대'라고 불린 10대와 20대이다. 이들은 정치적 민주화와 경제적 호황의 결실을 온전히 만끽한 세대로 문화적 소비를 통해 개인의 정체성을 표현하고자 했다. 자유와 개성이 당시 신세대를 특징짓는 단어였다. 그들은 욕망을 감추기보다는 물질적 소비를 통해 과시하고자 했다. '서태지와 아이들'로 대표되는 힙합 음악, 록카페, 커피 전문점, 오렌지족, 야타족 등은 신세대가 욕망을 물질적으로 소비하는 방법을 보여주는 대표적 사례들이다.

한국영화계에서도 대기업 자본의 도입과 젊고 새로운 영화인력의 유입으로 새로운 형식과 내용의 영화가 제작되었고 대중적 인기를 끌었다. 1990년대 한국영화의 특징은 이전 시대의 신파성이나 비극성에서 벗어나서 희극성을 가진 영화가 대거 제작되어 흥행에 성공했다는 것이다. 특히 로맨틱 코미디 계열의 영화가 지배적인 장르로 부상했다. 같은 시기에 TV에서도 소위 '트렌디 드라마'라는 로맨틱 코미디 계열의 드라마가 큰 인기를 끌었다. 『결혼 이야기김의석, 1992』, 『미스터 맘마강우석, 1992』, 『아래층 여자와 위층 남자신승수, 1992』, 『그 여자 그 남자김의석, 1993』, 『가슴 달린 남자신승수, 1993』, 『101번째 프러포즈오석근, 1993』, 『사랑하고 싶은 여자 결혼하고 싶은 여자김호선, 1993』, 『마누라 죽이기강우석, 1994』, 『키스도 못하는 남자조금환, 1994』, 『커피 카피 코피김유민, 1994』, 『닥터 봉이광훈, 1995』, 『누가 나를 미치게 하는가구임서, 1995』, 『엄마에게 애인이 생겼어요김동빈, 1995』, 『꼬리치는 남자허동우, 1995』, 『코르셋정병각, 1996』, 『맥주가 애인보다 좋은 일곱가지 이유정지영, 1996』, 『고스트 맘마한지승, 1996』 등 1997년 IMF 사태가 발생할 때까지 많은 로맨틱 코미디 영화가 제작되었다. TV에서도 『질투1992』, 『파일럿1993』, 『마지막 승부1994』, 『느낌1994』, 『사랑을 그대 품안에1994』, 『별은 내 가슴에1997』 등, 전문직과 서비스업에 종사하는 젊은 남녀의 사랑 이야기를 그린 트렌디 드라마가 방영되어 높은 시청률을 올렸다.

1980년대에 지속적으로 진행된 재개발 사업으로 서울의 목동, 사당동, 상계동, 돈암동 등 외곽지역의 판자촌들이 철거된 후 대형 아파트 단지가 건설되고 경제발전으로 제3차 산업의 사무직종이 크게 증가하면서 아파트에 사는 중산층이 확대되었다. 1980년대 말에는 스스로 자신이 중산층에 속한다고 생각하는 사람들의 비율이 80%에 달할 정도였다이상록, 2018. 영화의 주요 인물은 자연스럽게 도시 빈민에서 사무직에 종사하는 도시 중산층으로 옮겨갔다. 전문직과 사무직에 종사하는 젊은 남녀의 사랑을 다룬 로맨틱 코미디 영화가 제작될 수 있는 환경이 마련된 것이다. 1990년대 로맨틱 코미디 영화의 시작을 알린 『결혼 이야기』는 방송국 PD 김태규와 성우 최지혜가 결혼한 후 벌어지는 사건들을 유쾌한 방식으로 그려낸다. 그들은 서로에게 자기의 감정과 의견을 표현하는 데 있어서 거리낌이 없고 특히 성과 관련해 자유롭게 의견을 말하고 갈등하고 타협하는 모습을 보인다. 성행위 중에 여성이 웃음을 터뜨리는 장면이 있을 정도로 『결혼 이야기』는 이전 시대의 영화와는 달리 남성이나 여성이 성적 쾌락을 추구하는 것을 당연하고 즐거운 일로 묘사한다.

"성이란 자유롭고 즐거운 거야. 깜깜한 창고 안에 처박아 뒀다간 곰팡이밖에 더 안 생긴다고."태규의 말.

이처럼 1990년대 로맨틱 코미디 영화는 기존의 한국영화에서와는 다른 새로운 유형의 남성과 여성의 모습을 재현한다. 가장 큰 변화는 여성의 재현에서 나타난다. 로맨틱 코미디 영화에서 여성은 독립적이며 자신감이 있고 자신의 욕망을 솔직히 드러내고 욕망을 충족시키기 위해 노력하는 적극적인 모습을 보인다. 또한, 전문직에 종사하고 결혼 후에도 일을 계속하면서 남성과의 대결에서도 밀리지 않으며 오히려 남성을 압도하는 힘을 보여준다. 『결혼 이야기』에서 지혜의 직장 선배는 남편에게 맞아서 눈에 멍이 들어 나타난다. 남편을 그냥 둘 수 없다는 지혜의 말에 선배는 남편은 상태가 더 심각해서 병원에 입원 중이라고 말한다. 『마누라 죽이기』에서 봉수는 영화사의 사장이지만 같은 영화사에서 기획자로 일하는 아내 소영이 실권을 쥐고 모든 의사결정을 주도한다.

반면에 남성은 전통적인 가부장의 권위를 상실한 모습으로 재현된다. 『가슴 달린 남자』에서 묘사되듯이 회사에서 여성은 능력이 있어도 커피 심부름 정도를 하는 업무 보조원 취급을 받고 남성은 무능력하더라도 여성을 지휘 감독하는 위치에 있는 등, 남성 중심적 사회가 여전히 유지되고 있다는 사실에는 큰 변화가 없지만, 특출난 능력이 없으면서도 단지 남성이라는 이유로 사회적 불평등 구조의 특혜를 받는 남성은 부정적으로 재현된다. 여성의 사회적 노동을 인정하고 가사노동을 공평하게 분담하면서 성 평등을 실천하는 남성이 사회적 규범에 적합한 남성으로 재현된다.

로맨틱 코미디 영화의 서사는 사랑-갈등-파국-재결합의 도식을 따라 구성되는데 한국의 로맨틱 코미디 영화에서 갈등은 대부분 남성의 가부장적 생각과 태도 때문에 발생한다. 『결혼 이야기』의 갈등은 태규가 지혜의 일에 대해 가부장적 태도로 부당한 간섭을 하면서 발생한다. 다른 영화들에서도 남성이 여러 명의 여성을 동시에 사귀거나, 결혼 후에 다른 여성을 만나는 등의 문제 있는 행동 때문에 갈등이 발생한다. 따라서 문제 해결을 위해서는 남성이 자신의 가부장적 태도를 반성하고 수정하면서 성숙해지는 단계를 거쳐야 한다. 하지만 이것은 근원적인 태도 변화라기보다는 사랑의 힘에 일시적으로 굴복함으로써 발생하는 변화이다. 그렇기에 재결합 후에도 갈등의 원인은 완전히 사라지지 않고 존속된다. 재결합 후에도 『결혼 이야기』의 태규는 지혜에게 운전을 가르치면서 바보라고 윽박지르고 『마누라 죽이기』의 봉수는 다른 여성을 만난다.

1990년대의 시대적 화두가 자유와 개성이었기 때문에 로맨틱 코미디 영화의 인물들도 가족이라는 집단의 공동체적 가치보다는 개인의 가치를 더 중요시하는 모습을 보인다. 『결혼 이야기』, 『아래층 여자와 위층 남자』, 『마누라 죽이기』 등에서 사랑하는 남녀가 결혼을 망설인다거나 결혼 후에 이혼을 고려하거나 실행하는 이유는 결혼이 개인의 자유를 구속한다고 느끼기 때문이다. 하지만 두 사람이 결국 사랑을 재확인하면서 재결합하는 것으로 이야기가 매듭지어진다는 점에서 영화는 낭만적 사랑과 결혼이라는 근대 가부장제의 신화를 여전히 자연스러운 것으로 만들어가는 기능을 한다.

7. 2000년대: 실패하는 남성과 독립하는 여성

1997년 외환위기로 인한 IMF의 개입은 한국 사회를 완전히 바꿔놓았다. 신자유주의 체제가 사실상 강제적으로 도입되면서 모든 개인이 적자생존의 길로 내몰리게 되었다. 사회 전체적으로는 경제가 계속 발전하면서 국민소득도 증가했지만, 평생직장 개념과 연공서열 임금이 폐기되었고 명예퇴직과 비정규직이 증가하면서 고용 불안정성이 커졌다. 이것은 가족의 생계를 책임지는 가부장의 지위와 권위가 무너졌다는 것을 의미했다. 낭만적 사랑을 통해 결혼한 후에 남편은 임금노동으로 가족을 부양할 돈을 벌고 아내는 사랑의 결실인 아이를 양육하고 가사노동에 전념하는 성별 분업에 기초한 핵가족 개념 자체가 무너질 위기에 직면했다. 독신 가정, 이혼으로 인한 편부모 가정, 재혼 가정 등이 증가했다. 통계청에서 발표한 2008년 사회조사결과에 따르면, 결혼하지 않아도 상관없다고 생각하는 독신 여성이 전체의 46.8%로 결혼해야 한다고 생각하는 독신 여성46.5%보다 더 많아졌다. 모든 사람이 각자도생을 위해 직업을 가져야 했기 때문에 사회적 노동에서 여성이 차지하는 비중이 커졌다. 이와 함께 여성부 설치2001년. 2005년에 여성가족부로 개편, 성매매 금지법 제정2004년, 호주제 폐지2005년 등 여성의 권리에 대한 사회적 인식의 변화를 반영하는 제도들이 만들어졌다.

2000년대의 한국영화는 부흥기를 맞이했다고 할 수 있을 정도로 엄청난 성장을 했다. 매년 1조 원이 훨씬 넘는 자본이 영화산업에 투자되어 한국형 블록버스터라고 불리는 영화들이 제작되었고 매년 500만 명 이상의 관객을 동원하는 영화들이 등장했으며 한국영화의 시장 점유율도 2005년부터는 연평균 50%를 넘어섰다최영준 외, 2008, 19-

31. 대규모 투자와 흥행을 통해 영화시장이 활성화됨에 따라 소비자의 취향을 중요시하는 시장성의 논리가 영화산업 전반을 지배했고 SF/판타지, 누아르, 스릴러, 공포, 코미디, 조폭 등의 다양한 장르 영화 제작이 활발히 이뤄졌다. 따라서 2000년대를 지배했던 영화 장르를 지정하기가 어려운 점이 있다. 다만 이런 영화들이 장르를 불문하고 남성 중심적 서사와 여성 중심적 서사의 영화로 양분되는 경향이 나타난다.

남성 중심적 서사의 영화는 강한 남성들의 격렬한 대립과 폭력 그리고 우정과 죽음을 그린 마초 영화의 형태를 가진다. 한국의 마초 영화는 1960년대의 반공을 주제로 한 전쟁 영화와 첩보 영화, 그리고 만주 웨스턴 영화, 1970년대의 권격 영화와 협객 영화 이후, 1980년대와 1990년대에는 사실상 명맥이 끊어져 있었다. 1980년대와 1990년대의 마초 영화는 할리우드 액션 영화에 의해 대체되었었다. 그렇게 사라졌던 마초 영화가 2000년대에 부활한 것은 우선 대규모 자본의 투자로 인해 상대적으로 제작비가 많이 드는 액션 영화의 제작 여건이 좋아졌기 때문이라고 볼 수 있다. 할리우드 액션 영화에 비견될만한 한국형 블록버스터를 표방한 『쉬리강제규, 1999』의 제작과 흥행을 계기로 액션 영화와 남성 중심 서사의 영화들이 제작되기 시작했다. 『인정사정 볼 것 없다이명세, 1999』, 『박하사탕이창동, 2000』, 『공동경비구역 JSA박찬욱, 2000』, 『친구곽경택, 2001』, 『공공의 적강우석, 2002』, 『태극기 휘날리며강제규, 2003』, 『실미도강우석, 2003』, 『살인의 추억봉준호, 2003』, 『역도산송해성, 2004』, 『웰컴 투 동막골박광현, 2005』, 『용서받지 못한 자윤종빈, 2005』, 『태풍곽경택, 2005』, 『달콤한 인생김지운, 2005』, 『주먹이 운다류승완, 2005』, 『비열한 거리유하, 2006』, 『사생결단최호, 2006』, 『해바라기강석범, 2006』, 『거룩한 계보장진, 2006』, 『홀리데이양윤호, 2006』, 『화려한 휴가김지훈,

2007』, 『추격자나홍진, 2007』, 『좋은 놈, 나쁜 놈, 이상한 놈김지운, 2008』, 『황해나홍진,2009』, 『똥파리양익준, 2009』 등의 남성 중심적 서사 영화들이 제작되었고 흥행에도 성공한 경우가 많았다.

강하고 의협심이 있는 남자가 승리하는 이야기를 그린 1960년대와 1970년대의 마초 영화와는 달리, 2000년대의 마초 영화는 대부분 가부장적 권위를 상실하고 확고한 자기 정체성을 갖는 데 실패하거나 원하는 것을 이루지 못하고 무력감에 빠지는 남자의 이야기를 보여준다. 2000년대 마초 영화에서 많은 남성은 자신이 속한 곳에 정착하지 못하고 겉도는 존재로 폭력을 통해 불안정한 상태에서 벗어나고자 하지만 결국은 폭력의 결과로 죽음을 맞이한다. 김윤아2010에 따르면, 이들 영화에서 국가권력이나 사회적 모순에 의해 기만당하거나 상처를 입은 남성들은 남성들의 동성 사회적 집단으로 회귀하면서 자신의 분노를 폭력을 통해 표출하지만 결국 파멸에 이른다. 이처럼 현재의 집단적 파국 앞에서 동성 사회의 좋았던 과거를 회상하고 과거로 회귀하고자 하는 욕구를 드러내는 남성 집단 향수 영화에서는 가부장의 지위 약화와 붕괴를 남성들 사이의 형제 동맹으로 극복하려는 모습이 나타나며 이에 상응하여 여성들은 단순히 폭력의 무고한 희생자나 원인 제공자 혹은 사진 속 인물 등으로 주변화되어 재현됨으로써 상징적으로 사라지게 된다.

여성 중심적 서사 영화는 크게 두 부류로 나뉜다. 하나는 여성이 자신의 욕망을 적극적으로 드러내면서 사회적 관계와 사건에서 주도적 역할을 하는 영화이고 다른 하나는 가족의 해체 앞에서 여성이 중심이 된 새로운 가족공동체를 구성해 가는 모성의 힘을 그리는 영화이다. 전자에는 『고양이를 부탁해정재은, 2001』, 『엽기적인 그녀곽재용, 2001』, 『조폭 마누라조진규, 2001』, 『아프리카신승수, 2002』, 『밀애변영주, 2002』,

『싱글즈권칠인, 2003』, 『청연윤종찬, 2005』, 『오로라공주방은진, 2005』, 『친절한 금자씨박찬욱, 2005』, 『6월의 일기임경수, 2005』, 『여름이 가기 전에성지혜, 2006』, 『우리 생애 최고의 순간임순례, 2007』, 『세븐데이즈원신연, 2007』, 『미쓰 홍당무이경미, 2008』, 『키친홍지영, 2009』, 『마더봉준호, 2009』 등의 영화가 있고 후자에는 『집으로이정향, 2002』, 『바람난 가족임상수, 2003』, 『인어공주박흥식, 2004』, 『말아톤정윤철, 2005』, 『엄마구성주, 2005』, 『가족의 탄생김태용, 2006』, 『좋지 아니한가家정윤철, 2007』, 『뜨거운 것이 좋아권칠인, 2008』, 『동거, 동락김태희, 2008』 등의 영화가 있다.

2000년대를 대표하는 로맨틱 코미디 영화인 『엽기적인 그녀』는 1990년대의 로맨틱 코미디 영화와는 다른 여성과 남성을 보여준다. 엽기적인 그녀는 남자친구인 견우와의 관계에서 시종일관 주도적인 지위를 차지하며 적극적이고 능동적이며 공격적인 모습으로 재현된다. 반면에 견우는 수동적이고 우유부단하며 공감 능력과 배려심을 가진 남성으로 재현된다. 기존의 남성성과 여성성의 고정관념이 뒤집힌 방식으로 재현된 것이다. 물론 기존 질서로부터의 일탈이나 해방을 추구하는 그녀가 엽기적이라고 묘사된다는 것은 여전히 전통적인 여성성에서 벗어나는 것은 비정상적이라는 의미를 내포하고 있으며 그런 엽기적인 행동의 이유도 죽은 남자친구 때문이고 견우와의 사랑 덕분에 다시 여성스러운 모습으로 돌아간다는 결말은 결국 기존 질서의 복구를 보여준다는 점에서 일정한 한계를 가진다.

『밀애』는 결혼한 여성의 외도를 그리면서 성행위를 노골적으로 묘사한다는 점에서 1980년대의 에로영화와 유사하다. 하지만 에로영화에서는 여성의 행위가 성적 일탈로 묘사되고 결국은 여성이 다시 가정으로 돌아가지만 『밀애』에서 여성은 남편과 아이를 두고 가정을 떠나 독립한다. 『밀애』의 주인공 미흔은 낭만적 사랑으로 완성된 행복한 가정의 순종적 주부였지만 남편의 외도로 인해 삶의 의욕을 잃고 살던 중 섹스를 게임으로 제안하는 인규를 만나게 된다. 인규와의 관계를 통해 미흔은 다시 삶의 활기를 찾게 되지만 남편이 사실을 알자 가정을 버리고 인규와 함께 떠난다. 인규가 교통사고로 갑자기 사망했음에도 미흔은 가정으로 돌아가지 않고 독립된 삶을 영위한다. 『밀애』에서 미흔과 인규는 게임의 형식으로 만남을 시작하지만 결국 사랑에 빠지고 사랑을 위해 각자의 가정을 버린다. 하지만 영화는 인규를 죽임으로써 또 하나의 낭만적 사랑을 통한 새로운 가정의 구성이라는 결말을 거부하고 가부장적 가정에서 독립한 여성의 삶을 제시한다. 인규와 떠날 때 딸의 사진을 갖고 오지 못한 것을 슬퍼하던 미흔은 영화의 마지막 씬에서 사진관에 가 빨간 원피스를 입고 밝게 웃는 자신의 사진을 촬영한다. 낭만적 사랑을 통한 결혼에 대한 거부는 로맨틱 코미디 영화에서도 나타난다. 예를 들어, 『싱글즈』에서 나난은 애인과의 결혼을 거절하고 혼자 사는 삶을 택하고 동미는 예기치 않게 임신을 했지만 아이의 아빠에게 사실을 알리지 않고 비혼모로 살기로 한다.

한편, 가족공동체를 구성하고 유지하는 데 여성의 힘이 중요하다는 것을 보여주는 영화들도 여럿 제작되었다. 『바람난 가족』이 가부장의 무능과 부도덕함으로 인해 여성들이 자신의 욕망과 삶을 찾아 떠남으로써 해체되는 가족의 모습을 보여준다면, 『가족의 탄생』은 무능하고 무책임한 남성들을 배제한 채 여성을 중심으로 구성되는 가족공동체의 모습을 보여준다. 가부장을 중심으로 구성되는 혈연중심의 '정상적인 가족'은 해체되지만 독립된 삶을 사는 여성들의 연대를 통한 가족은 끈끈하게 구성되는 것이다. 동성 연대를 통한 가족의 구성은 남성 중심적 서사 영화에서도 나타난다. 『비열한 거리』의 조직폭력배 병두는 부하들과 식사를 하면서 이렇게 말한다.

"형이 하나만 묻자. 식구가 뭐여? 식구가 뭔 뜻이여?… 식구란 건 말여, 같이 밥 먹는 입구녁이여. … 그먼 저 혼자 따로 밥 먹겠다는 놈은 뭐여? 그건 식구가 아니고 호로시키여."

하지만 남성 공동체를 만들었던 병두는 같이 밥을 먹는 부하들의 칼에 찔려 죽는다. 반면에 『가족의 탄생』에서 여성들은 같이 식탁에 앉아 밥을 먹으면서 하나의 가족으로 거듭난다. 경쟁과 투쟁을 통한 지배와 복종의 인간관계를 추구하는 남성이 가족을 유지하는 데 있어서 무능력하고 결국은 안식처가 될 수 있는 가족을 해체하는 자기 파괴적 모습을 보이는 것과는 달리, 공감과 배려를 통해 포용하는 정서적 유대관계를 추구하는 여성은 혈연이 아닌 연대를 기반으로 한 공동체를 구성한다.

8. 2010년대: 복권된 가부장과 절망하는 청년 여성

보수 정권 아래에서 2008년 세계금융위기를 겪으면서 한국 사회의 신자유주의 체제는 더욱 강화되었다. 2010년 자율형 사립고등학교자사고가 도입되면서 생존을 위한 각자도생의 경쟁이 어린 학생 때부터 시작되었고 고용불안과 양극화의 심화로 계급의 고착화 현상이 강화되었다. 생존의 자유와 책임을 모두 개인에게 전가하는 신자유주의 체제의 특성 때문에 자기계발과 스펙 관리를 통해 개인의 역량을 길러야 만이 노동시장에서 살아남을 수 있다는 절박감이 사람들을 옥죄는 가운데, 소수의 상층계급이 사회적 부를 독점하고 다수는 임시직과 비정규직의 상태로 내몰리는 '프레카리아트precariat'가 되었다. 2011년 미국의 월가 점령 시위에서 터져 나온 "우리는 99%다We are the 99%"라는 말은 빈익빈 부익부의 양극화를 응축해 나타낸 말이 되었다. 경제적으로 불안정한 상황은 특히 청년세대의 삶에서 뚜렷이 나타났다. 2007년 '88만원 세대'로 호명되었던 청년들은 2011년 연애, 결혼, 출산을 포기한 '삼포세대'로 호명되었고 이후 내 집 마련과 인간관계까지 포기한 '오포세대', 꿈과 희망도 함께 포기한 '칠포세대'로 이어지면서 무한대의 포기에 직면한 'N포세대'로 불리고 있다. 고용불안을 통한 양극화는 결국 계급 갈등을 폭발시켰고 금수저, 흙수저 등으로 구분되는 수저계급론과 '갑질'이란 신조어를 탄생시켰다. 이와 함께, '노오오력'과 '꼰대'라는 말을 유행시키며 세대 갈등도 고조되었다. 1980년대와 1990년대의 경제성장 과정에서 일정한 혜택을 받으며 상대적으로 안정적인 삶을 영위한 끝에 사회적 권력을 차지한 민주화 세대1960년대-1980년대생에 대한 청년세대의 불만과 비판이 커졌기 때문이다. 특히, 2014년 세월호 참사로 권력을 가진 기성세대의 무능과 부패가 폭로되면서 청년세대의 실망감은 배가되었다. 사회경제적 불안정성과 불안전성 안에서 청년세대가 느끼는 불안과 고통은 젠더 갈등을 통해서도 표출되었다. 여성혐오와 페미니즘 관련 논쟁이 2010년대를 뜨겁게 달궜다. 결과적으로, 2010년대의 한국은 청년세대에게는 생존 불가능하기에 하루빨리 탈출해야 하는 '헬조선'이 되었다.

2010년대에는 관객 수가 천만 명이 넘는 영화가 14편이 나올 정도로 한국영화의 양적 성장은 계속되었다. 『도둑들최동훈, 2012』, 『광해, 왕이 된 남자추창민, 2012』, 『7번방의 선물이환경, 2013』, 『변호인양우석, 2013』, 『명량김한민, 2014』, 『국제시장윤제균, 2014』, 『베테랑류승완, 2015』, 『암살최동훈,

2015』, 『부산행연상호, 2016』, 『택시운전사장훈, 2017』, 『신과 함께: 죄와 벌김용화, 2017』, 『신과 함께: 인과 연김용화, 2018』, 『극한직업이병헌, 2019』, 『기생충봉준호, 2019』과 같은 천만이 넘는 관객 수를 기록한 영화들과 『관상한재림, 2013』, 『설국열차봉준호, 2013』, 『내부자들우민호, 2015』, 『검사외전이일형, 2016』, 『엑시트이상근, 2019』 등과 같은 천만에 근접하는 관객 수를 기록한 영화들은 역사, 판타지, 좀비, 코미디 등에 이르는 다양한 장르로 구성되어 있다. 이들 영화는 대부분 평범한 인물이 권력을 가진 악과 싸우며 진실과 정의를 추구하는 일종의 영웅 서사를 그리고 있다. 또한, 주인공과 등장인물이 대부분 남성인 남성 중심적 서사 영화이기도 하다. 이것은 사회적 권력과 관련된 진실이나 정의의 문제는 남성이 주축이 된 공적 영역의 문제라는 것을 재확인해준다.

이전 시대에는 보기 힘들었지만 2010년대에 유독 많이 제작된 한국영화는 재난영화이다. 『해운대윤제균, 2009』, 『연가시박정우, 2012』, 『타워김지훈, 2012』, 『더 테러 라이브김병우, 2013』, 『감기김성수, 2013』, 『부산행연상호, 2016』, 『터널김성훈, 2016』, 『판도라박정우, 2016』, 『엑시트이상근, 2019』, 『백두산이해준, 김병서, 2019』과 같은 영화들이 제작되어 흥행에서 좋은 성적을 거뒀다. 인위적이거나 자연적인 원인에 의해 국가나 집단 전체가 위기에 빠지게 되는 상황에서 생존하기 위해 노력하는 사람들의 이야기를 그린 재난영화는 대개 영화 제작 당시의 사회경제적 위기 상황을 반영하면서 대중의 불안과 공포를 보여주는 영화로 이해된다Kellner, 2016; 주은우, 2018.

재난영화는 당시 사회가 가진 문제를 드러내는 징후로 읽힐 수 있지만 많은 제작비가 투자되는 상업 영화라는 점에서 일반적으로 기존 질서를 전복하기보다는 옹호하는 보수적 가치를 전달하는 역할을 한다. 젠더 재현에 있어서도 이런 경향은 그대로 유지된다. 재난영화에서 남성은 문제의 원인이 되거나 문제 해결을 막는 악의 역할 뿐만 아니라 문제를 해결하고 사람들을 구조하는 데 결정적 역할을 하는 선의 역할도 맡는다. 재난영화의 서사를 이끄는 선과 악의 중심축을 모두 남성이 담당하는 것이다. 반면에 여성은 무고한 희생자이거나 남성의 조력자 혹은 남성에 의해 구조되는 존재로 재현된다. 거의 모든 재난영화의 남성 주인공은 이혼하거나 무능하거나 가정에 소홀하거나 하는 등의 이유로 제대로 된 가장이나 아버지 역할을 하지 못하는 인물로 재현된다. 재난을 겪으면서 남성은 희생적 태도와 책임감을 보이면서 상실했던 가부장의 권위를 되찾고 사랑을 획득한다. 『타워』에서 초고층 주상복합빌딩의 시설관리팀장으로서 동료의 인정을 받는 대호조차도 어린 딸에게 "할머니가 그러는데, 아빠가 결혼을 못해서 사람 구실을 못한대. 으휴, 나도 아빠 땜에 걱정되어서 밤에 잠이 잘 안와."라는 말을 들을 정도로 권위를 인정받지 못하지만, 영웅적인 행동으로 많은 사람을 구하고 아버지의 권위와 사랑을 획득한다. 국가적 재난은 국가의 가부장이라고 할 수 있는 대통령의 권위를 시험대에 올리는 사건이다. 『연가시』의 국무총리, 『감기』, 『판도라』, 『백두산』의 대통령은 국민의 생명과 안전을 지키기 위해 중요한 결정을 내리고 책임을 지는 모습을 보임으로써 엄청난 위기에도 불구하고 국가라는 공동체가 문제없이 유지될 수 있음을 보여준다. 결국, 2010년대의 재난영화는 위기 상황에서는 아버지를 중심으로 뭉쳐야 한다는 것을 보여주면서 무너져가는 가부장의 권위를 상징적으로 회복시키는 기능을 한다.

대규모 상업 영화들이 재난 극복의 이야기를 통해 가부장의 권위를, 그리고 과거의 위기를 이겨낸 영웅들의 이야기를 통해 산업화 세대『국제시장』와 민주화 세대『택시운전사』, 『변호인』의 아버지를 복권하는 동안,

현재의 한국 현실에서 사회경제적으로 소외된 사람들의 고통을 다루는 작은 영화들도 제작되었다. 2010년대의 한국영화가 재현하는 소외된 사람들은 대부분 여성이다. 대형 상업 영화가 권력의 장에서 투쟁하는 남성들의 이야기를 들려줄 때 작은 영화는 일상의 삶에서 생존하기 위해 고군분투하는 여성들의 이야기를 들려준다. 『그녀들의 방고태정, 2009』, 『성실한 나라의 앨리스안국진, 2014』, 『카트부지영, 2014』, 『거짓말김동명, 2014』, 『죽여주는 여자이재용, 2015』, 『스틸 플라워박석영, 2015』, 『소공녀전고운, 2017』, 『이월김중현, 2017』, 『성혜의 나라정형석, 2018』 등의 영화는 임시직, 아르바이트, 비정규직 등을 전전하며 어렵게 생존하고 있는 여성들의 삶을 재현한다. 2010년대의 위기 상황을 대표하는 핵심어 중의 하나인 '프레카리아트'가 여성의 모습으로 재현되는 것이다.

이 영화들이 보여주는 젊은 여성의 삶은 이전 시대의 영화들과는 다르다. 1970년대와 1980년대의 영화들에서 하층계급 여성들은 유흥업소에서 성을 매개로 생계를 유지하면서 가족을 위해 자기를 희생하는 모습으로 재현된다. 반면에 1990년대의 영화에서 젊은 여성은 고학력, 고소득의 전문직 종사자로 자유롭고 풍족한 삶을 누리는 모습으로 나타난다. 2000년대 영화에서 여성은 가부장적 억압에서 벗어나 독립된 삶을 추구하는 존재로 묘사된다. 그런데 2010년대 프레카리아트의 삶을 보여주는 영화에서 20대 여성은 부모의 무능과 부재, 가족의 해체 상태에서 자신의 생계를 스스로 책임져야 하는 빈곤한 1인 가구의 삶을 살아간다. 하루하루 일할 곳이 필요하고 잘 곳이 필요하고 먹을 음식이 필요할 정도로 생존에 급급한 여성들은 생존 외에 다른 욕망이 부재한 상태에 있다. 다른 욕망이 있다고 하더라도 그 욕망을 충족할 수단이 없기에 욕망 자체가 억압될 수밖에 없다. 예를 들어, 『소공녀』의 미소는 남자친구와 섹스를 하고자 하지만 난방비 부족으로 불이 들어오지 않는 방이 너무 추워 욕망을 억누를 수밖에 없다. 프레카리아트의 삶은 여성의 욕망을 억압하는 수준을 넘어 아예 제거해버리기 때문에 생계 문제가 해결된 후에도 욕망의 부재 상태는 지속된다. 『성혜의 나라』에서 성혜는 부모의 교통사고 합의금으로 받은 5억 원을 은행에 맡긴 후 매달 140여만 원을 받기로 한다. 그리고 이제는 아무것도 하지 않겠다고 말한다. 욕망하는 것이 불가능한 사회에서는 욕망하지 않기를 욕망하는 것만이 유일하게 가능한 욕망이다. 청년이 자기 삶의 주체가 되는 것이 불가능한 사회에서는 역설적으로 주체로서 살기를 포기할 때만 비로소 삶의 주체가 될 수 있다는 것이다. 이것은 절망의 끝을 보여준다.

9장

동성애와 퀴어의 재현

1. 과거 사회의 동성애

이성애를 제외한 섹슈얼리티 중에 가장 흔하게 발견되는 것이 동성애이다. 가장 흔한 만큼 동성애는 이성애 중심사회에서 가장 강하게 억압되어왔으며 성 소수자 문제와 관련해 가장 많이 거론되고 사회적 연대와 조직이 가장 활성화되어 있는 섹슈얼리티이기도 하다. 동성애는 인간 사회뿐만 아니라 동물 사회에서도 흔하게 발견되는 현상이다. 실제로 동물 사회에서는 동성애뿐만 아니라 양성애, 트랜스젠더, 무성애 등 다양한 섹슈얼리티가 발견된다Bagemihl, 1999. 동물행동학의 연구 결과에 따른다면, 이성애가 자연적인 법칙이며 그 외의 섹슈얼리티는 비정상적이라는 주장은 근거가 없다. 동물 사회와 인간 사회의 가장 큰 차이는 동물들은 특정한 섹슈얼리티에 대해 어떤 의미나 가치를 부여하지 않는 데 비해, 인간은 의미나 가치를 부여한다는 점에서 발견된다. 특정한 섹슈얼리티에 의미나 가치를 부여하는 행동은 사회적 권력의 획득이나 행사와 맞물리면서 다양한 문제를 일으킨다.

동성애는 시간과 장소를 막론하고 모든 인간 사회에서 발견되는 보편적인 섹슈얼리티이다. 하지만 사회마다 동성애에 부여하는 의미와 가치는 다르다. 예를 들어, 고대 그리스에서 동성애는 억압이나 금기의 대상이 아니었고 이성애와 공존하는 섹슈얼리티의 하나였다. 그런데 남성 동성애와 여성 동성애에는 각각 다른 가치가 부여되었다. 고대 그리스는 남성 중심 사회였기 때문에 남성의 여러 섹슈얼리티는 관대하게 수용되었지만, 여성의 섹슈얼리티에 대해서는 그렇지 않았다. 고대 그리스는 기본적으로 남성이 지배하는 사회였고 남성 동성 사회가 강하게 유지되었다. 그리스인들은 여성의 몸은 결함이 있지만, 남성의 몸은 완전하다고 생각했다. 따라서 교육과 신체 단련을 통해 남성의 육체와 정신을 완전하게 가꾸는 것은 그리스에서 가장 중요한 윤리적 생활 태도였다. 노예가 아닌 자유인의 신분인 성인 남성은 소년을 지도함으로써 그의 영혼과 육체를 아름답게 만들어 줄 의무가 있었다. 그들은 신체 단련장에서 하루의 4분의 3에 이르는 시간을 나체로 훈련할 정도로 긴밀한 동성 사회를 유지했다. 이런 동성 사회 안에서 남성들 사이의 동성애는 자연스럽고 아름다운 행위로 이해되고 실천되었다. 그리스 남성은 여성과의 사랑은 재생산을 위한 수단이라고 생각했고 진정한 사랑은 남성들 사이에서만 가능하다고 봤다. 이처럼 남성 중심적 시각에서 동성애를 바라봤기 때문에 레즈비언이란 말이 그리스 레스보스Lesbos섬의 여성 동성애자들로부터 유래할 정도로 여성 동성애가 공공연히 실천되기는 했지만, 여성 동성애는 남성 동성애와는 달리 비하나 조롱의 대상이 되었다 Licht, 1993/2003.

남성 동성애가 이상적인 섹슈얼리티로 인정되던 고대 그리스에서는 동성애를 묘사한 문학 작품이나 그림, 조각 등이 많이 제작되었다. 고대 그리스 남성의 동성애가 일반적으로 40세 미만의 성인 남성과 12-18세의 미성년 남성 사이에서 이뤄졌다는 점에서 특히 소년의 아름다움에 대한 찬사와 묘사가 동성애를 다룬 작품의 대부분을 차지했다. 반면에 여성 동성애를 묘사한 작품은 그 수가 매우 적다윤일권, 2009. 소년의 아름다움은 인간의 이상적 모습으로 인식되었기 때문에 소년의 아름다움을 묘사하는 미술 작품이 많았으며 심지어 여성을 묘사할 때도 소년 같은 모습으로 재현하는 경우가 많았다. 성인 남성과 소년 사이의 동성애 장면은 특히 도자기 위에 새겨진 그림에서 많이 발견된다. 도자기에는 소년 애인의 이름이나 아름다움을 찬

탄하는 문구들이 새겨져 있는 경우가 많다Licht, 1993/2003, 203-207.

유럽에서 동성애에 대한 부정적 인식이 확산되기 시작한 것은 13세기부터이다. 그리고 16세기가 되면 유럽 전체에서 남성 동성애sodomy가 중죄로 간주되어 화형, 교수형, 참수형 등의 극형을 받도록 규정되었다. 물론 극형이 가해지는 경우는 드물었지만, 인구를 재생산할 수 없는 동성애는 국가와 교회에 해를 끼치는 끔찍한 범죄로 취급되었고 특히 소년에 대한 강간죄에는 사형이 선고되었다. 여성에 대한 강간죄가 벌금형에 처해졌다는 것을 생각하면 당시 사회가 남성 동성애를 얼마나 중대한 범죄로 봤는지를 알 수 있다. 반면에 여성 동성애에 대한 억압은 심하지 않았다. 물론 여성 동성애도 금지의 대상이었지만 여성 동성애에 대한 언급은 많이 발견되지 않으며 처벌도 남성 동성애에 비해서는 약했다. 남성 동성애는 남성을 여성의 위치로 하락시키는 타락의 범죄인 반면에 여성 동성애는 여성에게 육체적, 정신적으로 고상한 남성의 특질을 부여하는 행위로 여겨졌기 때문이다Tamagne, 2001/2007, 20-34.

동성애에 대한 강력한 억압이 존재했던 르네상스 시기의 유럽에서는 동성애를 직접적으로 재현하거나 묘사하는 예술 작품을 발견하기는 어렵다. 단지 동성애적 욕망은 존재했기 때문에 남성의 나체를 에로틱하게 묘사하는 회화나 조각을 통해 동성애적 욕망의 흔적을 발견할 수 있을 뿐이다. 이런 상황은 18세기가 되면서 변하기 시작했다. 18세기의 자연주의 사상으로부터 영향을 받은 자유사상가들에 의해 성적 자유에 대한 담론이 만들어지면서 포르노그래피가 대량으로 유통되기 시작했고 이와 함께 동성애를 묘사하는 작품들도 등장했다. 동성애에 대한 사회적 혐오와 억압은 여전히 존재했지만, 귀족이나 자유사상가들을 중심으로 공공연하게 동성애가 행해졌다. 성에 대한 사회적 금기에 도전하는 사회적 분위기는 1785년 작성된 사드 후작의 소설 『소돔의 120일Les Cent Vingt Journées de Sodome』을 통해 극단적인 방식으로 나타난다. 존 클렐랜드의 소설 『패니 힐』에서도 동성애의 묘사가 등장한다. 주인공 패니 힐이 여성 동성애를 통해 성에 눈을 뜨게 될 뿐만 아니라 남성 동성애를 목격하기도 한다.

18세기의 포르노그래피에서 남성 동성애자는 여성스러운 태도와 행동을 가진 것으로 묘사된다. 우리가 흔히 접하는 '여성스러운 호모'라는 고정관념이 바로 18세기부터 정착되기 시작한 것이다. 『패니 힐』에서 남성의 동성애 장면을 목격한 여성은 이렇게 말한다. "여자를 증오하고 경멸하는, 그러나 동시에 여성들의 모든 행동과 말투와 태도를 죄다 흉내 내는 저들의 추하기 그지없는 부실한 사랑이란 우스꽝스러운 만큼이나 혐오스럽기만 해. 저런 암컷 남자들 혹은 무성의 족속들이 아니라 진짜 여자들이었다면 차라리 봐줄 만했으련만"Tamagne, 2001/2007, 59에서 재인용. 당시의 남성 동성애자들도 자신을 "OO부인", "OO이모"라고 부르면서 여성적인 이미지를 내세웠다. 18세기에 여성스러운 호모는 하나의 정형화된 캐릭터로 자리 잡았고 성장소설 등에서 주인공이 여행길에 한 번쯤은 만나게 되는 인물로 자주 등장했다Tamagne, 2001/2007, 60.

19세기 유럽에서 동성애는 의학적 관점에서 접근되었다. 동성애homosexual라는 단어는 1869년 헝가리 출신의 오스트리아 기자 칼 마리아 케르트베니Karl-Maria Kertbeny의 글에서 처음 공식적으로 사용되었다고 알려져 있다. 케르트베니는 부정적 의미를 가진 소도미트sodomite나 페데라스트pederast를 중립적 용어로 대체하기 위해 동성애란 단어를 사용했다. 이후, 정신의학자들이 성도착적 행위를 설명하기 위해 이 단어를 사용하면서 동성애란 단어가 널리 사용되기 시작했다. 당시 의학계에서는 신경증, 히스테리, 정신병에 대한 연구가 활발히 진행되고 있었고 이 과정에서 동성애를 정신질환의 하나로 이해하려는 시도가 등장했다. 종교적인 관점에서 죄악으로 인식되던 동성애가 치료가 필요한 질병으로 이해되기 시작한 것이다. 동성애는 유전적 결함이나 후천적 신경증의 결과로 발현되는 질병으로 인식되었다. 동성애가 질병으로 인식된다는 것은 건강한 육체와 정신의 기능적 저하나 타락의 결과가 동성애라는 의미이다. 또한, 질병은 항상 감염의 위험을 갖진 것이기 때문에 동성애자와의 접촉은 건강한 육체를 해칠 수 있다는 생각이 등장했다. 이에 따라 동성애자를 격리하고 감금해 치료하는 방식의 사회적 정책들이 시행되었다. 동성애자가 개인적, 사회적 타락을 불러온다는 생각은 한편에서는 동성애자에 대한 공포심을 조장했지만, 예술 분야에서는 동성애가 탐미주의적 쾌락을 추구하는 데카당스decadence, 퇴폐의 상징으로 다뤄졌다 Tamagne, 2001/2007, 86-92.

아시아 사회에서 동성애는 오랫동안 용인되어왔다. 아시아를 지배해 온 유교, 불교, 도교와 같은 사상들에는 특별히 성을 억압하는 내용이 없기 때문에, 이성애가 규범적이고 지배적인 섹슈얼리티였지만 동성애와 같은 다른 섹슈얼리티도 사회질서를 해치지 않은 한 특별한 억압이나 탄압의 대상이 되지 않았다. 충과 효를 강조하는 유교에서는 결혼을 하고 자식을 낳아 대를 잇는 것을 매우 중요한 의무로 생각했기 때문에 이성 간의 결혼을 거부하는 완전한 동성애에 대해서는 부정적이었지만 그런 의무와는 무관한 동성애에 대해서는 관용적이었다. 결국, 중국이나 일본 등의 아시아 국가에서는 19세기까지도 동성애가 공공연하게 행해졌고 사회적 억압을 크게 받지도 않았다. 조선 시대에 중국과 일본에 다녀온 사신이나 통신사들은 중국과 일본에서 남성 동성애가 행해지고 있음을 기록으로 남기고 있다. 예를 들어, 1719년 통신사 일행 중 한 명으로 일본을 방문했던 신유한이 남긴 『해유록海遊錄』을 보면 일본에 남성 동성애가 성행했음을 알 수 있다. 신유한은 "일본에서 남창의 곱기가 여색보다 배나 되고, 그것을 사랑하여 혹하는 것이 또 여색보다 배나 된다. 나라 안의 사내아이가 나이 열네댓 살 이상으로 용모가 특수하게 아름다운 자는 머리에 기름을 발라 양쪽으로 땋아 늘이고 연지분을 바르고 채색 비단옷을 입히고, 사향과 진기한 패물로 꾸며 그 가치가 천금에 해당한다. 관백 이하 부호와 일반 백성이 다 그것을 사서 데리고 있어, 앉으나 누우나 출입할 때에 반드시 딸려서 추행을 실컷 하고 혹은 밖의 사람과 통하면 질투하여 죽인다. 그들의 풍속이 남의 처나 첩을 몰래 통하는 것은 쉬운 일로 알아도 주인 있는 남창에게는 더불어 말도, 감히 웃지도 못한다"고 기록하고 있다. 또한, 신유한이 일본인 통역관인 아메노모리 호슈에게 왜 남색을 즐기냐고 묻자 그가 웃으며 "학사는 그 즐거움을 알지 못하는 모양입니다"라고 말했다고 전한다 신유한, 2008, 274-275.

중국에서는 명나라와 청나라 때 동성애, 특히 남성 동성애가 유행했다. 명나라 중후기 무렵부터는 "男風남풍" 또는 "南風남풍"이라 불리는 사회 현상이 될 정도였다. "南風남풍"이라고 불린 이유는 강남지방에서 유행해서 중원으로 퍼졌기 때문이다. 중국에서는 특히 푸젠福建 지역이 남성 동성애가 성행한 곳으로 이름을 떨쳤다. 명나라 관리였던 심덕부沈德符는 『만력야획편萬曆野獲編』에서 이렇게 기술한다. "푸젠 지방 사람들은 남색男色을 좋아한다. 귀천이나 미추를 막론하고 서로 관계를 맺는다. 두 사람 중 나이가 많은 쪽을 계형契兄이라고 하고 나이가 적은 쪽을 계제契弟라고 한다. 계형이 계제의 집에 들어가게 되면 계제의 부모는 사위처럼 아끼고 사랑한다. 후일 계제의 생계와 장가가는 모든 비용은 계형이 대준다. 이들이 서로 사랑하는 자들은 30세가 넘어서도 항상 같이 잠자리를 하니 마치 부부와 같다"최윤주, 2016, 131쪽에서 재인용. 푸젠 지역에서는 남성 동성 간의 결혼도 비공식적으로 가능했다. 푸젠 지역에서 남성 동성애가 특히 성행했던 이유로는 남아선호에 따른 여아 살해 풍속으로 남녀 성비의 불균형이 매우 심했으며 해외무역을 주로 하는 산업 구조상 바다에서 남자들끼리 보내는 시간이 많았기 때문이라고 한다. 푸젠 지역에는 또한 '토아신兎兒神'이라고 하는 동성애를 관장하는 신에 대한 신앙이 존재한다.

중국에서는 남성 동성애를 일반적으로 남색男色, 남총男寵, 계간鷄姦, 외색外色이라 불렀지만, 용양龍陽, 단수斷袖, 분도分桃 등의 표현을 사용하기도 했다. 용양은 위나라 왕과 용양군 사이의 사랑에 대한 일화로부터 나온 표현이고 단수는 전한前漢 시대의 왕 애제哀帝와 신하 동현董賢 사이의 사랑에 대한 일화에서 나온 표현이다. 동현이 하루는 왕 옆에서 잠이 들었는데 왕의 소매를 깔고 잤다. 왕이 일어나려다 동현을 깨우지 않기 위해 소매를 잘랐다는 일화에서 '소매를 자르다斷袖'라는 표현이 나왔다. 분도는 위나라의 위령공衛靈公과 신하 미자하彌子瑕 사이의 사랑에 대한 일화에서 나온 표현으로 미자하가 복숭아를 따 반을 먹고 나머지 반을 위령공에게 주었다는 이야기에서 유래한 것이다. 이런 고사들이 여러 책을 통해 대대로 전해질 정도로 중국에서는 남성 동성애가 공공연히 행해지고 있었으며 특히 권력자가 미모의 어린 남성과 동성애를 즐기는 일이 흔했다.

이처럼 중국에서는 동성애가 드문 일이 아니었기 때문에 동성애를 다룬 작품들도 많이 제작되었다. 고대의 시를 모아 놓은 『시경詩經』에도 동성애를 묘사한 시들이 발견되며 성애를 다룬 염정소설이 유행했던 명나라와 청나라 시기에 오면 동성애를 다룬 소설이나 희곡들이 등장한다. 『금병매』나 『육보단』과 같은 유명한 염정소설에도 남성 동성애를 묘사한 내용이 등장하고 『용양일사龍陽逸史』, 『석점두石點頭』, 『변이채弁而釵』, 『의춘향질宜春香質』, 『정사情史』, 『국색천향國色天香』, 『십이루十二樓』, 『연향반憐香伴』, 『품화보감品花寶鑑』, 『남맹모교합삼천男孟母敎合三遷』, 『민도별기閩都別記』 등 많은 작품이 동성애를 다뤘으며 이들 중 청나라 때인 1651년경 출간된 『연향반』은 드물게 여성 동성애를 다뤘다. 『연향반』은 최전운崔箋雲과 조어화曹語花라는 두 여성의 사랑을 그린다. 범개부范介夫의 아내인 전운은 절에서 어화를 만나 사랑에 빠지고 평생 함께 살기로 맹세한다. 남편을 설득해 어화를 첩으로 들이게 하지만 여러 난관에 부딪힌다. 우여곡절 끝에 왕의 허락을 받아 어화가 범개부의 첩이 되면서 둘은 함께 살게 된다. 실제로 중국에서는 처와 첩 사이의 동성애가 드문 일이 아니었다. 이들 작품에서 동성애는 주인공의 음란한 성향을 보여주기 위한 사례로 이용되거나 단순히 성적 쾌락을 극대화하기 위한 수단으로 묘사되기도 하지만 진정한 애정을 바탕으로 맺어지는 진지한 관계로 묘사되기도 한다송진영, 2005.

한국의 경우에 보수적인 성리학이 지배했던 조선에서 사대부들은 동성애를 "민간의 무뢰배나 사찰의 추한 중들이" 하는 천한 행동으로 여겼지만김경미, 2008b, 이성애적이고 가부장적인 사회질서를 해치지 않는 한 특별히 동성애를 문제 삼아 처벌하지는 않았다. 오히려, 19세기 초 이학규李學逵의 『낙하생집洛下生集』에는 궁중에서 대식對食, 여성 동성애이 성행한다는 기록이 있고 1932년 3월 19일자 『동아일보』에 실린 이석훈李石薰의 '동성애만담同性愛漫談'이란 기사에서 동성애는 조선 시대에 절정에 달했다는 언급이 나올 정도로 동성애가 음성적으로 만연했던 것으로 보인다. 조선 시대에 권력자들의 동성애는 용인되었지만, 가부장적 질서를 위협하는 동성애는 처벌되었다. 예를 들어, 『세종실록』 116권, 세종 29년 4월 18일의 기록을 보면, 병조판서 이선李宣의 사람됨을 평하는 글에 "평상시 집에 있을 때는 방 한 칸을 따로 두고서 얼굴 반주그레한 사내종 하나를 데리고 가면서 거처하기를 처첩妻妾같이 하니 동네에서 그 종을 가리켜 이 정승의 첩이라고 이르고"라는 표현이 있어서 이선이 동성애를 했음을 알려주지만, 이선의 사람됨을 부정적으로 평가하는 이유 중의 한 사례로 제시될 뿐 어떤 처벌을 이야기하지는 않는다. 반면에, 『세종실록』 75권, 세종 18년 10월 26일의 기록을 보면, 세자빈 봉씨의 동성애가 나타난다. "봉씨가 궁궐의 여종 소쌍召雙이란 사람을 사랑하여 항상 그 곁을 떠나지 못하게 하니, 궁인들이 혹 서로 수군거리기를, '빈께서 소쌍과 항상 잠자리와 거처를 같이 한다.'고 하였다. 어느날 소쌍이 궁궐 안에서 소제를 하고 있는데, 세자가 갑자기 묻기를, '네가 정말 빈과 같이 자느냐.'고 하니, 소쌍이 깜짝 놀라서 대답하기를, '그러하옵니다.' 하였다." 이 일을 알게 된 세종은 격노하여 세자빈 봉씨를 폐출했다. 봉씨가 계속 여러 문제를 일으키는 가운데 동성애 사실까지 발견되자 결국 봉씨를 세자빈에서 폐하고 집으로 돌려보낸 것이다.

아시아 국가들에서 동성애가 본격적으로 억압되고 배척되기 시작한 것은 19세기 이후 기독교를 기반으로 한 서양문물이 들어오면서부터이다. 중국에서 동성애에 대한 법적 규제와 처벌이 등장하기 시작한 것은 청나라 때이다. 1740년 남성에 대한 강간을 처벌하는 법령이 만들어졌다. 남성에 대한 강간죄 중에는 폭력을 사용한 강간뿐만 아니라 동의한 남성 사이의 항문 성교도 포함되었다. 남성 동성애에 대한 이와 같은 규제는 18세기부터 성과 결혼에 대해 사회적으로 엄격한 규범을 적용하려 한 일련의 시도 속에서 진행되었다. 충효, 우애, 여성의 정조를 강조하는 사회질서를 확립함으로써 절대왕권을 강화하려는 정치적 목적이 성에 대한 규범을 강화하는 배경이 되었다Ng, 1987. 사회질서를 위협하는 동성애에 대해 정치 권력이 가진 동성애혐오homophobia 경향에도 불구하고 동성애에 대한 사회적인 관용도는 여전히 높았다. 아시아 국가들에서 동성애혐오 감정이 일반인에게까지 침투하기 시작한 것은 19세기부터 본격적으로 도입된 서양문물의 영향이 크다. 특히 동성애를 병리적 현상으로 이해한 서양의학의 도입은 동성애에 대한 아시아 국가의 생각을 바꾸는 데 크게 기여했다. 동성애라는 용어 자체도 서양의 정신의학에서 사용하던 homosexual의 번역어로 등장한 것이다.

동성애를 일종의 오락이자 취미처럼 즐기던 일본에서는 메이지 시대를 거치면서 동성애혐오 문화가 만들어졌다. 서양문물을 적극적으로 받아들이면서 근대화와 산업화를 위해 매진하던 일본에게 동성애는 사회적 생산과 재생산에 위협이 되는 요소로 인식되었다. 서양의 과학, 의학, 기술은 물론이거니와 철학, 종교, 문학, 예술도 급속도로 수입되면서 서양의 관점에서 성을 바라보는 태도가 형성되었다. 특히 심리학과 의학 등의 과학이 이 과정에서 큰 역할을 했다. 일본은 막부 체제에서 벗어나 근대적 왕조 체제를 만들기 위해 1870년 '신율강령新律綱領'과 1873년 '개정률제改正律例'를 제정했다. 청나라의 형법을 모방한 이 법률에 처음으로 남성 동성애를 금지하는 조항이 포함되었다. 계간鷄姦, 즉 남성 동성애를 즐기는 자는 90일의 징역형으로 처벌된다는 조항이 만들어진 것이다. 하지만 동성애 문화는 쉽게 사라지지 않았고 법 적용도 엄격하게 이뤄지지는 않았다. 정치 권력은 동성애를 부정적으로 보는 서구의 시선과 일본인들의 일상적 문화 사이에서 갈등했고 결국 1870년과 1873년의 법을 대체하기 위해 1882년에 프랑스 법을 모방한 형법을 제정할 때는 동성애 처벌 조항을 폐지했다. 하지만 1909년 동성애를 묘사한 모리 오가이森鷗外의 소설 『비타 섹슈알리스Vita Sexualis』가 출간 즉시 판매 금지 처분을 받을 정도로 동성애 문화에 대한 정치 권력의 억압은 강화되었다. 1920년대에 접어들면서 동성애혐오적인 서구의 관점과 태도가 일본에 정착하게 된다. 이후, 동성애는 외설죄라는 포괄적인 죄목으로 처벌되었다.

동성애라는 단어가 등장하고 동성애를 병리적 현상으로 보게 된 것은 서구의 심리학, 의학 서적의 번역과 밀접히 연관되어 있다. 일본에서는 19세기 말부터 서구의 다양한 서적에 대한 번역 작업이 활발히 진행되었다. 성과 관련해서는 크라프트 에빙Richard von Krafft-Ebing의 『성 정신병학Psychopathia Sexualis』이 1894년에 『색정광편色情狂編』, 1913년에 『변태성욕심리變態性慾心理』라는 제목으로 번역되었고 1915년에는 오귀스트 포렐Auguste Forel의 『성의 문제La Question sexuelle』가 『성욕연구性慾研究』라는 제목으로 번역되는 등 다양한 책들이 번역되었다. 이처럼 성을 다룬 서양의 저서들을 번역하는 과정에서 '동성성욕', '동성연애', '동성욕', '동성애' 등의 단어들이 사용되었다. 이 용어들은 1920년대에 '동성애'로 통일되기 시작했고 '동성애'가 사전에 등재되었다. 한국에서도 1923년에 '동성애'라는 단어가 처음 등장했다신지연, 2006.

2. 서구 매스미디어의 동성애 재현

19세기 이후 동성애자를 정신병자나 범죄자로 취급하던 유럽에서는 제2차 세계대전 중 독일의 나치가 강제수용소에서 동성애자들을 학살하면서 동성애혐오가 절정에 달했다. 제1차 세계대전이 끝나고 만들어진 독일의 바이마르Weimar 공화국 시기는 정치적으로는 혼란했지만, 사회문화적으로는 매우 자유로운 시기였다. 이 시기에는 동성애자들도 다른 어느 지역보다도 큰 자유를 누렸다. 하지만 히틀러Hitler가 정권을 잡은 후에는 동성애자에 대한 대대적인 탄압이 가해졌다. 나치는 독일민족의 우월한 혈통을 보존하고 독일을 정화한다는 이유로 유대인, 집시 등의 소수민족과 장애인 등의 사회적 소수자를 학살하는 만행을 저질렀는데 동성애자들도 학살의 대상에 포함되었다. 특히 동성애자들은 강제수용소에서 다른 소수민족보다 훨씬 더 가혹한 취급을 받았고 치료법을 개발한다는 명목으로 생체실험을 당하기까지 했다. 전쟁이 끝난 후, 유대인처럼 만행의 다른 희생자들은 사죄와 복권의 대상이 되었지만, 동성애자들은 두려움과 수치심 속에서 몸을 숨겨야 했다. 미국에서는 1950년대에 상원의원 조지프 매카시Joseph McCarthy가 정부와 문화예술계에서 암약하는 공산주의자들을 색출해야 한다며 반공산주의 마녀사냥을 주도했다. 이 마녀사냥의 일환으로 상원의원 케네스 웨리Kenneth S. Wherry는 정부의 주요 직책에 있는 동성애자들이 국가전복세력이 될 수 있다고 주장하면서 반동성애운동을 펼쳤다.

사회적으로 억압적인 분위기 속에서 도시의 특정 지역, 특정 유흥업소 등을 중심으로 은밀하게 행해지는 성적 행위였던 동성애가 공개적으로 모습을 드러낸 것은 1960년대부터이다. 전쟁 후 빠르게 경제가 발전하던 1950년대의 유럽과 미국에서는 콘돔 등 피임 관련 장치의 사용이 일반화되고 항생제의 개발로 성병 치료가 쉬워지면서 임신이나 성병의 걱정 없이 성을 즐길 수 있는 환경이 형성되었다.

이런 환경에서 더 많은 자유와 권리를 요구하는 청년과 여성의 사회 운동이 확산하면서 성에 대한 사회적 억압이 완화되기 시작했다. 결국, 1960년대부터 본격적으로 성 해방에 대한 사회적 요구와 주장이 등장했으며 구체적인 변화들이 나타났다. 혼전 성관계가 용인되고 경구용 피임약 사용이 허용되었으며 음란성 관련 규제가 완화되면서 포르노 잡지와 영화가 합법화되기 시작했다. 동성애와 관련해서도 성인 사이의 합의된 동성애는 법으로 처벌하지 않는 사례가 늘기 시작했으며 동성애자 단체도 결성되고 동성애자 권리 요구 시위도 벌어지기 시작했다.

동성애자 권리를 위한 사회 운동이 본격적으로 조직되기 시작한 계기가 된 사건은 1969년 미국 뉴욕에서 발생했다. 뉴욕의 그리니치 빌리지Greenwich Village는 동성애자들이 많이 모이던 지역이었는데 1969년 6월 28일 새벽 경찰이 이곳에 있던 동성애자 출입 술집 스톤월 인Stonewall Inn을 단속하기 위해 급습하는 과정에서 경찰과 동성애자들 사이에 충돌이 벌어졌다. 동성애자가 출입하는 술집의 단속은 수시로 이뤄지던 일이었는데 이날은 몇몇 동성애자들이 단속에 저항하기 시작했고 산발적 항의와 저항은 곧 동성애자의 인권을 요구하는 시위로 발전했다. 시위 과정에서 부상자들이 발생하고 건물이 파손되는 등 사건이 커지자 언론에서 이 사건을 크게 다뤘고 다음 날 더 크고 격렬한 시위가 벌어졌으며 시위는 5일 동안 계속되었다. '스톤월 폭동Stonewall riots' 또는 '스톤월 봉기Stonewall uprising'라 불리는 이 사건의 영향으로 동성애자 권리 운동이 활발히 조직되기 시작했다. 1969년 7월에 '게이 해방 전선Gay Liberation Front, GLF'이 결성되었다. '매터친 소사이어티The Mattachine Society'와 같은 이전의 동성애자 단체가 동성애를 암시하는 은유적인 표현을 단체명으로 사용했던 것과는 달리 GLF는 처음으로 동성애자임을 밝히는 '게이'라는 표현을 명시적으로 사용했다. 이후, 다양한 동성애자 단체들이 결성되어 동성애자들의 권리 운동은 물론, 젠더 문제, 인종 문제, 소수민족 문제, 자본주의 문제 등 다양한 사회문제들에 의견을 개진하고 사회를 변화시키기 위한 운동을 벌이기 시작했다.

20세기 중반까지 동성애에 대한 사회적 인식은 당시 가장 인기 있었던 매스미디어인 영화에 반영되었다. 동성애를 직접 묘사하는 영화는 없었지만, 1940년대와 1950년대의 미국 영화 중에는 중심인물, 특히 범죄자가 동성애자임을 암시하는 영화들이 많았다. 당시 유행했던 누아르 장르의 범죄 영화에서 동성애자는 음흉하고 비열한 범죄자로 묘사되는 경우가 많았다. 예를 들어, 존 휴스턴John Huston 감독의 영화 『말타의 매The Maltese Falcon, 1941』에서 악당 조엘 카이로Joel Cairo가 처음 샘 스페이드Sam Spade의 탐정사무소에 찾아왔을 때 화려한 양복에 나비넥타이를 매고 강한 치자향을 풍기는 사람으로 묘사된다. 그는 고급스러운 우산의 금속 손잡이 부분을 입술에 대면서 이야기를 하면서 동성애자라는 것을 암시한다. 스페이드를 총으로 위협하던 카이로는 스페이드의 주먹에 맞아 나가떨어진다. 이후에도 카이로는 다른 곳에서 스페이드에게 뺨을 수차례 얻어맞는 등 굴욕을 당한다. 강한 남성성을 표출하는 누아르 영화의 주인공은 대개 이처럼 동성애자를 경멸하는 태도를 보인다. 알프레드 히치콕Alfred Hitchcock의 스릴러 영화 중에도 동성애자로 암시되는 악당이나 범죄자가 많이 등장한다. 『레베카Rebecca, 1940』의 악당인 덴버스 부인, 『로프Rope, 1948』의 두 살인자 브랜든과 필립, 『열차 안의 낯선 자들Strangers on a Train, 1951』의 살인자 브루노, 『북북서로 진로를 돌려라North by Northwest, 1959』의 악당 레오나드 등은 명시적으로 드러나지는 않지만, 동성애자임을 유추할 수 있는 암시들이 영화 곳곳에서 나타난다. 이처럼 범죄자들이 동성애자인 것으로 암시되는 이유는 당시 사회에 만연하던 동성애혐오에서 찾을 수 있을 것이다. 조지프 맹키위츠Joseph L. Mankiewicz의 영화 『지난 여름 갑자기Suddenly, Last Summer, 1959』도 동성애가 직접 묘사되지는 않지만, 동성애로 인해 발생한 비극적 사건을 그리고 있다.

1960년대에는 동성애를 직접 거론하고 묘사하는 영화들이 등장한다. 남성 동성애보다는 여성 동성애가 좀 더 적극적으로 다뤄졌다. 윌리엄 와일러William Wyler 감독의 『아이들의 시간The Children's Hour, 1961』은 어린 학생의 악의적인 거짓말 때문에 두 여교사가 동성애 관계라는 억울한 누명을 쓰는 과정에서 벌어지는 사건을 담고 있는데, 이 사건은 결국 한 여성이 다른 여성을 실제로 친구 이상으로 사랑한다는 사실을 고백하고 자살하는 비극적인 결말로 마무리된다. 로버트 앨드리치Robert Aldrich 감독의 『조지 수녀의 살해The Killing of Sister George, 1968』는 중년여성과 젊은 여성 사이의 동성애를 주요 소재로 사용하고 있으며 1968년 11월 도입된 '미국 영화 협회Motion Picture Association of America, MPAA'의 등급제에 의해 여성 사이의 성행위 장면을 묘사한다는 이유로 X등급을 받은 최초의 동성애 영화가 되었다. 존 슐레진저John Schlesinger 감독의 1969년 영화 『미드나잇 카우보이Midnight Cowboy』는 뉴욕에서 동성애를 포함한 매춘으로 생계를 이어가는 하층민 남성의 비극적 삶을 묘사한다.

1960년대부터 시작된 성 해방 운동은 1970년대에 절정에 달하면서 동성애는 주요한 하위문화의 하나로 자리 잡게 되고 곧 상업적으로 이용된다. 『뱀파이어 연인들The Vampire Lovers, 1970』과 같은 뱀파이어 영화들이 여성 동성애를 적극적으로 이용했다. 일종의 유행처럼 소비된 포르노 영화에서도 동성애를 다뤘다. 특히 『엠마누엘Emmanuelle,

1974』과 같은 영화에서 여성 동성애가 젊은 여성들의 아름다운 나체를 보여줌으로써 남성 관객을 성적으로 자극하기 위한 목적으로 이용되었다. 동성애는 또한 『세차장Car Wash, 1976』, 『노먼... 너냐?Norman... Is That You?, 1976』와 같은 코미디 영화에서도 웃음을 유발하는 소재로 사용된다. 1970년대 말에 활동한 디스코 음악 밴드인 '빌리지 피플Village People'은 미국 게이 하위문화를 이용한 노래와 의상으로 큰 인기를 끌었다. 당시 게이들은 거침, 강한 힘, 공격성을 표출하는 존재로 자신을 재현하면서 여성스러운 게이라는 고정관념에서 벗어나고자 했다. '빌리지 피플'은 강인한 육체를 드러내는 카우보이, 인디언, 바이커, 건설노동자, 선원, 군인 등의 복장을 하고 게이 문화를 암시하는 노래와 춤을 보여주면서 당시 게이의 새로운 이미지를 상업적으로 이용했다. 이들이 보여 준 게이에 대한 고정된 이미지는 이후 『폴리스 아카데미Police Academy, 1984』등과 같은 여러 코미디 영화에서 게이를 희화화하는 수단으로 이용되었다.

동성애가 하층민이나 범죄와 연결되는 경향은 1980년대에도 계속 유지된다. 윌리엄 프리드킨William Friedkin 감독의 『광란자Cruising, 1980』는 게이에 대한 연쇄 살인 사건을 해결하기 위해 게이로 위장해 잠입 수사를 하는 형사의 이야기이다. 이 영화는 동성애에 대한 부정적 인식을 조장하고 동성애혐오를 부추긴다는 이유로 동성애자들로부터 큰 비판을 받았지만, 1980년 당시의 동성애 하위문화를 잘 기록했다는 평가를 받기도 한다. 1980년대부터는 동성애자를 희화화하지 않고 긍정적이고 진지한 관점에서 접근하는 영화들도 제작되기 시작했다. 아서 힐러Arthur Hiller 감독의 『메이킹 러브Making Love, 1982』는 행복한 결혼생활을 하던 남성이 자신의 동성애 성향을 발견한 후 커밍아웃을 하는 과정에서 벌어지는 사건을 다룬다. 결국, 부부는 서로를 이해하고 합의 이혼을 한 후 각자의 삶을 행복하게 산다. 이 영화는 동성애를 이성애와 동등한 일상적인 섹슈얼리티라는 관점에서 접근한 몇 되지 않는 1980년대 영화 중 하나이다. 헥토 바벤코Héctor Babenco 감독의 『거미 여인의 키스Kiss of the Spider Woman, 1985』는 군부독재 시절의 브라질을 배경으로 같은 감방에 수감 중인 혁명가와 게이 사이의 사랑을 그린다. 몰리나는 비밀경찰의 사주를 받아 혁명가인 발렌틴으로부터 정보를 빼내기 위해 감옥에서 의도적으로 접근을 하지만 발렌틴과 사랑에 빠진 후 그의 비밀을 발설하지 않고 죽음을 택한다. 스티븐 프리어스Stephen Frears 감독의 『나의 아름다운 세탁소My Beautiful Laundrette, 1985』는 대처Thatcher 정부 시절 런던의 한 지역에서 파키스탄계 영국인 오마르와 동네 불량배인 조니가 세탁소를 운영하며 살아가는 이야기를 통해 동성애, 인종 갈등, 실업 등의 문제를 그리고 있다. 이 영화에서 동성애는 비하되거나 미화되지 않고 청년이 마주쳐 해결해야 하는 현실의 여러 문제 중의 하나로 묘사된다.

1980년대에 발견된 에이즈AIDS가 처음에 동성애자들만 걸리는 불치병으로 알려지면서 동성애자에게 신이 내린 재앙이라는 주장이 퍼져나가는 등, 동성애혐오가 사회적으로 격화되었다. 의학의 발달로 에이즈의 실체가 밝혀졌지만, 오늘날에도 에이즈는 동성애를 공격하는 데 사용되는 중요한 도구 역할을 하고 있다. 에이즈에 대한 사회적 공포가 동성애자에 대한 공격으로 이어지자 이를 계기로 동성애자들은 동성애 인권 운동과 에이즈 예방 및 퇴치 운동을 병합해 이끌어가기 시작했다. 1987년 뉴욕에서 동성애자들을 중심으로 에이즈 퇴치를 위한 운동 단체인 '액트 업Act Up, AIDS Coalition to Unleash Power'이 결성되었다. 동성애 단체를 중심으로 만들어진 '안전한 섹스safe sex' 담론이 사회적으로 힘을 얻어가고 에이즈 예방 및 퇴치를 위한 캠페인의 일환으로 미디어에서 동성애 관련 정보들을 많이 제공하면서 동성애에 대한 부정적인 고정관념이 완화되는 효과가 발생했다. 에이즈는 역설적으로 동성애자 권리 운동을 재점화했고 동성애를 대중에게 더 친숙하고 익숙한 것으로 만드는 결과를 가져왔다. 이와 함께 1980년대 말부터 퀴어queer가 동성애를 포함한 소수자의 성을 지칭하는 긍정적 단어로 사용되기 시작했다.

노먼 르네Norman René 감독의 『오랜 동반자Longtime Companion, 1990』, 조너선 데미Jonathan Demme 감독의 『필라델피아Philadelphia, 1993』 등의 영화가 에이즈에 걸린 동성애자의 이야기를 보편적인 인간애의 관점에서 접근하면서 에이즈와 관련된 동성애의 부정적 이미지를 희석하는 데 기여했다. 이와 함께 1990년대에는 동성애를 아름답고 긍정적이며 일상적인 섹슈얼리티로 묘사하는 영화들이 많이 제작되었다. 구스 반 산트 Gus Van Sant 감독의 『아이다호My Own Private Idaho, 1991』, 로즈 트로체Rose Troche 감독의 『고 피쉬Go Fish, 1994』, 스테판 엘리어트Stephan Elliott 감독의 『프리실라The Adventures of Priscilla, Queen of the Desert, 1994』, 마리아 마겐티 Maria Maggenti 감독의 『사랑에 빠진 두 소녀의 엄청나게 진실한 모험The Incredibly True Adventure of Two Girls in Love, 1995』, 워쇼스키 자매Wachowskis의 『바운드Bound, 1996』, 프랭크 오즈Frank Oz 감독의 『인 앤 아웃In and Out, 1997』 등의 영화가 있다.

2000년대 이후 미국과 유럽 영화에서 동성애는 이성애와 동등한 또 하나의 섹슈얼리티로 다뤄지고 있다. 찰스 허만 웜펠드Charles Herman-Wurmfeld 감독의 『이브의 아름다운 키스Kissing Jessica Stein, 2001』와 같이 동성애 로맨틱 코미디 영화가 제작되기도 하고 리안Ang Lee 감독의 『브로크백 마운틴Brokeback Mountain, 2005』은 아카데미 영화제를 비롯한 주요 영화제에서 수상했을 뿐만 아니라 흥행에서도 큰 성공을 거뒀다. 토드

해인스Todd Haynes 감독의 『캐롤Carol, 2015』, 배리 젱킨스Barry Jenkins 감독의 『문라이트Moonlight, 2016』 등도 칸 영화제, 아카데미 영화제 등에서 작품성을 인정받는 등 동성애를 다룬 영화들에 대한 서구 사회의 반응은 상당히 긍정적으로 변했다.

3. 한국 매스미디어의 동성애 재현

조선 시대 내내 교조적인 성리학의 보수주의가 지배했던 한국에서는 일상생활에서는 동성애가 실천되고 있었다고 하더라도 그것을 공개적으로 표현하는 것은 철저히 억압되어 있었다. 또한, 개항 이후 서구화와 근대화되는 과정에서 교조적인 기독교가 지배적 종교로 자리를 잡았을 뿐만 아니라 오랜 기간 군사독재의 통치를 받았기 때문에 동성애에 대해 매우 억압적인 사회적 분위기를 유지하고 있었다. 따라서 과거 한국 사회에서 동성애를 언급한 표현물은 찾기가 어렵고 간혹 동성애가 언급된다고 하더라도 부정적인 내용과 형식을 갖고 있다.

조선 시대에 동성애를 기록한 문헌은 발견하기 어렵다. 앞에서 언급한 『세종실록』의 기록을 비롯해 몇몇 실록과 문집들에서 동성애를 언급하지만, 대부분은 조선 사회의 구체적 사례라기보다는 중국이나 일본의 사례를 다룬 것이고 야담과 같은 글에서 흥미 있는 이야기 정도로 취급하고 있다. 동성애에 대한 구체적 사례가 언급된 것은 19세기에 와서이다. 황현黃玹의 『매천야록梅泉野錄』 1권에 김병국金炳國과 민규호閔奎鎬 사이에 남총男寵, 동성애이 있었다는 기록이 있지만 사실 여부를 확인하기는 어렵다. 동성애에 대한 구체적 기록은 별로 없지만,

동성 사이의 친밀한 우정이나 강한 유대를 언급한 글들이 동성애에 대한 우회적 기록이라는 해석이 있다. 김경미2008a에 따르면, 18세기 문인 임경주任敬周의 『매죽당이씨전梅竹堂李氏傳』에는 이씨와 조옥잠이란 여성의 우정이 깊었는데 이씨가 먼저 죽자 옥잠이 눈물로 지새우며 음식을 전폐하다 따라 죽었다는 기록이 있다. 이 외에도 동성 사이의 우정을 강조하면서 한 명이 먼저 죽으면 다른 한 명도 뒤를 따라 죽는 기록들이 있는데 이것들은 동성애에 대한 우회적 표현이라고 해석될 수 있다는 것이다. 또한, 19세기 말에 창작된 것으로 보이는 소설 『방한림전方翰林傳』은 두 여성의 동성 결혼을 묘사하고 있는데 여기에서도 역시 성적인 표현은 나타나지 않고 두 여성의 관계를 우정으로 맺어진 지기知己 사이로 묘사한다. 반면에, 19세기 말에 육용정陸用鼎이 지은 소설 『이성선전李聖先傳』에서는 이성선과 이웃집 소년 사이의 동성애가 사실적으로 묘사된다.

1920년대에 동성애란 단어가 도입되면서 여성들 사이에서는 동성애란 말이 유행어가 되고 신문에서도 동성애 관련 기사들이 계속 등장하는 등 동성애에 대한 사회적 관심이 커졌다. 1910년대와 1920년대에 등장한 소설 중에도 동성애를 묘사하는 것들이 등장했다. 이광수의 『사랑인가』, 『윤광호』, 『어린 벗에게』, 『무정』, 백악의 『동정의 루』, 김동인의 『마음이 옅은 자여』 등의 소설에서 묘사되는 동성애는 퇴폐적이고 타락한 이성애와는 대비되는 것으로 동지애, 우정, 오누이 사랑과 같은 순수하고 건강한 사랑으로 묘사된다. 임은희2010에 따르면, 이것은 식민지 주민의 성을 무력화하려는 제국주의 지배자의 억압과 금기에 대한 저항으로 읽힐 수 있다.

한국영화의 경우에 동성애를 묘사하거나 직접 다루는 영화는 초기에 매우 드물었고 1990년대가 되어서야 비로소 본격적인 동성애

영화가 제작된다. 1931년 철길에서 동반자살한 두 레즈비언을 모델로 제작된 『명일의 여성홍개명, 1931』이란 영화가 기록상 남아 있는 한국 최초의 동성애 영화이지만 실제 시나리오나 필름은 소실되어 내용을 확인할 수는 없다. 1960년대에 여성 동성애를 소재로 한 『질투한형모, 1960』가 제작되었지만, 필름은 소실되고 관련 자료만 남아 있는 상태이다. 또, 『남자식모심우섭, 1968』, 『남자미용사심우섭, 1968』, 『남자와 기생심우섭, 1969』 등과 같은 코미디 영화에서 게이를 희화화해 묘사하지만 엄밀한 의미에서의 동성애에 대한 재현이라고 보기는 어렵다. 한편, 『시발점김수용, 1969』에서는 주인공의 소설 속 악당인 일본군 장교가 부하 병사를 강간하는 행위가 묘사된다. 이 행위는 주인공이 극복해야 하는 고난이라는 극적 장치로 기능한다. 『내시신상옥, 1968』에서도 궁중에서 중년의 상궁이 새로 상궁으로 들어온 주인공에게 성적 접촉을 시도하는 장면이 나오지만, 이 동성애 묘사도 주인공이 겪어야 하는 시련의 하나로 기능한다. 이 영화들에서 동성애는 주인공을 공격하는 절대악으로 재현되는 것이다.

동성애에 대한 좀 더 의미 있는 재현은 1970년대 영화에서 나타난다. 『화분하길종, 1972』은 부유한 중년남성 현마와 그의 비서 단주 사이의 동성애를 묘사한다. 현마는 단주와 그의 처제 사이의 사랑을 질투하며 단주에 대한 강한 소유욕을 보여주고 결국 그들의 관계는 파국으로 치닫는다. 『금욕김수형, 1976』은 남편의 학대를 받고 혼자 사는 화가 미어가 세 명의 남자에게 윤간을 당하고 정신적 고통을 호소하는 모델 영희를 만나면서 형성되는 동성애를 묘사한다. 둘의 관계는 영희가 남성과 사랑에 빠지면서 파국을 맞는다. 『화분』이 지배와 피지배의 권력 관계 안에서 이성애의 개입으로 파멸에 이르는 게이의 모습을 보여준다면, 『금욕』은 연민과 공감의 관계로 맺어지지만, 이성애의 개입으로 파국에 이르는 레즈비언의 모습을 보여준다. 이 영화들에서는 동성애가 명시적으로 재현되지는 않고 암시될 뿐만 아니라 동성애의 완성에 이르지 못하고 이성애 중심주의가 재생산된다는 점에서 시대적 한계가 드러난다.

한국에 에이즈가 본격적으로 알려지기 시작한 것은 1980년대 중반부터이다. 1985년 한국 최초의 에이즈 감염 사례가 보고되었지만, 에이즈는 동성애자만 걸리는 질병이란 인식이 강했기 때문에 에이즈에 대한 뉴스나 정보는 대개 흥미나 재미를 위한 목적으로 제작되었다. 전원근2015이 1980년대에 성에 대한 정보를 제공하는 대표적인 대중 잡지였던 『선데이서울』에 등장한 동성애 관련 기사를 조사한 결과에 따르면, 동성애는 흥미와 자극을 주기 위한 목적으로 다뤄졌으며 '호모족'이라 불리는 특이한 집단의 반도덕적이고 반사회적인 행위로 인식되었다. 특히 에이즈 문제가 알려지면서 '호모족'은 대중의 건강을 위협하는 공포와 혐오의 대상으로 자리매김 되었다. 이런 상황에서 동성애에 대한 긍정적인 재현이 가능할 리 없었다. 『장사의 꿈1985』에서는 게이가 등장해 주인공 일봉을 유혹한다. 그는 왜소한 몸에 흰 양복과 프릴 와이셔츠를 입고 빨간 행커치프를 꽂고 반지와 목걸이 등으로 화려하게 장식한 중년의 게이로 일봉에게 고기를 사주고 여관으로 데려가 성관계를 맺으려고 시도하는 음흉한 인물로 재현된다. 게이에 대한 부정적 고정관념이 그대로 형상화된 것이다.

남성 동성애에 비해서, 여성 동성애는 좀 더 적극적인 방식으로 그려진다. 여성 동성애가 허용 가능한 섹슈얼리티로 이해되었기 때문이라기보다는 여성 동성애가 남성중심적 사회에 덜 위협적이었기 때문이다. 특히 1980년대에 많이 제작되었던 에로영화에서 여성 동성애는 남성 관객의 관음증을 자극하는 장치로 일차적으로 이용되었다. 『애마부인1982』에서 애마와 친구 에리카 사이의 동성애 관계를 암시하는 장면이 등장하는 등 에로영화에서 여성 사이의 동성애 묘사가 종종 등장했다. 『색깔 있는 남자김성수, 1985』와 『화춘조금환, 1988』 등의 경우에도 여성 동성애가 묘사되는데 역시 여성의 육체를 대상화함으로써 남성 관객을 위한 시각적 볼거리로 기능할 뿐만 아니라 영화 속 레즈비언은 성격에 문제가 있거나 악한 존재로 재현된다. 『사방지송경식, 1988』의 경우는 조선 시대에 실제로 있었던 자웅동체 인물 '사방지' 사건을 모티프로 제작된 것으로 단순한 동성애 영화라기보다는 퀴어 영화로 분류될 수 있다. 사방지는 여성도 아니고 남성도 아닌 간성intersex이다. 사방지는 상반신은 여성의 특징을, 하반신은 남성의 특징을 가진 것으로 묘사되기 때문에 실제로 영화 속 성행위도 남성과 여성의 성행위와 비슷하게 재현된다. 영화 속에서 사방지를 욕망하는 여성들은 여성으로서의 사방지가 아니라 남성의 대체자로서의 사방지를 원하는 것이기 때문에 엄밀한 의미에서 동성애가 재현되는 것은 아니다. 문제는 사방지가 자신의 성 정체성을 어떻게 찾아가느냐에 있다. 하지만 애초에 관객을 성적으로 자극하기 위한 장치로 자웅동체라는 흥미로운 소재가 이용되었을 뿐이기 때문에 영화에서는 퀴어로서의 사방지의 주체적 행동이나 태도는 드러나지 않는다.

1980년대 중반 이후 공중위생 차원에서 중요하게 다뤄질 수밖에 없는 에이즈의 등장으로 한국의 사회적 담론에서 오랫동안 배제되어 보이지 않았던 동성애가 사실상 강제적으로 가시화되었다. 1990년대 들어 정치적 민주화가 진행되고 사회적 다양성에 대한 요구가 증가하면서 이런 경향은 더욱 강화되었다. 동성애가 사회적으로 가시화되면서 동성애자 인권 단체가 만들어지기 시작했고 동성애자의 커밍아웃이 이어지면서 텔레비전 시사 프로그램들에서도 동성애를 다룰 정도로 동성애에 대한 사회적 담론이 형성되어갔다. 이런 사회적 분위기 속에서 한국 최초로 일상 속의 동성애를 주요 소재로 직접 다룬 영화 『내일로 흐르는 강박대호, 1996』이 제작되었다. 이 영화는 에로티시즘과는 무관하게 일상생활 속의 평범한 사람들의 섹슈얼리티로 존재하는 동성애를 보여줌으로써 사회적 논란을 불러일으켰고 동성애에 대한 사회적 담론이 형성되는 데 일조했다. 하지만 남성 동성애를 다룬 왕가위 감독의 홍콩 영화 『해피투게더Happy Together, 1997』의 상영이 보류되었다가 성행위 장면을 삭제한 편집판이 상영될 정도로 직설적인 동성애 재현에 대한 사회적 거부감은 여전히 존재했다. 이후, 『노랑머리김유민, 1999』, 『여고괴담 두 번째 이야기김태용, 민규동, 1999』, 『번지점프를 하다김대승, 2000』, 『로드 무비김인식, 2002』, 『왕의 남자이준익, 2005』, 『후회하지 않아이송희일, 2006』, 『쌍화점유하, 2008』, 『친구 사이?김조광수, 2009』 등의 여러 영화가 동성애를 서사의 주요 소재로 사용했으며 동성애를 암시하거나 동성애자가 주요 캐릭터로 등장하는 영화들도 많이 제작되었다. 『왕의 남자』와 『쌍화점』은 흥행에서도 좋은 성적을 기록했고, 『후회하지 않아』처럼 도시에 사는 하층계급의 남성 동성애를 사실적으로 묘사하고 이성애 중심사회에서 동성애자가 직면해야 하는 문제를 보여주면서 동성애를 직설적으로 다룬 영화도 좋은 평가를 받았다. 여전히 『가면양윤호, 2007』과 같은 영화에서 동성애자가 부정적으로 묘사되면서 동성애혐오의 표현들이 등장하고 동성애 관련 영화들이 나올 때마다 사회적 논란이 발생했지만, 과거에 비하면 동성애는 훨씬 더 자유롭고 진지한 방식으로 재현되었다. 2010년대에도 이런 경향은 계속되었다. 『두 번의 결혼식과 한 번의 장례식김조광수, 2012』, 『백야이송희일, 2012』, 『도희야정주리, 2014』, 『야간비행이송희일, 2014』, 『아가씨박찬욱, 2016』, 『연애담이현주, 2016』, 『메소드방은진, 2017』, 『퀴어 영화 뷰티풀백인규, 2018』 등의 영화에서 동성애가 재현되었다.

등급제 등의 장치가 없이 일반 대중에게 모든 콘텐츠가 완전하게 공개되어있는 텔레비전의 경우에는 동성애를 비롯한 성 소수자에 대해 일반적으로 더 보수적인 태도를 보인다. 드라마에 동성애자가 등장할 경우, 일반적으로 동성애자는 콧소리를 내면서 과도하게 여성적인 교태를 부리는 희화화된 인물이거나 비정상적인 범죄자로 재현되는 등 극에 재미를 더하는 주변 인물의 역할을 해왔다. 1990년대 중반 이후 텔레비전에서도 동성애를 직접 다루는 특집극 형태의 드라마가 제작되기 시작했다. 『두 여자의 사랑MBC, 1995』, 『숙희, 정희SBS, 1997』, 『슬픈 유혹KBS, 1999』, 『연인들의 점심식사MBC, 2002, 『금지된 사랑KBS, 2002』, 『사랑해요 수헬리KBS, 2004』, 『그 집엔 누가 사나요MBC, 2006』 등의 드라마에서 동성애가 묘사되었다. 텔레비전 드라마라는 특성상 동성애는 대부분 감정 묘사에 그치며 키스 정도의 접촉이 직접 재현되는 방식으로 육체적 행위에 대한 묘사는 억제된다. 또한, 대부분 동성애는 갈등과 주저함 속에서 표출되지만 완성되지는 못하는 방식으로 처리된다. 2000년대 중반 이후에는 동성애에 대한 표현이 가능해지고 사람들의 관심이 증가하자 『커피프린스 1호점MBC, 2007』, 『바람의 화원SBS, 2008』, 『성균관 스캔들KBS2, 2010』 등과 같이 동성애 코드를 상업적으로 이용한 드라마들이 제작되어 인기를 끌었다.

『인생은 아름다워SBS, 2010』는 동성애가 일상적이고 자연스러울 뿐만 아니라 아름답게 재현된 최초의 연속극 형식의 드라마이다. 드라마에서 의사인 태섭과 사진작가 경수는 잘생기고 부유한 전문직 남성으로 게이라는 정체성을 받아들이고 가족들의 인정을 받으면서 부부와 같은 생활을 한다. 2010년 당시 동성애를 반대하는 '참교육 어머니 전국 모임'과 '바른 성문화를 위한 전국연합'이 "『인생은 아름다워』보고 '게이'된 내 아들 AIDS로 죽으면 SBS 책임져라!"라는 제목의 광고를 『조선일보』에 게재할 정도로 이 드라마는 큰 사회적 파장을 불러일으켰다. 이 사건은 동성애에 대해 전반적으로 관용적으로 바뀐 사회 분위기에도 불구하고 동성애혐오가 여전히 한국 사회에 강하게 남아있다는 점을 보여줬다. 2000년 한국 연예인 최초로 공식적인 커밍아웃을 한 홍석천이 한동안 활동을 하지 못하다 2010년 이후부터는 『마녀사냥JTBC, 2013』 등과 같은 여러 예능 프로그램에서 게이의 정체성을 노출하면서 활발히 활동하고 있고 『꿈의 제인조현훈, 2017』이나 『이태원 클라쓰JTBC, 2020』 등의 영화와 드라마에서 트렌스젠더가 일상적이고 긍정적인 방식으로 재현되는 등 성 소수자에 대한 상업적 미디어의 재현은 점점 다양하고 개방적으로 변해가고 있다.

4. 퀴어 재현의 문제

이성애를 제외한 섹슈얼리티 중에서 가장 지배적으로 드러나는 것이 동성애이기 때문에 매스미디어가 동성애를 어떻게 인식하고 재현하느냐 하는 것은 사실 사회가 소수자 섹슈얼리티를 어떻게 인식하고 재현하는지를 평가할 수 있는 잣대의 역할을 해왔다. 매스미디어는 섹슈얼리티를 재현하면서 특정 섹슈얼리티에 대한 사회적 인식을 반영할 뿐만 아니라 사회적 담론을 형성하는 데 기여하고 나아가 사회적 인식에 영향을 미친다. 이성애가 지배적 규범으로 확립된 현대사회에서는 대부분의 미디어 콘텐츠가 이성애 규범성heteronormativity을 반영한다. 미디어 콘텐츠의 제작자뿐만 아니라 수용자들도 이성애자가 지배적 다수를 차지하기 때문에 이성애 규범성을 반영하는 것은 미디어의 상업성을 위해서도 필요하다. 20세기 후반까지 매스미디어가 부정적인 방식으로 동성애와 동성애자를 재현한 것은 동성애자를 비롯한 성 소수자에 의한 이성애 중심의 가부장적 사회질서가 파괴될 것이라는 사회적 공포와 두려움을 반영한 것이라고 볼 수 있다.

20세기 후반 이후 매스미디어의 동성애 재현은 상당히 관용적이고 긍정적으로 변했다. 이런 변화를 가져오는 데는 정치적 민주화를 바탕으로 사회적 다양성에 대한 담론을 만들기 위해 노력해 온 사회운동 집단들의 활동이 중요한 역할을 했다. 하지만 동시에 완전한 경쟁이라는 상상의 장을 마련해 놓고 개인에게 선택할 수 있는 자유를 주면서 경쟁의 장에서 발생하는 결과의 모든 책임을 개인에게 돌리는 신자유주의 체제의 등장도 한 몫을 했다. 선택은 개인의 자유이며 결과에 대한 모든 책임도 개인이 져야 한다는 신자유주의적 논리는 섹슈얼리티의 선택에도 적용되면서 동성애를 비롯한 퀴어에 대한 무관심적 관용도를 증가시켰다. 섹슈얼리티와 관련된 사회적 제도와 장치는 별로 변한 것이 없는 상황에서 섹슈얼리티 선택에 대한 책임을 개인에게 전가하는 방식의 무관심적 관용은 평등을 가장한 차별이 된다. 이런 상황에서 동성애자를 비롯한 성 소수자가 기댈 수 있는 것은 친구와 가족밖에는 없다. 실제로 동성애 영화와 드라마에서 제시되는 동성애 문제의 해결은 개인적이고 가족적인 차원에 머문다.

이성애적 가부장적 사회질서가 붕괴되지 않은 상태에서 매스미디어가 동성애에 대해 긍정적으로 재현한다는 것은 사회에서 동성애를 이제는 이성애중심의 가부장적 사회질서를 위협하는 것으로 여기지 않는다는 것을 의미한다. 이것은 동성애를 이성애중심의 가부장적 사회질서 안으로 끌어들이면서 가능해진다. 즉, 동성애를 이성애와 동일한 방식으로 재현하는 것이다. 이성애가 아름다울 때는 인간의 순수하고 낭만적인 사랑이 드러날 때이다. 동일한 방식으로 인간의 순수하고 낭만적인 사랑을 구현하는 동성애는 아름다울 수 있다. 순수하고 낭만적인 사랑을 인간의 '보편적 사랑'으로 만들고 이 '보편적 사랑'의 경계선 안에 동성애를 포함하는 과정에서 동성애는 이성애적 사회질서가 용인할 수 있는 섹슈얼리티가 된다.

동성애를 비롯한 퀴어 섹슈얼리티들은 이성애와는 다른 섹슈얼리티이다. 동성애라고 하지만 게이와 레즈비언은 다르고 게이와 레즈비언 안에서도 다른 층위의 섹슈얼리티들이 있다. 흔히 LGBTlesbian, gay, bisexual, transgender라고 표현하지만 이 명칭에도 포함되지 않는 섹슈얼리티들도 많이 존재한다. 문제는 이성애 규범성을 통해 세상을 바라보고 재현하는 미디어는 퀴어 섹슈얼리티를 그 섹슈얼리티 자체의 관점에서 바라보고 재현하기 어렵다는 점에 있다. 이성애를 재현하는 것에 익숙해진 상업적 미디어는 퀴어 섹슈얼리티를 아예 배제하거나 이성애의 관점에서 재현할 수밖에 없는 모습을 보인다. 왜냐하면, 미디어가 그동안 만들고 축적해 온 여러 제작 방법과 관습은 이성애 재현에 적합한 것이기 때문이다. 퀴어 섹슈얼리티를 재현한 미디어 콘텐츠는 대부분 이성애의 재현 관습을 따른다. 또, 그런 미디어 콘텐츠가 대중으로부터 인정받고 사랑받을 가능성이 크다. 퀴어 섹슈얼리티를 기존의 이성애 재현 방식과는 완전히 다른 방식으로 재현하는 콘텐츠는 이해하기 어려운 내용이 될 것이고 대중의 외면을 받을 것이다.

앞에서 우리는 20세기 말부터 동성애를 긍정적으로 재현하는 영화나 드라마가 많이 제작되고 있으며 대중의 인기와 좋은 평가를 받고 있음을 봤다. 이 영화나 드라마는 대중이 이해할 수 있는 메시지를 전달하기 위해 사랑을 재현하는 기존 영화나 드라마의 관습을 가져올 수밖에 없다. 문제는 기존 영화나 드라마가 재현하는 사랑이 이성애적 사랑이라는 점이다. 2006년에 아카데미상 8개 부문 후보에 오르고 3개 부문의 수상을 함으로써 동성애를 그린 영화로서 좋은 평가와 대중적 성공을 거둔 『브로크백 마운틴』은 여러 장애에도 불구하고 추구되는 낭만적 사랑이라는 이성애적 사랑 공식을 따른다. 미국 서부의 아름다운 자연을 배경으로 두 명의 젊고 잘생긴 남성이 나누는 사랑을 재현하는 이 영화는 둘 중 한 명이 여성이어도 서사의 전개는 달라지지 않을 만큼, 우연히 만나 첫눈에 반해 열정적으로 사랑을 나눈 두 사람이 각자의 삶으로 돌아간 뒤에도 상대방을 그리워하며 산다는 이성애적 낭만적 사랑의 영화 관습에 따라 제작되었다. 따라서 영화를 보면서 관객들이 느끼는 감동도 두 남성의 동성애라기보다는 두 사람 사이의 이뤄질 수 없는 아름답고 슬픈 사랑 이야기를 접한다고 생각하면서 얻는 것이다.

한국의 동성애 재현 영화 중에서 좋은 평가를 받은 『후회하지 않아』의 경우에도 남성의 동성애는 상층계급과 하층계급 사람 사이의 낭만적 사랑이라는 서사적 장치를 통해 재현된다. 우연히 만나 첫눈에 반한 뒤 모든 것을 버릴 수 있을 만큼 진실한 사랑에 빠진 두 남성의 이야기는 한 명이 여성으로 바뀌어도 서사 전개에 큰 변화는 없을 것이다. 두 남성의 항문 성교가 이성애자 관객들에게는 어색할 수 있지만, 계급을 초월한 낭만적 사랑 이야기는 그런 어색함을 넘어서 공감을 이끌어낸다. 젊고 아름다운 외모의 배우들은 관음증적 욕망을 부추기면서 이성애적 낭만적 사랑이 전하는 감동을 배가시킨다. 이성애 영화에서 관객이 낭만적 사랑의 환상을 유지하도록 돕는 것은 배우들의 젊고 아름다운 외모이듯이 동성애 영화 안에서의 낭만적 사랑의 환상도 젊고 아름다운 육체에 대한 시각적 소비를 통해 유지된다.

동성애를 비롯한 퀴어 섹슈얼리티들이 각각의 단일한 정체성을 가진 섹슈얼리티로 환원되지 않듯이, 이성애도 단일한 정체성으로 환원될 수 없는 다양한 층위를 가진 섹슈얼리티다. 하지만 사회는 집단적 압력을 통해 개인에게 단일한 성 정체성을 갖도록 강요하며 불확실함을 거부하는 상업적 미디어 콘텐츠는 섹슈얼리티를 관습적인 방식으로 재현하면서 단일한 성 정체성에 대한 환상을 제공한다. 상업적 미디어는 그동안 낭만적 사랑이란 프레임을 통해 이성애를 단일한 정체성의 섹슈얼리티로 재현해왔다. 동일한 메커니즘이 퀴어 섹슈얼리티에도 적용된다. 동성애애호이든, 동성애혐오이든, 동성애를 향한 감정은 동성애라는 명확한 경계를 가진 섹슈얼리티가 존재한다고 전제해야만 가능한 감정이다.

이성애는 근대 이후 낭만적 사랑을 찬미하는 다양한 텍스트들을 통해 명확한 경계를 가진 섹슈얼리티로 성립되었다. 상업적 미디어 콘텐츠는 그렇게 형성된 이성애를 관습에 따라 재현하면서 사람들에게 안정적인 성 정체성을 부여하는 사회적 기능을 담당해왔다. 그 과정에서 퀴어 섹슈얼리티는 이성애의 타자로서 경계를 부여받으며 단일한 정체성을 형성해왔다. 20세기 말부터 상업적 미디어는 퀴어 섹슈얼리티를 이성애의 재현 관습에 따라 재현하면서 새로운 경계선을 부여하려는 것처럼 보인다. 퀴어 섹슈얼리티는 낭만적 사랑의 마지막 보루로 재현되면서 이제 이성애가 배척해야 할 타자가 아니라 이성애가 추구해야 할 절대자로 자리매김 된다. 이성애가 이제는 잃어버린 낭만적 사랑과 결혼이 동성애를 비롯한 퀴어 섹슈얼리티가 갈망하는 것으로 재현된다. 이성애 영화가 낭만적 사랑과 결혼의 불가능성을 말하고 그것으로부터의 탈주를 기획할 때 퀴어 영화는 낭만적 사랑과 결혼의 가능성을 염원하면서 그 안으로 들어가려는 시도를 보여준다. 이성애자들은 자신들이 잃어버린 낭만적 사랑의 환상을 상업적 퀴어 영화에서 발견하고 감동한다.

10장

한국 인터넷 공간의
젠더 담론

1. 인터넷을 통한 젠더 갈등의 역사

1990년대 중반부터 대중화된 인터넷은 우리의 일상생활에 큰 영향을 미치면서 사회와 문화를 급속하게 변화시켰다. 기존의 미디어에서는 사실상 불가능했지만, 인터넷을 통해서 가능해진 가장 주목할 만한 사건은 바로 개인의 목소리가 공적 영역에서 자유롭게 유통될 수 있게 되었다는 것이다. 인터넷을 이용한다면 이론적으로는 나의 개인적인 생각을 세계 거의 모든 사람에게 직접 전달할 수 있다. 책, 잡지, 라디오, 텔레비전 등의 미디어를 통해 어떤 의견이나 주장이 공적 영역에서 유통되기 위해서는 일정한 검증과 사회적 인정을 받아야 한다. 하지만 인터넷을 이용하는 과정에서는 그와 같은 검증이나 인정이 필요하지 않다. 게다가 인터넷은 대개 익명성이 보장되기 때문에 누구나 큰 부담 없이 생각과 감정을 표현할 수 있다. 인터넷 초기에 이것은 직접민주주의의 가능성을 높일 수 있는 일이라는 긍정적인 평가를 받았다. 시민들의 자유로운 참여와 토론을 통해 민주적 의사결정을 하는 인터넷 공론장이 도래할 것이라는 희망적인 전망도 많았다. 하지만 그 후 거의 30여 년 동안 인터넷이 사용되어 온 모습을 관찰해보면 긍정적인 면만큼이나 부정적인 면도 많이 발견된다. 가장 부정적인 면은 인터넷의 익명성을 이용해 일반적인 상황에서라면 공적으로 표현하기 힘든 거짓과 증오와 혐오로 가득 찬 의견들이 거리낌 없이 표출되고 유통된다는 점이다. 게다가 한번 표출되기 시작한 이런 의견들은 집단을 이루면서 세력화하고 결국에는 큰 사회적 영향력을 행사하게 된다.

인터넷을 통한 정보 습득과 공유는 행위자의 능동적인 정보 검색과 참여를 통해 이뤄진다. 이 과정에서 이용자는 자신이 원하는 정보를 선별적으로 취사선택한다. 자신을 불편하게 만드는 내용은 의도적으로 외면하고 자신의 마음에 드는 내용만을 즐겨 보는 것이다. 자신의 의견과 일치하거나 비슷한 내용이 바로 자신의 마음에 드는 내용이다. 이것은 자신의 의견과 다른 내용을 접할 때 발생할 수 있는 인지부조화로 인한 불편함을 피하기 위한 행동이다. 이런 정보의 선별적 노출 과정을 통해 사람들은 자신의 의견이나 취향과 일치하거나 유사한 내용을 공유하는 사이트에 모이게 되고 그곳에서 자기들끼리만 의견을 교환하고 토론하면서 자신의 의견이 옳다는 확증편향을 키워간다. 이들은 다른 의견이나 취향은 접하지 않기 때문에 자신들만의 편협한 논리를 계속 확대 재생산하게 된다. 이 경우 지식의 수준은 낮아지고 논리적 사고력이나 자기성찰 능력도 떨어질 수 있다. 이 동질적 집단 안에서는 결국 충분한 토론 없이 쉽게 결정을 내리고 한번 결정된 것은 바꾸려 하지 않는 경직된 집단사고Groupthink가 나타나기도 하고 문제에 대한 비합리적이고 극단적인 해결책을 도출하는 집단 극화Group polarization 현상도 나타나기 쉽다.

이런 이유로 정보의 바다라고 할 수 있을 정도로 다양한 정보들로 가득 찬 인터넷을 이용하면서도 오히려 편협한 정보만을 생산하고 유통하는 개인화와 고립화 경향이 나타난다. 이용자에게 개인화된 콘텐츠를 추천하는 인공지능 알고리즘의 일반화는 이런 경향을 더욱 조장한다. 특정한 유튜브 채널을 구독하게 되면 그 채널과 유사한 성향을 가진 채널들이 계속 추천되고 결국 그런 채널들 외에는 다른 것들을 접하기 어려운 콘텐츠의 벽 안에 갇히는 현상이 발생하는 것이다. 친구 맺기나 팔로잉을 통해 네트워크가 구성되는 소셜미디어의 경우에도 이용자는 자신과 비슷한 생각을 가진 사람들과 친구를 맺고 자신에게 불편함을 유발하는 다른 의견을 표현하는 사람들을 차단하면서 스스로 고립된 섬 안에 안주하는 경향을 보인다. 결과적으로 서로 다른 의견을 가진 집단들 사이의 반목과 대립이 심해지면서 상대방에 대한 비하와 증오가 인터넷 공간을 채우게 된다. 반대 의견을 청취하고 자신의 의견을 합리적으로 전달하는 토론이 이뤄지지 않기 때문에 논리적 사고력과 자기성찰 능력을 키울 수 없게 된 사람들은 집단사고와 집단 극화에 빠져 자신의 의견이 사회적으로 인정받지 못하는 경우 분노와 상실감만을 키우게 되며 사회에서 일어나는 일을 잘못 이해하고 나아가 극단적 행동을 하게 될 위험도 있다.

이런 현상이 나타나는 주요한 사례 중의 하나가 바로 인터넷 공간에서 특히 심각한 양상으로 드러나고 있는 젠더 갈등이다. 인터넷 공간에서의 젠더 갈등은 처음에는 남성과 여성 사이의 대립이라기보다는 여성에 대한 남성의 일방적 공격과 비난의 형태로 나타났다. 인터넷 초기에 젠더 갈등이 구체적으로 가시화된 대표적 사건은 바로 1999년 군가산점 폐지와 관련된 논란이다. 군가산점 폐지 논란은 1998년 이화여대 학생 5명과 연세대 장애인 학생 1명이 공무원 및 공기업 채용 시험에서 군필자에게 주어지는 가산점 제도가 위헌이라는 헌법소원을 내면서 본격적으로 촉발되었다. 이에 1999년 헌법재판소는 성차별과 평등권 침해 등을 이유로 가산점을 주도록 한 법률에 대해 위헌 판결을 내렸다. 판결 직후 당시 PC통신 게시판 등을 중심으로 이화여대와 여성단체를 비난하는 엄청난 사이버 폭력이 일어났다. 그 이후로도 한동안 군가산점 관련 TV토론 등이 있을 때마다 가산점 폐지를 주장하는 여성에 대한 인터넷 공간에서의 인신공격이 마치 놀이처럼 행해졌다.

2001년 4월 부산대학교에서 여성학을 공부하는 소모임의 학생들이 만든 웹진 『월장』의 창간호에 '도마 위의 예비역'이라는 기획특집중에서 '예비역이 싫은 몇 가지 이유'라는 기사가 게재되었다. 이 기사는 제대하고 복학한 남학생들의 남성 중심적이고 위계적이며 폭력적인 문화를 비판하는 내용을 담고 있었는데 이를 본 남성들이 해당 웹진 게시판에 욕설과 비난을 하는 글을 올리면서 사건이 발생했다. 웹진에서 기사 내용에 대해 공개적으로 사과했음에도 비난은 줄어들지 않았고 시간이 지나면서 더 격한 공격이 가해졌으며 결국 웹진 회원들의 신상정보가 유출되고 웹진 편집인과 회원에 대해 구체적 위협과 협박이 가해지는 사태로 발전했다. 이 상황은 두 달 넘게 지속되면서 부산대학교 총학생회와 총여학생회, 부산성폭력상담소, 경찰 사이버수사대, 당시 논객으로 활동하던 진중권 등의 외부인사까지 개입하는 큰 사건이 되었다. 이 사건을 계기로 '부산대학교 여성주의 웹진 『월장』 관련 사이버 성폭력 근절을 위한 사이버 성폭력 토론회'가 열릴 정도로 인터넷 공간에서 익명성을 이용해 특히 여성에 대해 무차별적으로 가해지는 언어적, 상징적 폭력이 심각한 사회문제가 될 수 있음이 드러났다.

2005년 6월 서울 지하철 2호선 열차에서 한 여성이 데리고 있던 개가 설사를 했다. 여성은 개는 닦았지만, 개의 배설물은 치우지 않고 다음 역에서 내려버렸고 결국 여성 근처에 있던 할아버지가 개의 배설물을 치웠다. 당시 개의 배설물을 치우지 않고 자리에 앉아 있는 여성과 배설물을 치우는 할아버지의 사진이 인터넷에 공개되면서 여성에 대한 비난 여론이 들끓었다. 여성은 '개똥녀'라고 불리면서 엄청난 언어적 폭력의 대상이 되었다. 이 사건은 'Dog-poop Girl'이라는 이름으로 해외에도 알려지면서 인터넷을 이용한 사회적 규범의 강제가 개인의 인권과 충돌하는 문제에 대한 논의를 촉발하기도 했다. '개똥녀' 사건은 여성이 실제로 무슨 이유로 그런 행동을 했는지를 알려 하지 않고 특정 개인에 대해 다수의 일방적 비난과 공격이 가해졌다는 점에서 일종의 마녀사냥이라고 할 수 있다. 게다가 이것은 단순히 한 개인의 행동에 대한 비난의 수준을 넘어서서 여성이 본성상 무책임하고 부도덕하다는 점을 증명하는 사례처럼 이용되면서 여성 일반에 대한 성차별적 공격으로 발전했다.

2006년부터는 '된장녀'라는 말이 유행하기 시작했다. 이 단어는 2000년대 초부터 인터넷 카페 등에서 사용되고 있었는데 2006년부터 언론에서 언급하기 시작하면서 급속도로 퍼졌다. 이 말은 아버지, 남편, 남자친구 등의 남성에게 기생하면서 현실 감각 없이 사치와 허영을 일삼는 한국여자를 비난하기 위해 사용되었다. 처음에는 고추장남, 된장남이라는 단어와 함께 사용되면서 사회적으로 문제 있는 행동을 하는 남성이나 여성을 조롱하는 기능을 하는 단어였다. 하지만 곧 고추장남이나 된장남이란 단어는 사장되고 된장녀라는 말만 유행하게 되었다. 2006년 한 TV 프로그램에서 당시 인기가 있던 여성 배우가 남자와 데이트할 때 근사한 레스토랑에서 할인카드를 내밀면 분위기가 깨진다는 이야기를 한 후에 된장녀라는 비난에 시달리면서 한동안 활동을 하지 못했던 사건이 있을 정도로 된장녀 담론은 여성의 태도와 행동을 옥죄는 강제적 규범의 역할을 했다.

2000년대 들어 여성에 대한 공격의 강도가 강해진 것은 여성의 권리와 지위에 대한 사회적 인식에 변화가 생기고 페미니즘 운동의 활성화와 여성의 사회적 노동 확산으로 공적 영역에서 여성의 목소리가 커지게 된 점과 관련이 있다. 2001년 여성부가 설치되고 2005년에 여성가족부로 개편되었으며 2004년에 성매매 금지법이 제정되었고 2005년에는 오랜 논란 끝에 호주제가 폐지되었다. 이런 현상을 일부 남성은 남성의 권리에 대한 침해로 받아들였다. 이것을 상징적으로 보여주는 사건이 2008년에 있었던 '남성연대'의 출범이다. '남성연대'의 전신은 2006년 성재기가 창립한 '여성부 폐지운동본부'이다. 성재기는 남성이 역차별을 받고 있다고 주장하면서 여성에게 너무 많은 사회적 혜택이 돌아가는 반면에 남성은 무시와 멸시를 받는다고 주장했다. 그는 2010년쯤부터 TV토론 등에 출연하고 트위터 등을 통해 젠더 이슈에 대해 가부장적이고 공격적인 발언을 하면서 유명세를 얻었지만 2013년 모금활동을 위한 이벤트 도중 사고로 사망했다. 그 후 그의 이름은 일부 여성들에 의해 한국남성을 조롱하는 의미로 사용되었다.

2009년 KBS의 예능 프로그램 『미녀들의 수다』에 출연한 한 여성이 키 작은 남자는 루저라는 발언을 한 것이 사회적으로 큰 논란이 되었다. 불특정 다수에 대한 인신공격에 해당하는 발언을 한 여성과 그 발언을 그대로 내보낸 방송사의 잘못이 큰 사건이었지만 이후 인터넷에서 진행된 해당 여성에 대한 '신상털기'와 언어적 폭력은 매우 심각했다. 이 사건은 2000년대 내내 인터넷에서 확산하던 여성혐오 분위기에 불을 붙이는 효과를 발생시켰다.

2009년을 전후해서 '보슬아치'란 말도 널리 사용되었다. 이것은 여성 생식기를 속칭하는 단어와 관직을 지내는 자를 뜻하는 '벼슬아치'를 합친 단어이다. 여자인 것이 벼슬인 것처럼 남자를 부려 먹는 여자라는 의미로 사용되었다. 이 단어는 성기를 의미하는 속어를 포함하고 있기에 일상생활에서는 별로 사용되지 않았지만, 주로 인터넷에서 여성을 비하하고 공격하기 위해 자주 사용되었다.

2010년 인터넷 사이트 '디시인사이드 갤러리'의 일간베스트 게시물을 별도로 저장할 목적으로 '일간베스트 저장소일베'가 만들어졌다. '일베'는 곧 당시 인터넷 공간에서 나돌던 여성혐오, 페미니즘 공격, 외국인노동자 증오, 전라도 비하, 노무현 조롱 등의 콘텐츠가 집중적으로 공유되는 사이트로 발전했으며 사회적 논란을 일으킨 여러 사건의 온상이 되었다. '일베'는 특히 여성 이용자를 배척하면서 여성혐오적 성격을 강하게 드러냈고 2011년부터 한국여성을 비하하기 위해 '김치녀'라는 말을 집단적으로 사용하면서 '김치녀'가 기존의 '된장녀'와 '보슬아치'란 단어를 대신해 한국여성을 공격하는 단어로 자리 잡게 했다. '김치녀'는 인터넷 공간에서 그동안 한국여성에게 부여해 왔던 모든 부정적 의미를 다 포함하는 단어로 사용된다. '된장녀'나 '보슬아치'가 특정한 행동이나 태도를 보이는 일부 한국여성을 지칭하는 단어라면 '김치녀'는 모든 한국여성을 지칭한다는 점에서 여성혐오가 전반적으로 만연하고 있음을 보여준다. 여성은 어떤 행동을 하더라고 '김치녀'라는 비난을 받게 된 것이다.

2012년 정태영 현대카드 사장이 트위터에 "식당이나 카페에서의 카드사용통계를 보면 여성회원의 사용이 더 많은 장소를 찾기가 거의 불가능. 여성 취향의 장소도 마찬가지. 이는 남성들의 지불이 압도적으로 더 많기 때문. 불쌍한 남자들, 언제까지 이러고 사실 건가"라는 글을 올려 논란을 일으켰다. 이 글은 여성이 남성에 기생하고 살면서 사회적 혜택은 더 많이 받으려 한다는 기존의 여성혐오적 주장에 다시 불을 붙이는 역할을 했다. 정 사장은 후에 "가벼운 농담했다가 OECD 통계까지 나오는 격론 속에 현카는 여성 민심을 잃고 있습니다. 남성분들 커피 정도 그냥 사세요. 저도 그렇게 살았고 여러분들도 그렇게 사세요. 데이트신청은 여러분들이 하잖아요. 난 여성 편입니다"라는 글을 올려 여전히 성차별적인 태도에서 벗어나지 못했다는 비난을 들었다. 당시 데이트 비용의 더치페이 문제가 첨예한 젠더 갈등의 소재가 되고 있던 상황에서 이 사건은 젠더 갈등을 악화시키는 기능을 했다.

1999년부터 16년에 걸쳐 인터넷에서 거의 일방적으로 남성들에 의해 전개된 여성혐오적 공격의 대상이 되었던 여성들이 2015년 처음으로 조직적인 반격을 시작했고 이에 따라 젠더 갈등은 본격적인 투쟁과 전쟁의 양상을 띠기 시작했다. 2015년 중동지역에서 발생한 중증호흡기 질병인 '메르스MERS: Middle East Respiratory Syndrome'가 한국에서 유행하자 '디시인사이드'에서 관련 정보 공유를 위해 '메르스 갤러리'를 만들었다. '메르스 갤러리'는 원래 취지와는 달리 감염자가 남성이냐 여성이냐에 따라 남성과 여성을 욕하고 비난하는 내용으로 채워지게 되었고 결국 이 갤러리의 여성 이용자들이 독립적인 사이트를 만들고 '메갈리아'라는 이름을 붙이게 된다. '메갈리아'는 메르스 갤러리와 『이갈리아의 딸들』이라는 소설에 나오는 가상 국가 이갈리아의 합성어이다. '메갈리아'는 여성들이 중심이 되어 인터넷 공간에 만연한 여성혐오에 맞서 싸우겠다는 것을 공개적으로 천명한 최초의 사이트이다. '메갈리아'는 여성혐오에 맞서는 투쟁 방법으로 '미러링'을 제안했다. 미러링은 상대방의 말이나 행동을 그대로 모방해서 내용을 바꾼 후에 다시 상대방에게 돌려주는 방법을 의미한다. 예를 들어, '가슴이 절벽인 김치녀는 가치가 없다'라는 여성혐오적 발언을 '고추가 작은 김치남은 가치가 없다'라는 식으로 바꿔 전달함으로써 여성혐오의 문제를 깨닫게 해준다는 것이 미러링의 취지이다. 이런 미러링 전략에 따라 '메갈리아'에서 한국남성을 비하하고 공격하는 표현들이 집중적으로 생산되자 '메갈리아'를 여성판 '일베'로 보면서 남성혐오를 주도한다는 비난이 쏟아졌으며 '김치녀' 대신 '메갈'이라는 단어가 한국여성을 비하하고 공격하는 단어로 사용되기 시작했다. 반면에 '메갈리아'는 한국남자를 비하하고 조롱하는

‘김치남’, ‘한남’, ‘한남충’ 등의 단어를 만들어 유행시켰다. 많은 논란을 일으킨 끝에 ‘메갈리아’는 2017년 폐쇄되었다.

‘메갈리아’에 참여하던 급진적 페미니스트의 일부가 2016년 ‘워마드’를 만들어 독립했다. ‘워마드’는 생물학적 여성만을 인정하는 폐쇄적 페미니즘을 표방하고 모든 형태의 생물학적 남성에 대한 증오를 공개적으로 표현하면서 사회적 논란을 일으켰다. ‘워마드’는 한국에 존재하는 가장 급진적인 페미니스트 집단으로 남성혐오와 여성우월주의를 공개적으로 내세우면서 기존의 정치적 지형 안에서 어느 한쪽으로 분류되기 어려운 주장과 행동을 보이기 때문에 이들에 대한 평가도 매우 엇갈리고 있다. 이들은 생물학적 여성이라면 기존의 보수, 진보라는 정치적 진영과 무관하게 지지하는 모습을 보이며 여성과 레즈비언을 제외한 다른 소수자에 대해서는 적대적인 태도를 보이면서 극우 집단과 연대하기도 한다.

2016년 5월 강남역 근처 한 건물의 화장실에서 여성이 생면부지의 남성에게 살해당하는 사건이 발생했다. 평소 여성에게 무시당해 왔다는 피해망상과 함께 조현병을 알고 있던 가해자는 화장실에 숨어 있다가 남성 6명은 그냥 보낸 후에 여성을 살해한 것으로 드러났다. 이 사건을 여성혐오 범죄로 봐야 하는가에 대한 논란이 있었고 강남역 10번 출구에는 ‘여성이라 죽었다’라는 주장에 공감하는 많은 여성이 몰려들어 희생자를 추모했다. 이 사건은 여성혐오의 사회에서 남성은 잠재적 가해자이고 여성은 잠재적 피해자라는 주장을 둘러싸고 인터넷 공간에서 남성과 여성이 치열하게 공방을 벌이는 결과를 낳았다.

2016년 7월에는 넥슨이 배급하는 온라인 게임인 『클로저스』의 한 캐릭터를 담당하는 여성 성우의 교체와 관련된 논란이 발생했다. 김

자연이라는 성우가 'Girls do not need a prince'라는 글씨가 있는 티셔츠를 입고 찍은 사진을 트위터에 올렸는데 이 티셔츠는 '메갈리아'에서 파생된 사이트에서 만들어 판매한 것이었기에 성우가 '메갈리아'를 지지하는 것으로 이해되었다. 이에 『클로저스』의 남성 이용자들이 성우 교체를 요구했고 결국 성우가 교체되었다. '메갈리아'와 '워마드' 회원들을 중심으로 넥슨 본사 앞에서 성우 교체에 항의하는 시위가 벌어졌다. 정의당에서는 넥슨 성우 교체 결정을 비판하는 성명을 냈으나 당원들이 이에 반발하고 탈당하는 일이 발생하자 해당 성명을 철회했다. 또한, 주간지 『시사인』이 8월 27일 통권 467호의 '정의의 파수꾼들?'이라는 기사에서 『클로저스』 성우 사태에서 나타난 소위 "정의로운" 남성들의 태도를 비판하자 독자들의 반발과 절독이 이어졌다. 자신을 진보적이라고 평가하는 남성들이 그동안 지지를 보내던 정의당, 『시사인』, 『한겨레 신문』, 『경향신문』 등과 진보적 정당과 언론에 등을 돌리는 사태가 발생한 것이다. 이 사건을 계기로 인터넷 공간에서는 '메갈리아'와 '워마드'에 대한 진보 계열 남성들의 비판이 거세졌으며 그들을 '페미나치'라고 부르며 '일베'와 동등한 반사회적 범죄 집단으로 분류하려는 움직임이 확산되었다.

2016년 10월부터 SNS를 이용해서 성폭력을 고발하고 성폭력 피해를 말하는 '해시태그 성폭력 말하기' 운동이 벌어졌다. '#○○_내_성폭력'의 형식으로 문단, 미술계, 공연계 등 주로 문화예술계에서 일어나는 성폭력 사례들을 폭로하는 내용으로 진행되었다. 문화예술계에서 오랜 시간 동안 활동을 하면서 대중의 사랑과 존경을 받아 온 작가들이 성폭력 가해자로 고발됨으로써 충격을 줬고 그동안 침묵하던 여성들이 목소리를 내고 연대를 하기 시작했다는 점에서 사회적 주목을 받았다. 이 운동은 2018년 '미투me too' 운동으로 이어졌다.

미투 운동은 2017년 미국의 거물 영화제작자인 하비 와인스틴Harvey Weinstein의 성폭력 사건으로 촉발되었으며 2018년부터는 세계 주요 국가에서 성폭력 피해 사실을 여성들이 자발적으로 말하고 연대하면서 문제 해결을 촉구하는 운동으로 발전했다. 한국에서는 2018년 1월 서지현 검사가 TV 뉴스 프로그램에 출연해 검찰 안에서의 성폭력을 폭로하면서 본격적으로 시작되었다.

2017년 호주에서 체류 중인 '워마드' 회원이 호주 남자 아동을 성폭행했다고 주장하는 글을 올려 문제가 되었다. 이 사실이 호주 경찰에 신고가 되었고 결국 해당 인물이 경찰에 체포되고 재판을 받다 한국으로 추방되는 일이 발생했다. 사건 당사자는 실제 성폭행은 일어나지 않았고 남성이 여자 아동을 성폭행하는 행위에 대한 미러링의 하나로 글을 만들어 게시한 것이라고 주장했다. 이 사건 이후 인터넷 공간에서 급진적 페미니스트들에 의해 행해지는 미러링의 원래 취지가 변질되었고 단순히 사람들의 관심을 끌기 위한 목적이나 다른 정치적 목적을 가진 혐오적 표현물로 전락했다는 지적이 증가했다.

2017년 11월에는 배우 유아인이 SNS를 통해 페미니즘과 관련된 댓글 논쟁을 벌이는 일이 발생했다. 댓글에 댓글이 꼬리를 물면서 무려 2주 가까이 진행된 이 논쟁은 영화 평론가와 정신과 의사까지 참가하는 양상으로 발전했다. 단순한 해프닝이 될 수 있었던 이 사건이 커진 것은 처음에는 별 의미가 없던 설전에 '한남'이라는 단어가 등장하면서 여성혐오와 남성혐오라는 인터넷 공간에서의 뜨거운 문제가 제기되었기 때문이다. 이 논쟁은 여성혐오와 페미니즘 문제와 관련해 당시 인터넷 공간에서 대립하던 양측의 논리를 그대로 재현했다는 점에서 흥미롭다. 이 논쟁은 페미니즘과 반페미니즘 사이의 논쟁이라기보다는 자신이 진짜 페미니즘이라고 주장하는 진영들 사이의 논쟁이라는 모습을 가진다. 2016년 넥슨 『클로저스』 성우 교체 사건 때 발생했던 논쟁의 반복인 것이다. 이것은 2010년대 중반 이후 한국 사회에서 여성의 인권이 보장되어야 하고 여성과 남성이 동등한 권리와 자유를 누려야 한다는 생각에 대해서는 원칙적으로 사회적 합의가 이뤄져 있음을 보여준다. 또, 이 사건은 대중의 인기를 먹고 사는 배우가 대중과 맞서 논쟁을 벌일 만큼 페미니즘이 공적인 이슈로 자리 잡았고 인터넷을 많이 이용하는 20-30대의 청년세대는 이 문제에 대해 자신만의 확고한 생각과 논리를 갖고 있음을 보여줬다.

2018년 5월 홍익대학교 미술대학에서 인체 크로키를 그리는 수업 도중에 한 여성이 남성 누드모델의 신체를 몰래 촬영해 '워마드'에 공개하는 사건이 발생했다. 일반적인 성범죄로 처리될 수 있는 사건이었지만 가해자가 여성이고 피해자가 남성이라는 사실이 기존의 많은 도촬 성범죄의 남성 가해자와 여성 피해자 구도와 달랐기 때문에 논란이 되었다. '워마드'를 중심으로 한 급진적 페미니스트 진영에서는 이 사건의 경찰 수사가 빨리 진행된 것은 남성이 피해자이고 여성이 가해자였기 때문이라고 주장하고 여성이 피해자이고 남성이 가해자인 사건과 비교했을 때 편파적인 수사라고 주장했다. 이런 주장을 바탕으로 5월 19일 서울 혜화역 지역에서 1만 명이 넘는 사람들이 참가한 '불법촬영 편파수사 규탄시위'가 열렸다. 시위는 2018년 12월까지 거의 매달 6차에 걸쳐 조직되었다. 여성들만이 참여하는 시위로는 가장 규모가 큰 시위였다. 이 시위는 생물학적 여성만 참여 가능한 것으로 규정되었고 편파수사에 대한 규탄만이 아닌 남성중심적인 사회 구조 전반에 걸친 비판의 목소리를 담고 있었다. 여섯 차례에 걸쳐 많은 여성이 시위에 참여함으로써 남성중심적 사회에서 여성들이 느끼는 불안과 공포가 크다는 것을 보여줬다. 반면에 인터넷 공간에서 사용되는 과격한 표현들이 시위 현장의 피켓으로 등장하면서 그런 표현에 익숙하지 않은 사람들의 반발을 불러일으키기도 했다.

2020년 2월 성전환 수술을 받은 트랜스젠더 여성이 숙명여자대학교에 입학을 시도했다가 학생들의 반대로 포기하는 일이 발생했다. 특히 급진적 페미니즘을 표방하는 단체를 중심으로 입학을 반대하는 목소리가 높았다. 생물학적 여성이 아니면 여성이 겪는 문제에 100% 공감할 수 없고 오히려 여성에게 위협이 될 수 있다고 주장한 것이다. 이 과정에서 트랜스젠더와 같은 소수자와 연대하는 문제와 관련해 페미니즘 진영 안에서의 차이가 가시화되었다. 인터넷 공간에서 급진적 페미니즘을 페미나치로 분류하면서 공격하는 진영에서는 이 사건으로 급진적 페미니즘의 남성혐오가 드러난 것이라고 주장했다. 2020년 1월에는 군에서 부사관으로 근무하던 변희수 씨가 성전환 수술을 받은 후 여군으로 복무하면서 군에 남기를 희망했지만, 강제로 전역된 사건이 있었다. 이처럼 트랜스젠더의 존재가 일상 속에서 가시화되면서 인터넷 공간에서는 트랜스젠더에 대한 혐오를 표출하는 현상도 증가하고 있다.

2020년 2월부터는 '텔레그램'을 통해 불법 성촬영물을 공유한 성착취와 성폭력 사건에 대한 경찰 수사가 본격적으로 이뤄지면서 디지털 성범죄에 대한 사회적 관심과 비판이 크게 일었다. 인터넷을 이용한 불법 '몰카' 촬영 및 유출, 리벤지 포르노 관련 협박 및 유출, 성행위 촬영물 불법 유출 및 공유 등 다양한 디지털 성범죄는 계속해서 발생하고 있다. 소위 'n번방 사건'으로 불리는 '텔레그램'을 이용한 성범죄 사건은 그동안 발생한 일련의 디지털 성범죄 사건들의 연속선상에 있는 것으로 여성에 대한 남성의 정복욕과 지배욕이 소셜미디어라는 새로운 미디어를 통해 발현된 대표적 사건으로 볼 수 있다.

2. 여성혐오와 여성차별주의

2000년대부터 인터넷 공간에서 여성에 대한 언어적, 상징적 폭력이 집중적으로 가해지자 이런 현상을 지칭하기 위해 여성혐오라는 말이 사용되기 시작했다. 2015년 '메갈리아'를 중심으로 미러링 활동이 본격적으로 시작되면서 혐오에 혐오로 대항한다는 평가가 이어졌고 결국 남성혐오라는 말이 등장했다. 이후 여혐여성혐오 vs 남혐남성혐오 구도가 인터넷 공간의 젠더 갈등을 대표하게 되었다.

현재 한국에서 여성혐오는 두 가지 의미로 사용된다. 하나는 글자 그대로 여성에 대한 혐오라는 의미이다. 일반적으로 인터넷 공간에서 발견되는 여성에 대한 비하, 멸시, 증오, 적개심 등을 담은 표현들은 여성혐오를 드러내는 것이다. 반대로 남성에 대한 비하, 멸시, 증오, 적개심 등을 담은 표현들은 남성혐오를 드러내는 것으로 이해된다. 흔히 여혐, 남혐이라고 하는 것이 바로 이런 의미를 담고 있다.

다른 하나는 미소지니misogyny의 번역어로서의 여성혐오이다. 이 여성혐오는 가부장제 안에서 남성보다 열등한 존재로 여겨지는 여성을 향해 표출되는 모든 형태의 태도와 행동을 포함한다. 열등한 존재인 여성을 멸시하고 혐오하는 감정에서부터 마치 부속물처럼 소유하면서 아끼고 좋아하는 감정에 이르기까지 모든 형태의 감정이 여성혐오의 감정이 될 수 있다. 이 경우, 여성혐오인지를 판단하기 위해서는 어떤 감정이나 태도인가가 중요한 것이 아니라 그런 감정이나 태도를 불러일으키는 전제가 무엇이냐가 중요하다. '레이디 퍼스트lady first'와 같이 여성을 우대하는 것처럼 보이는 표현과 문화도 열등하고 나약한 여성을 보호해야 한다는 전제에서 행해지는 것이라면 여성혐오에 속한다. 이 두 번째 의미의 여성혐오는 첫 번째 의미의 여성혐오를 포함하는 개념이면서 좀 더 학술적이고 분석적인 개념이라고 할 수 있다. 이 두 가지 의미의 여성혐오가 서로 명확히 구분되지 않고 사용되는 경우에 때로는 오해가 발생할 수가 있다. 대표적인 사례는 바로 가부장적 호색한이 '나는 여자를 좋아하기 때문에 여성혐오자가 아니다'라고 말할 때이다. 성희롱을 하는 남성도 대부분 여성에 대한 호감을 표현하려고 했다고 말한다. 하지만 성희롱은 자신보다 열등하다고 간주되는 여성을 성적 대상으로 이용하려는 행위라는 점에서 여성혐오의 행위이다. 여성혐오는 여성에 대한 호불호의 태도나 행동이 아니라 성차별의 태도와 행위를 의미한다. 따라서 미소지니는 엄밀히 말하자면 여성혐오가 아니라 여성차별주의라고 번역하는 것이 더 적절할 것이다.

여성차별주의를 의미하는 두 번째 유형의 여성혐오에 상대되는 개념으로서의 남성혐오는 존재할 수 없다. 가부장제 사회에서 남성은 본질적으로 지배적 성이기 때문이다. 차별이란 권력을 가진 사람이나 집단이 그렇지 못한 사람이나 집단에 대해 가하는 것이다. 차별은 어떤 사람이나 집단을 출신, 계급, 인종, 젠더, 섹슈얼리티, 종교, 지능, 건강 등이 열등하다는 이유로 사회적으로 배척하고 거부하는 행위이다. 사회적으로 우월한 지위를 가진 사람이나 집단이 열등한 지위를 가진 사람이나 집단을 차별하는 것이지 그 반대는 성립할 수 없다. 예를 들어, 귀족은 노예를 차별하지만, 노예는 귀족을 차별하지 못한다. 노예는 개인적으로 귀족을 증오할 수는 있겠지만 귀족을 차별할 수는 없다. 차별이란 개념 자체가 권력의 불평등한 분배가 없다면 성립할 수 없기 때문이다. 그렇기에 가부장제 사회에서 남성은 여성을 차별할 수 있지만, 여성은 남성을 차별할 수 없다. 가부장제 사회의 속성상 여성에 의한 남성차별은 존재할 수 없는 것이다. 이것은 이성애 중심사회에서 동성애혐오, 동성애차별은 존재하지만 이성애혐오, 이성애차별은 존재할 수 없는 것과 마찬가지이다.

그렇다면, 2000년대 이후 인터넷 공간을 중심으로 여성혐오가 증가하고 있다는 말에서의 여성혐오는 두 번째 의미, 즉 여성차별주의란 의미가 아니라 첫 번째 의미의 여성혐오로 이해해야 한다. 가부장제 사회에서의 여성차별은 과거가 더 심했으면 심했지 더 약했을 리는 없기 때문이다. 반면에 여성에 대한 멸시, 비하, 증오 등을 드러내는 표현물들은 인터넷 공간에서 폭발적으로 증가하고 있다. 이에 대한 여성의 반발과 대항도 증가하면서 인터넷 공간에서는 젠더 갈등을 넘어서 젠더 전쟁이라고 할 수 있을 정도로 엄청난 대립과 반목이 심화되고 있다.

이처럼 인터넷 공간에서 여성혐오 표현물이 증가한 현상에는 여러 원인이 있을 수 있다. 첫 번째, 누구나 익명으로 생각을 표현하고 모든 사람에게 공개할 수 있는 인터넷의 기술적 특성이 그동안은 공간적, 시간적으로 제한되어 있어 잘 드러나지 않았던 표현들을 가시화한 것이라고 볼 수 있다. 즉, 여성혐오 현상이 특별히 증가했다기보다는 원래 존재했으나 일상적 영역에 머물며 잘 보이지 않았던 것이 인터넷 기술의 발달로 공개적으로 잘 보이게 된 것이다. 여성뿐만 아니라 지역, 섹슈얼리티, 인종과 관련된 여러 소수자에 대한 혐오 표현이 증가한 것도 같은 방식으로 설명될 수 있다. 인터넷을 통해 여성혐오 표현이 가시화되고 그에 동조하는 의견들도 함께 표출되면서 전체적으로 여성혐오 표현의 증가 현상이 나타난 것이라 할 수 있다. 여성차별과 관련해 특별히 상황이 더 나빠졌다기보다는 원래부터 나빴던 상황이 드러났을 뿐이며 한번 가시화된 혐오 표현물이 복제되어 퍼지면서 여성혐오가 증가한다는 인상을 준 것이다.

두 번째, 여성이 자유와 권리를 행사할 수 있는 기회들이 점점 증가하면서 자신들의 기득권이 위협받는다고 생각하는 남성들이 불만을 표출하고 있기 때문이라고 볼 수 있다. 2000년대 이후 알파걸, 골드미스 등으로 불리면서 상대적으로 높은 사회적 지위와 경제적 부를 갖고 자유롭게 자신의 욕망을 표출하는 것처럼 보이는 여성들이 언론의 조명을 받으면서 두드러지게 나타나게 되자 남성이 그동안 누리던 제도적 특혜는 점차 폐지되거나 약화되고 있다는 위기의식이 남성들 사이에서 증가했다. 실제로 인터넷 공간에서 여성에 대한 공격이 본격적으로 가해진 것은 군가산점제도의 폐지와 관련되어 있다. 당시 많은 남성은 이 문제를 군 복무에 대한 보상 차원에서 남성이 누리던 혜택이 여성의 부당한 권리 주장에 의해 박탈된 것으로 받아들였다. 인터넷 공간에서 '남성 인권 운동'이 시작된 계기도 바로 군가산점제도 폐지이다.

'남성 인권 운동'을 하는 사람들의 주장에 따르면, 남성은 다양한 의무와 책임을 지고 헌신과 희생만을 강요당하고 있는 것에 반해, 여성은 온갖 권리와 혜택을 누린다. 이들은 남녀평등이라는 이름으로 실제로는 남성에 대한 역차별이 일어나고 있다고 주장한다. 이들이 여성부여성가족부 폐지 운동을 벌이는 것도 이와 같은 맥락에서이다. 실제로 2018년 대통령직속 정책기획위원회에서 의뢰한 '2030 세대 젠더의식 조사 보고서'에 따르면, '남자만 군대에 가는 것은 차별이다'라는 주장에 대해 19~24세 남성의 81.2%가 동의한다고 응답했고 '정부가 여성만을 챙긴다'는 주장에 대해서는 19~24세 남성의 78.7%가 동의한다고 응답했다.

세 번째, 1997년 IMF 사태 이후 본격적으로 자리를 잡은 신자유주의 체제에 의해 각자도생의 길로 내몰리면서 불안정하고 불안전한 삶을 살게 된 청년세대의 남성들이 불만과 분노를 쏟아부을 희생양 중 하나로 여성을 선택했기 때문이라고 볼 수 있다. 통계청에서 발표한 2019년 사회조사결과에 따르면, 고용의 안정성과 관련해 19-29세 청년세대의 60.1%가 불안함을 느낀다고 응답했다. 여성 취업에 대해서는 20-29세 청년세대의 89.7%가 직업을 갖는 것이 좋다고 응답했다. 이들 중 74.0%는 가정일에 관계없이 직업을 갖는 것이 좋다고 응답하면서 맞벌이를 선호했다. 하지만 통계청이 발표한 2019년 일·가정 양립 지표를 보면, 미혼일 때 고용률은 남성 58.7%, 여성 56.4%로 큰 차이가 없지만, 배우자가 있을 때 고용률은 남성 82.9%, 여성 54.6%로 큰 차이가 난다. 이것은 고용의 불안정성이 점점 커지고 있고 경제가 어려워지면서 맞벌이를 희망하는 사람들이 크게 늘었지만 실제로 가족의 생계를 부양하는 것은 주로 남성의 몫이라는 것을 보여준다. 가부장제에서 남성에게 주어지는 가족 부양의 책임이 여전히 유지되고 있는 상황에서 고용의 불안정성은 커지고 취업시장에서 남성과는 물론이고 여성과의 경쟁이 치열해지고 있는 것이다.

김영미2017는 1995년에서 2014년까지의 임금 분위별 남녀 임금 격차의 추이를 분석하면서 상층에서의 남녀 임금 격차는 그대로 유지되는 반면에, 남성 하위 10% 임금과 여성 하위 10% 임금의 격차는 빠르게 줄어들고 있음을 보여준다. 특히 청년층25~35세에서 이 차이는 더욱 두드러지게 나타난다. 청년층의 경우, 저학력 집단고졸 이하, 2년제 대졸자는 제외에서의 성별 임금 격차는 1995년 48%에서 2014년 -2%로 극적으로 축소되는 반면에, 고학력집단4년제 대졸 이상에서는 큰 변화 없이 10%에서 20% 정도를 유지하고 있다. 중년층36~45세 저학력집단에서의 남녀 임금 격차 축소는 훨씬 완만하게 진행되고 장년층46~55세 저학력집단에서의 남녀 임금 격차는 높은 수준에서 큰 변화 없이 유지되고 있는 것을 보면 신자유주의 체제가 만드는 경제적 입지의 파괴가 주로 하층계급의 청년들에게 피해를 줬다는 것을 알 수 있다. 1990년대 중반까지 하층계급 남성들이 하층계급 여성들에 비해 더 유리하게 누리던 경제적 지위가 급속도로 파괴된 것이다. 신자유주의 체제에서 하층계급 청년 남성과 여성은 모두 프레카리아트로 전락했지만 청년 남성이 여성보다 더 큰 상대적 박탈감을 느낄 수밖에 없게 된 것이다. 이런 피해를 끼친 가해자가 명확히 가시화되지 않은 상황에서 생계부양자라는 독점적 지위를 위협받으면서 남성성의 위기를 겪게 된 청년 남성의 분노가 상대적으로 약자인 여성을 향한 결과가 바로 현재의 여성혐오 표현물이라고 볼 수 있다.

네 번째, 기분전환과 유희의 목적을 위해 조롱할 대상으로 여성을 선택했기 때문이라고 볼 수 있다. 남성들이 모이는 인터넷 사이트는 일종의 선술집 같은 곳으로 남성들끼리 모여 수다를 떨면서 동질감을 느끼고 연대를 만들어내는 공간이다. 이런 남성 공간에서 일어나는 대표적 놀이가 바로 타자를 조롱하고 비난하는 것이다. 이 조롱과 비난은 대개 성적인 은유들과 함께 표현된다. 이성애 문화 속에서 남성의 성적 파트너이자 사회적 동반자로 일상적인 갈등 관계를 유지하는 여성은 이 남성 공간에서 조롱과 비난의 대상이 되는 대표적 타자이다. 황슬하와 강진숙2014은 인터넷 공간에서 여성을 조롱하고 희화화하는 행위 자체가 남성들의 재미와 즐거움을 위해 행해지고 있다고 지적한다. 여성에 대한 조롱과 비난을 통한 유희가 목적이기 때문에 조롱받고 비난받을 만한 여성의 행위에 대한 정보가 사실인지 아닌지는 중요하지 않다. 여성을 조롱하면서 언어적 유희를 즐기는 행위는 남성 자신에 대한 비하 행위로도 종종 연결된다. 왜냐하면, 조롱을 통해 얻는 유희적 쾌락은 타인에 대한 비하뿐만 아니라 자신에 대한 비하를 통해서도 얻어지기 때문이다.

3. 여성차별주의 담론의 논리

인터넷 공간에서 생산되는 여성차별주의 담론은 크게 세 가지 유형의 논리를 기반으로 해서 만들어진다. 이런 논리들을 기반으로 만들어지는 텍스트들은 여성의 열등함과 부도덕함을 확인시킴으로써 여성차별을 정당화하는 기능을 수행한다.

첫 번째, 무책임하고 부도덕한 나쁜 여자를 비난하는 텍스트들이 있다. '개똥녀' 사건이나 자동차 운전이 서투른 '김여사' 사건 등에서 여성을 비난하는 텍스트들이 대표적이다. 이 텍스트들은 특수한 상황에서 발생한 일에 제대로 대처하지 못하거나 사회적 규칙을 어기는 여성들의 사례를 언급하면서 여성이 본성상 무책임하고 무능력하며 이기적이고 부도덕한 존재라고 주장하는 형식으로 구성되어 있다. 한 개인의 행위를 전체 여성의 본성으로 확대해 이해하는 이런 현상은 '성급한 일반화의 오류'에 의해 발생한다. 이것은 여성에게만 해당하는 것이 아니라 인종, 민족, 지역, 섹슈얼리티 등과 관련된 편견을 확대재생산하고 차별을 조장하는 과정에서 나타나는 전형적인 현상이다.

나쁜 여자에 대한 비난은 단독으로 나타나는 것이 아니라 대개 좋은 여자, 즉 소위 '개념녀'에 대한 칭찬을 동반한다. 그런데 개념녀에 대해서는 일반화의 오류가 나타나지 않는다. 개념녀에 대한 칭찬은 여성 일반에 대한 긍정적 평가로 이어지는 것이 아니라 한 여성이 나쁜 본성을 극복하고 이룩한 개인적 성취에 대한 사회적 인정이란 형태를 가진다. 무책임하고 무능력하며 이기적이고 부도덕한 본성을 가진 여자라고 하더라도 본인이 열심히 노력해서 가부장제가 요구하는 사회적 규범을 지키고자 한다면 개념녀로 거듭날 수 있다. 개념녀는 남성의 관점에서 보는 긍정적 여성상이기 때문에 남성의 요구에 부응하는 태도와 행동을 보이는 여성이다. 이런 말들에 노출되면 여성은 나쁜 여자로 불리기보다는 개념녀로 인정받고자 하는 욕구를 갖게 된다. '내 여자친구는 개념녀'라는 말은 남성이 여성에게 하는 가장 큰 칭찬 중 하나가 되고 여성은 남자친구에게 개념녀란 말을 듣기 위해 노력한다. 개념녀 담론은 여성들에게 스스로 남성이 요구하는 긍정적 여성상에 맞춰 태도와 행동을 검열하게 만드는 장치로 기능하는 것이다. 따라서 개념녀는 나쁜 여자와 마찬가지로 여성에 대한 사회적 편견과 차별을 정당화하는 개념이다.

두 번째, 남성과 여성의 평등을 요구하는 텍스트들이 있다. 이 텍스트에 따르면, 남성과 여성의 평등은 여성이 남성과 동등한 책임과 의무를 다할 때 가능해진다. 남성은 그동안 많은 책임과 의무를 담당해왔고 그에 따른 권리와 혜택을 누렸기 때문에, 여성도 동등한 권리와 혜택을 누리고자 한다면 책임과 의무를 다해야 한다는 주장이다. '더치페이'라고 하는 데이트 비용의 동등한 분담, 결혼 과정에서 발생하는 혼수와 집 장만 비용의 동등한 분담, 국방의 의무와 관련된 여성의 징병제도 등이 일반적으로 남녀평등을 실행하기 위해 실천해야 할 과제로 제시된다.

남녀평등을 위해서는 여성이 남성과 동등한 책임과 의무를 이행해야 한다는 주장이 갖는 문제는 이 주장이 사실은 남녀평등이 아니라 여성차별을 유지하기 위한 논거로 이용된다는 점에 있다. 여성이 남성과 동등한 책임과 의무를 이행해야 한다는 말은 곧장 여성이 남성과 동등한 능력을 갖고 있지 않기 때문에 그것이 불가능하다는 주장으로 이어진다. 여성의 동등한 책임과 의무를 이야기할 때 가장 중요하게 거론되는 여성의 군복무와 관련한 말들은 이 점을 가장 명확한 방식으로 보여준다.

"대한민국 페미들 보고 있나? 저 나라는 복지, 양성평등 뭐 하나 빠지는 게 없는 나라네~ 우리나라 여성들은 양성평등 외치면서 대접받기를 원하잖아ㅋㅋ 자신이 사회와 국가를 위해 뭐 하나 의무적으로 할 생각은 없고 혜택받기만을 원하지~ 더러운 페미들~"

"군인 처우 개선도 여자 군대 보내면 더욱 빠른 시간 안에 해결될 문제인 것을 ㅉ. 그럼 자연스레 여권도 더욱 신장되고 여혐남혐도 줄어들고 할 텐데. 서로 지는 의무가 다르니 이런 분열이 생기는 거야. 과거 여성단체와 이화여대가 군가산점 폐지한 사건이나 여성단체의 발언 '군인 처우 개선은 경제적 약자인 여성에 대한 차별'이라던가.. 여성 군복무만이 답이야."

하지만 여성의 군복무를 요구하는 목소리는 곧장 여성의 무능력과 열등함을 비난하는 목소리로 이어진다.

"여성의 특성상 전투병으로서는 힘들겠지... 우리나라의 경우 장교나 부사관만 고집하지 말고 현재 남자 군인들이 병행하는 행정업무라든지 군수, 의무, 공훈, 취사밥짓기 및 짬처리, 막사청소, 화장실 청소, 빨래병 등으로 활용한다면 남자 군인들이 본연의 임무에 더욱 충실할 수 있고, 여성들도 어엿한 군인의 역할을 수행하는 것이다."

"포병 조교였음. 여군 포병 장교가 왔음. 키가 작아서 자주포 전시기 버튼도 못 누름. 이게 팩트. 할 수 있는 게 없음.”

“군대가 여자들 취직하는 데냐.”

여성이 남성과 동등한 권리와 혜택을 누리려면 남성과 동등한 책임과 의무를 이행해야 하지만 여성은 무능하고 열등한 존재이기 때문에 애초에 남성과 동등한 책임과 의무를 이행할 수 없다. 결국, 여성은 남성과 동등한 책임과 의무를 이행할 능력이 없음에도 동등한 권리와 혜택만을 요구하는 철면피한 존재, 즉, 대가를 지불하지 않고 혜택을 누리는 무임승차자인 것이다. 여성이 남성과 동등한 책임과 의무를 이행할 능력이 없음에도 불구하고 여성에게 남성과 동등한 권리와 혜택을 주는 것은 남녀평등이 아니라 남성에 대한 역차별이 된다. 이와 같은 텍스트들에 나타나는 남녀평등에 대한 요구는 남녀평등에 대한 진정한 바람을 표현하는 것이 아니라 사실은 남녀차별을 정당화하고 남성을 역차별의 피해자로 만드는 기능을 한다. 불평등을 정당화하기 위해 평등을 요구하는 것이다.

세 번째, 여성의 사회적 권리는 이미 충분히 신장되었고 잘 보장되고 있기에 여성이 겪는 현재의 불이익은 구조적 문제가 아니라 개인적 문제이며 오히려 과도한 페미니즘이 문제라고 주장하는 텍스트들이 있다. 이런 주장은 기본적으로 인간은 누구나 열심히 노력하면 성공할 수 있다는 신자유주의적 생각을 바탕으로 전개된다. 현대사회는 자기계발을 통해 자신의 가치를 높이면 여성도 얼마든지 성공할 수 있는 사회이다. 그런데도 여성이 현실에서 어려움을 겪는 것은 여성 자신이 못생겼거나 뚱뚱하거나 공부를 못하거나 성격이 나쁘거나 하는 등의 이유 때문이다. 즉, 여성이 자기계발에 실패해서 문제가 발생했음에도 원인을 가부장제의 여성차별이라는 구조적 문제로 돌리면서 책임을 회피하는 것이다.

“논란의 82년생 김지영인가 뭔가 하는 책을 오늘 읽어봤다. 내가 책을 읽고 느낀 바로는 얼마나 형편없는 남자를 만나 결혼을 해야 이리도 형편없는 인생을 사는가였는데, 형편없는 남자를 만나는 이유는 간단하다. 본인이 딱 그 수준이기 때문이다. 본인 딴에는 고를 수 있는 옵션들 중에서 최선을 골라 결혼한 것이다. 그래 놓고 사회가 잘못되었니, 여자로 태어난 것이 죄이니, 하소연을 하는 것으로밖에 나는 안 보인다. 결혼 후의 삶이 여자로서 저리도 비참한 게 당연한 거라면 그냥 안 하면 된다. 뭣 하러 지지리 궁상이라며 욕을 하면서 굳이 시댁이랑 남편 수발을 들고 있는가? 육아가 힘들고 싫으면 애를 안 낳으면 된다. 문제가 있는가? 사회가 결혼을 강요하고 출산을 강요해서 어쩔 수 없이 한 선택이라는 변명이 너무 지긋지긋하다. 솔직히 설렁설렁 살아왔잖아. 필사적으로 꿈을 가지고 뭔가 해보겠단 생각해 본 적이 없으니까 그저 회사나 다니면서 적금 들어 나중에 시집갈 때 혼수를 쓸 종잣돈이나 모으는 걸 목표로 하고 살았잖아. 평생 비전도 없고 보람도 없고 월급도 쥐꼬리만 회사에서 노예처럼 일하는 건 싫으니까 결혼해서 남편한테 돈 버는 거 책임 전가하고 집에서 애나 키우고 집안 일하며 살려는 걸 목표로 해왔잖아. 그런데 생각만큼 결혼상대가 돈 많은 사람이 아니었고 생각만큼 유복한 결혼생활이 아니었고 생각했던 것과는 다르게 맞벌이까지 해야 하는 상황이 오니까 짜증이 나서 불평하는 거 아니야?”

이런 생각에 따르면, 여성의 자유와 권리가 현대사회에서 이처럼 보장된 것은 과거 페미니즘 운동의 긍정적 결과이다. 문제는 여성이 충분히 자신의 능력으로 잘 살 수 있게 된 상황에서도 여전히 활개를 치면서 남성을 적으로 돌리고 사회분열을 획책하며 실패한 여성들에게 핑곗거리를 제공하는 현재의 과격한 페미니즘에 있다. 이 새로운 페미니스트들은 자신의 개인적 무능력과 열등함을 사회 구조 탓으로 돌리면서 다른 실패한 여성들을 선동한다.

"페미니스트에게 전하는 10가지 사실

1. 네가 남자를 만나지 않는다 하여 남자들이 아쉬워하지 않는다. - 그걸 공주병이라 부른다.

2. 세상에 괜찮은 남자가 없는 것이 아니다. - 네 주변에는 모이지 않는다.

3. 사람들이 네 외모를 보고 차별하는 것이 아닐 수도 있다. - 왜 네 성격은 괜찮을 것이라고 깔고 들어가냐.

4. 네가 생각하는 것을 다른 사람들도 한 번쯤은 생각해 본 적이 있다. - 너 혼자 기발한 걸 깨우친 게 아니다. 다른 사람들은 거기 동의하지 않았을 뿐이다.

5. 네가 사회 구조를 직관하고 있다는 착각에서 벗어나라. - 위대한 학자들도 사회 구조 앞에서는 코끼리 만지는 장님일 뿐이었다. 넌 좁밥이다.

6. 네가 여자들의 심정을 대표하고 있다는 착각에서 벗어나라. - 무슨 과대망상인지. 네가 개체로서의 여자인 것과 여자 일반을 아는 것은 다른 문제다.

7. 네가 여자라서 성공하지 못한 것은 아니다. - 너에게는 더 많은 결격 사유들이 있다. 그에 비하면 여자인 건 오히려 문제가 아니었다.

8. 어떤 사례를 볼 때 성별을 위주로 판단하는 것 자체가 바보짓이다. - 세상은 남자 반 여자 반이기에 어떤 사태든 50% 확률로 네 가정에 맞아떨어질 뿐이다.

9. 사람들은 너를 괴롭히려고 하지 않는다. - 사람들은 너에게 관심이 없으며, 무엇보다 너는 특별하지 않기에 괴롭힐 가치가 없다.

10. 사람들이 공부를 하면 너와 비슷해질 거라는 오만함을 버려라. - 사람들은 이미 너보다 똑똑하기 때문에 거기서 공부를 더 하면 더 안 비슷해진다.

PS. 네가 약자고 남들이 강자인 것이 아니다. - 너도 충분히 강하다. 너는 단지 피해입을 때 민감하고 가해할 때 둔감한 것이다.

탈출은 지능 순서대로."

첫 번째, 두 번째 유형의 담론과는 달리 세 번째 유형의 담론은 여성차별주의를 노골적으로 드러내지 않는다. 모든 문제가 개인의 자유로운 선택에 따른 책임의 문제로 환원되면서 여성차별주의도 여성 일반에 대한 공격이 아니라 개별 여성들에 대한 공격의 형태로 표현된다. 이 과정에서 페미니스트들이 비난과 공격의 대상이 된다. 페미니스트들은 못생기고 멍청하며 남자친구가 없고 불만에 가득 찬 무능한 개별 여성들로 호명된다. 그들은 자신의 개인적 불행의 원인을 사회에 전가하는 무책임한 사람들이다.

세 번째 유형의 담론은 모든 문제를 개별 여성에게 귀속된 원인들 때문에 발생하는 것으로 규정함으로써, 그리고 페미니즘 전체를 부정하고 공격하는 것이 아니라 무능하고 피해의식에 사로잡힌 개별적인 페미니스트들의 문제를 지적하는 모습을 보여줌으로써 여성차별주의라는 혐의에서 벗어난다. 이 담론은 신자유주의라는 현재 한국 사회의 지배적 이데올로기를 담아내고 있기에 이 이데올로기에 익숙한 사람들로부터 쉽게 동조와 동의를 끌어낼 수 있다. 세 번째 유형의 담론을 생산하는 과정에 많은 여성이 참여하고 동의하는 모습이 나타나는 이유가 바로 여기에 있다. 하지만 신자유주의 담론이 구조적 문제를 개인의 자유와 책임 문제로 환원하면서 개인의 품행을 통제하고 노동력을 착취하는 매우 효과적인 통치 장치라는 점을 고려한다면, 신자유주의 담론 안에 여성차별주의를 희석하는 세 번째 유형의 담론은 최악의 여성차별주의 담론이라고 할 수 있다. 극적인 예를 들어 설명하자면, 이것은 마치 노예를 차별하기 위해 귀족이 스스로 노예로 전락하고자 하는 것과 같은 모순적 행위이기 때문이다. 스스로 노예가 된 귀족은 기존의 노예들에게 '내가 너희들보다 뛰어난 노예라는 것을 보여줌으로써 너희가 얼마나 열등한 노예인지를 알게 해 주겠다'고 호언장담한다. 이미 노예로 전락한 상황에서 우월하고 열등하다는 것이 무슨 의미가 있겠는가?

차별이 존재하는 상황에서 사람들 사이의 우열을 나누는 것은 무의미하다. 사회 문제는 집단적 차별 때문에 발생하는 것이지 개인적 우열에서 기인하는 것이 아니다. 개인이 엄청난 노력을 통해 구조적 차별의 상황에서도 일정한 결실을 얻는 것은 칭찬할 만 일이지만 개인의 노력이 구조적 문제의 해결책이 될 수는 없다.

4. 도구적 이성과 보편적 공감애

군가산점제 위헌소송 사건을 계기로 인터넷 공간에서 본격적으로 만들어지기 시작한 여성차별주의 담론은 때로는 하나의 놀이, 때로는 조직적인 공격, 때로는 합리적인 논쟁의 모습을 가진 텍스트들을 기반으로 계속 확대되어왔다. 여성차별주의 담론이 인터넷 공간을 지배하면서 여성에 대한 무차별적 언어폭력이 사이트를 막론하고 거리낌 없이 표출되었기 때문에 여성들이 온라인에서 상대적인 안전감을 느낄 수 있는 방법은 회원 자격을 철저히 관리하는 여성 전용 커뮤니티를 구축하고 그 안에서 활동하는 것뿐이다. 이런 활동을 긍정적인 관점에서 보면, 여성만의 인터넷 공간에서 여성들 사이의 자율적이고 능동적인 활동을 수행함으로써 남성이 지배하는 남성 중심적 인터넷 공간과는 다른 여성적 인터넷 공간을 창출하는 활동이라고 해석할 수 있다. 실제로 많은 여성 전용 사이트에서는 여성의 일상적이고 개인적인 경험을 자기성찰적 이야기로 풀어내 공유하면서 여성의 연대를 활성화하고 남성의 폭력에 대한 저항의 힘을 기르는 모습이 나타난다. 인터넷 공간은 여성의 일상적 경험 세계가 가상적인 공동체의 삶과 결합될 수 있는 잠재력을 가진 공간이 될 수 있다.

하지만 이것은 또한 여성들이 여성 전용 사이트 안에 갇히게 되면서 나머지 공간은 사실상 모두 남성의 공간이 되는 문제를 낳는다. 인터넷 공간의 가부장적 식민화 경향이 나타나는 것이다. 어떤 사안이 발생했을 때 경쟁과 논쟁을 즐기는 남성들이 많아서 인터넷 공간이 온통 남성의 글로 가득 차는 일이 자주 발생한다. 이처럼 인터넷 공간에서 발생하는 논쟁을 대부분 남성이 주도하는 경향이 발생하기 때문에 여성의 목소리가 들릴 기회는 상대적으로 적어진다. 게다가 인터넷 공간이 성별로 구획화되는 현상이 점차 강화되면서 여성은 회원제로 운영되는 폐쇄된 공간에서 주로 활동을 하고 남성은 나머지 공간에서 자유롭게 활동하게 됨으로써 인터넷 공간에서 여성의 목소리와 모습이 사라지는 결과가 나타난다. 이로 인해 여성차별주의 담론은 인터넷 공간에서 더욱 지배적인 지위를 차지하게 된다.

2015년 이후, '메갈리아', '워마드' 등의 사이트를 중심으로 여성이 목소리를 내면서 미러링 등의 방법을 사용해 여성차별주의 담론에 대한 반격을 본격적으로 시작하자 인터넷 공간에서 남성과 여성 사이의 첨예한 대립과 다툼이 발생했고 여혐 vs 남혐이라는 대결 구도가 만들어졌다. 익명성이 확보되는 인터넷 공간의 특성상 여혐과 남혐의 표현은 일상의 면대면 커뮤니케이션 상황에서는 사용하기 어려운 적나라한 비하와 혐오의 감정을 담은 것들이 많기 때문에, 대립하는 두 진영이 토론을 통해 상호 비판과 성찰, 나아가 합의에 이르는 모습이 나타나는 것은 거의 불가능하다. 결국, 이 싸움은 엄청난 감정적 대립과 증오, 적대감을 표현하는 방식으로 진행되는 소모전의 양상을 지니고 있다.

상대방을 모욕하기 위한 목적으로 만들어지는 욕설이나 비하적 표현을 담은 텍스트를 제외하고 여혐과 남혐의 진영에서 가장 공들여 만들어내는 것은 소위 팩트를 기반으로 상대방 주장의 논리적 허점을 지적하고 자신의 주장을 체계적으로 펼치는 나름대로는 합리적 논쟁의 텍스트이다. 예를 들어, 2018년의 홍대 몰카사진 유출 사건과 관련된 논쟁은 다음과 같이 흘러간다. 사건의 용의자가 비교적 빨리 특정되고 체포된 것에 대해 여성들은 피해자가 남성이었기에 빠른 수사와 검거가 이뤄졌고, 여성 피의자를 검거하는 사진을 언론에 공개하는 등의 조치가 뒤따랐다고 주장하면서 이것은 여성이 피해자인 몰카 사건과는 다른 대처라고 항의했다. 이런 주장에 반박하기 위해 남성들은 즉각 국가 통계 자료를 뒤지며 '팩트 체크'에 들어갔다. 그리고 범인 검거 속도나 사진 공개 등이 여성 피해자, 남성 피의자인 몰카 사건과 비교했을 때 결코 이례적인 것이 아니었다는 것을 밝혔다. 이른바 '팩폭팩트폭력: 팩트를 열거해서 상대방의 주장에 반박하는 행위'을 한 것이다. 여성들도 열심히 팩트를 발굴해서 몰카 사건에서 남성 피의자가 석방되거나 수사가 미진한 사례들을 제시했다. 이렇게 양 진영 사이에서 팩트를 기반으로 한 논리적 주장의 공방이 이어졌다. 이처럼 모두가 팩트를 기반으로 주장을 개진하고 있지만 아무도 상대방의 주장에 동의하거나 설득되지 않는다. 왜냐하면, 팩트는 존재하거나 존재했던 것이지만 의견은 팩트에 대한 해석이기 때문이다. 아무리 많은 팩트를 가져와 '팩폭'을 한다고 해도, 상대방의 입장에서는 단지 해석해야 할 팩트만 늘어나는 것이지 의견에 영향을 받지는 않는다.

우리는 흔히 팩트 체크가 진실을 밝히는 길이라고 생각한다. 사건에 대한 객관적 정보를 제공하는 것이 사건의 진실에 다가가는 길이라고 생각하는 것이다. 하지만 사건의 진실은 객관적으로 확인할 수 있는 실체가 아니라 주관적으로 구성되는 담론이다. 사건에 대한 객관적 정보는 진실을 구성하는 데 이용될 수는 있지만, 팩트 자체가 진실인 것은 아니다. 예를 들어, 유럽에서 약 2000년 동안 우주의 진실로 받아들여졌던 천동설은 인간이 관찰할 수 있는 천체의 운동들에 대한 수많은 객관적 정보들을 기반으로 만들어진 것이다. 동일한 객관적 정보들에 대한 다른 해석이 지동설을 만들었고 한동안은 지동설이 우주의 진실로 수용되었다. 팩트가 진실을 밝히는 것이 아니라 진실이 팩트를 이용해 구성되는 것이다.

이런 이유로 팩트를 갖고 치열하게 대립하고 싸우는 것은 진실을 밝히는 데 도움이 되는 것이 아니라 오히려 역설적으로 문제의 본질을 은폐하는 기능을 한다. 팩트 체크는 마술사가 카드의 무늬를 확인시키는 작업과 같다. 카드의 무늬는 팩트이지만 마술의 본질은 거기에 있지 않다. 몰카 사진 유출 사건의 경우, 사건의 본질은 누가 피해자인가, 수사가 얼마나 빨랐는가에 있지 않다. 이 사건의 본질은 내 몸이 타인에 의해 언제든지 침해받을 수 있다는 강한 공포가 내 마음을 지배한다는 것이다. 그것은 여성의 문제도 아니고 남성의 문제도 아니다. 인간의 문제이다. 이것을 이해하려면, 동등한 인간으로서의 타인에 대한 공감애를 가져야 한다. 타인에 대한 공감애가 있다면, 비로소 이 공포가 남성보다는 여성에게서 더 크게 나타난다는 점을 이해할 수 있다. 즉, 동등한 인간이라는 보편성에 대한 믿음을 기반으로 공감애를 느낄 때 남성과 여성이라는 특수성을 이해할 수 있다.

하지만 논쟁의 참가자들은 문제의 본질에는 관심이 없으며 오로지 '팩폭'을 통해 상대방을 이기고자 할 뿐이다. 싸움에서 이기기 위해 논리력이라고 총칭될 수 있는 도구적 이성만이 동원된다. 도구적 이성은 당면한 문제를 해결하기 위한 방법을 고안하는 데 사용되는 이성적 능력이다. 도구적 이성이 가진 해악이 가장 극적인 방법으로 드러난 사건은 제2차 세계대전 당시 벌어졌던 나치의 인간학살 사건, 즉 홀로코스트Holocaust이다. 제2차 세계대전 동안 나치는 약 6백만 명의 유태인들을 학살했다. 집시 같은 소수민족들, 장애인들, 동성애자들과 같은 사회적 소수자들과 전쟁포로들을 합치면 살해된 사람의 수는 1천 7백만 명에 이른다. 처음에 나치는 수용소 등에 이들을 격리하고서 질병이나 굶주림, 혹은 집단 총살, 민병대에 의한 길거리 학살 등의 형태로 살해했지만, 숫자가 계속 많아지자 가장 적은 비용으로 가장 빠르고 효과적인 방식으로 이들을 제거해야 한다고 생각했다. 1942년 나치는 베를린 서쪽의 반제에서 열린 회의에서 학살수용소를 만들어 모든 유태인들과 소수자들을 절멸하겠다는 최종 해결책Final Solution을 고안했다. 어떻게 하면 저렴한 비용으로 많은 사람을 빠르고 쉽게 죽일 수 있을 것인지에 대한 연구가 있었고 결국 치클론

B라는 살충제를 가스 형태로 살포하는 방식이 채택되었다. 일단 사람들이 학살수용소에 도착하면 곧장 위생을 이유로 목욕할 것을 명령받았다. 사람들에게는 샤워 후에 다시 찾을 수 있도록 옷과 가방 등의 소지품에 이름을 써 한 곳에 잘 놔두라는 지시가 내려졌고 샤워를 마치면 따뜻한 차가 준비되어 있을 것이라 했다. 수용소에는 최대 3천 명의 사람들이 한꺼번에 들어갈 수 있는 샤워실이 준비되어 있었는데, 남자, 여자, 어린아이 구분 없이 모두가 한꺼번에 벌거벗고 그 안에 들어가야만 했다. 사람들이 샤워실에 들어가면 문이 잠겼고 파이프에서는 물 대신 독가스가 나왔다. 독가스는 특성상 밑으로 가라앉았기 때문에, 벌거벗은 수백, 수천 명의 사람들은 숨을 쉬기 위해 서로를 밟고 위로 올라가려 몸부림치다 죽어갔다. 시신들은 즉각적으로 불에 태워졌다. 뼈는 가루로 분쇄되어 강에 뿌려지고 도로를 만드는 재료로 사용되었다. 이렇게 해서 수천 명의 사람이 단 하루만에 흔적도 없이 사라질 수 있었다. 인간이 가진 합리적이고 논리적인 사고 능력 덕분에 가능한 일이었다.

도구적 이성은 이 끔찍한 학살이 사실은 존재하지 않았다고 부정하는 데도 사용된다. 유명한 역사학자들을 포함한 홀로코스트 부정론자들Holocaust deniers은 나치가 학살수용소의 가스실에서 수백만 명의 사람들을 학살했다는 것은 거짓이라고 주장한다. 사실 이들의 논리는 어찌 보면 단순한데 그것은 바로 나치가 사람들을 가스실에서 학살한 증거가 없다는 것이다. 실제로 가스실 학살에 대한 물리적 증거는 없다. 패망 전에 나치가 모든 증거를 제거했기 때문이다. 가스실에 들어간 사람은 모두 죽었으며 시체들도 즉각 소각, 분쇄되었기 때문에 직접적 증인이나 증거도 없다. 남아있는 것은 주변인의 간접 증언뿐이다. 희생자들의 가족이나 살아남은 극소수 사람들만이 가스실에서의 학살을 증언한다. 그렇기에 부정론자들은 가스실 학살을 증명하는 사람에게 상금을 주겠다고 나설 정도이다. 그들은 수용소에서 많은 사람이 죽은 것은 인정하지만 그것은 질병이나 굶주림 같은 원인에 의한 것이지 체계적인 학살은 없었다고 주장한다.

이런 부정론자들은 자신을 매우 합리적이고 이성적인 사람이라고 생각한다는 특징을 갖는다. 그들은 자신들이 감정에 호소하는 정치적 프로파간다에 흔들리지 않고 냉정을 유지하면서 이성적으로 현실에 접근해 오직 사실과 증거에 근거해 판단한다고 주장한다. 한국에도 부정론자들이 있다. 그들은 멀리는 일제 수탈이나 강제 성노동을 부정하고 비교적 가까이는 1980년 광주 학살을 부정한다. 그들은 자신들을 매우 합리적이라고 생각하며 모든 이성적 힘을 총동원해 부정론을 정당화한다. 마치 나치가 체계적으로 사람들을 학살하고 그 증거를 제거한 것이 대단히 이성적이고 합리적으로 설계된 계획의 결과이듯이, 그들이 모든 증언을 주관적이고 믿을 수 없는 것이라 무시하면서 실제로 존재하는 물적 증거만이 믿을 수 있는 것이라 주장하는 것도 대단히 이성적이고 합리적인 사고의 결과이다.

여혐 vs 남혐의 싸움을 도구적 이성을 통한 논리 싸움으로 몰고 가는 사람들은 누가 이 싸움에서 승리할지만을 생각한다. 하지만 이런 싸움에서 승리한다는 것이 무슨 의미가 있는지에 대해 생각해 보는 것이 더 중요하다. 수백만 명을 저렴하고 신속하게 학살할 수 있는 방법을 고안하기 위해 도구적 이성을 작동시키기 전에 수백만 명을 학살하는 행위 자체가 갖는 문제에 대해 성찰하는 이성을 찾아야 한다. 그러려면 동등한 인간에 대한 공감애가 필요하다. 공감애는 단기적 목적을 위해 도구적 이성을 사용하는 것을 억제하면서 성찰을 통해 문제의 본질에 접근하는 이성적 능력을 활성화하는 토대가 된다.

인터넷 공간에서 유통되고 있는 다음과 같은 논쟁은 타인에 대한 공감애 없이 사안을 단순히 논리라는 관점에서 접근하기에 발생하는 대표적 사례이다. 이것은 오직 승리하기 위해 말장난을 나열하는 도구적 이성의 활동을 잘 보여준다.

"사람의 디폴트값을 남자라고 생각하니까 여배우라는 말이 나오는 거죠. 배우면 그냥 배우지 앞에 여는 왜 붙어요

여배우들이 여혐이면 남자간호사는 남혐임?

그것도 여성혐오의 일종입니다. 간호사의 디폴트값을 여성으로 보는거죠. 간호사는 여성의 직업이라는 성고착화를 시킨 것으로 여성혐오입니다.

그럼 여배우도 배우의 디폴트를 남자로 잡은 걸로 배우를 남성의 직업으로 성고착화시킨거니 남혐임?

제발 댓글 다시기 전에 미소지니 관련 책이라도 좀 읽어보고 다세요. 자기가 하는 게 여성혐오인지 아닌지도 모르면 그냥 좀 배우라고요."

직업에 성별이 표시되는 것은 사회적 노동에서의 젠더의 역할에 대한 고정관념이 나타나는 현상이다. 일반적으로 사회적 관계에서 지배적 위치를 차지하는 다수자는 가시화되지 않지만, 소수자는 가시화된다. 예를 들어, 장애인 주차 공간은 명시적으로 표시되지만, 비장애인 주차 공간은 별도의 표시가 없다. 다수자는 사회적 규범에 적합한 정상적 존재이고 소수자는 사회적 규범에 어긋나는 비정상적 존재로 간주하기 때문에 일어나는 일이다. 직업 명칭에 남성이나 여성이란 젠더가 표시되는 것은 그 젠더가 그 직업에서 소수자라는 것

을 의미한다. 물론 이때 다수자와 소수자는 수의 많고 적음이 아니라 권력의 많고 적음에 의해 결정된다. 일반적으로 수가 적은 집단이 권력도 적은 경우가 대부분이지만 그렇지 않은 경우도 있다. 봉건제 사회의 경우, 귀족은 수는 적지만 다수자이다.

성별 노동 분업이 확고하게 자리 잡은 사회에서 대부분의 사회적 노동은 남성의 몫이었으며 여성의 직업과 남성의 직업은 확실히 분리되어 있었다. 여성에게 허용된 사회적 노동은 대부분 여성의 신체나 활동과 관련된 일이거나 남성을 보조하는 일이었다. 돌봄 노동이라고 총칭할 수 있는 일이 여성의 몫이었다. 젠더에 따라 직업이 구분되면서 사회적 노동에서의 젠더의 역할에 대한 고정관념이 생겼다. 직업 명칭에 따라붙는 성별 표시는 그와 같은 고정관념의 흔적이다. 이것은 젠더에 따라 직업을 구분하던 문화를 드러내는 것이기 때문에 기본적으로 성차별적 표현이다.

남성이 하는 일이라고 생각되는 것을 여성이 하는 것은 눈에 띈다. 여성이 하는 일이라고 생각되는 것을 남성이 하는 것도 눈에 띈다. 남성도 눈에 보이지 않고 여성도 눈에 보이지 않는 상황, 오직 일하는 사람만이 눈에 보이는 상황이 현재로서는 우리가 추구해야 할 이상적인 상황일 것이다. 그런 일은 책을 읽고 배운다고 해서 가능해지지 않는다. 왜냐하면, 책을 통해 배우는 지식은 대개 자기의 생각과 행동을 합리화하는 도구적 이성을 작동시키기 때문이다. 도구적 이성이 작동하는 것을 막을 수 있는 방법은 나와 동등하지만 다른 인간에 대해 느끼는 공감애를 갖는 것이다. 여성을, 또는 남성을 나와는 다르지만 동등한 인간이라고 생각하고 그의 관점에서 세상을 볼 수 있는 공감 능력을 발현한다면 애초에 이런 논쟁이 발생하지 않는다.

"나우리도 사람이다." 인간의 역사에서 억압받고 핍박받던 사회적 소수자들이 자유, 해방, 평등을 부르짖을 때 하던 말이다. 그들은 동등한 인간임을 주장하면서 자신의 권리와 자유를 되찾고자 했다. 노예 해방이란 말은 노예를 거느린 자들이 하는 말이지 노예가 하는 말이 아니다. 왜냐하면, 노예는 자신을 노예라고 생각하지 않기 때문이다. 노예는 인간 해방이란 말을 쓴다. 마찬가지 이유로 노동자들은 노동자 해방이 아니라 인간 해방을 외쳤다. 그들이 원한 것은 착취 노동으로부터 인간이 해방되는 것이었다. 단순히 노예 해방이나 노동자 해방만을 요구하는 경우에는 실제로 노예 해방이나 노동자 해방의 결과가 인간 해방으로 이어지지 않을 수 있다. 해방의 결과는 기껏해야 명목상의 권리나 금전적 이익을 얻는 데 그칠 뿐이다. 1863년 미국에서 노예 해방 선언이 발표되고 1865년 비준된 수정 헌법 13조에 의해 노예 제도가 공식적으로 폐지된 후에도 흑인들은 여전히 백인과 동등한 인간으로 대우받지 못했다. 노예로서는 해방되었지만, 인간으로서 해방되지는 않은 것이다. 인간으로서의 흑인의 권리는 미국에서 여전히 제기되는 문제이다. 19세기 노동자들의 해방 운동은 노동조합 활동의 합법화 등의 가시적인 성과를 만들었다. 하지만 노동자들이 노동 착취로부터 해방된 인간이 되었다고는 아직 말하기 어렵다. 정규직 노동자들의 상황은 많이 나아졌지만, 비정규직 노동자들, 프레카리아트는 여전히 인간의 대우를 받지 못하고 착취된다. 1995년 중국 베이징에서 열린 제4차 세계여성대회는 "인간의 권리는 여성의 권리이고 여성의 권리는 인간의 권리이다"라고 천명했다. "여성은 인간이다"라는 당연한 말이 UN이 주최한 공식적인 세계 회의에서 천명되어야 할 정도로 여성은 인간으로 대우받지 못한 채 살아왔다.

타자를 인간이란 보편성 안에서 이해하거나 공감하지 못한 채 자신의 해방을 외치는 것은 타자에 대한 공격과 학살로 이어진다. 히틀러를 보라. 그가 주장한 것은 아리안족의 해방이었다. '일베'를 중심으로 모인 남성 운동가들은 남성 해방을 주장한다. 이들의 공통점은 자신들이 가진 문제의 원인을 타자에게서 찾는다는 것이다. 그렇기에 자신들은 고통받는 피해자이고 절대적 선이 될 수 있다. 이 생각을 합리화하기 위해 수많은 '팩트'들이 동원된다. 인간애라는 보편적 동료애 없이 전개되는 모든 해방의 논리는 사실상 억압과 학살을 정당화하는 편리한 핑곗거리를 만들 뿐이다. 인간에 대한 공감애 없이 작동하는 도구적 이성은 항상 최악의 결과를 만든다. 왜냐하면, 도구적 이성reason은 오직 타인을 공격하고 파괴하기 위한 정교한 이유들reasons을 만들기 때문이다. 남혐 vs 여혐의 대립 구도 속에서 진행되는 논쟁은 타자를 제거할 이유를 만들기 위한 도구적 이성의 활동 무대이다. 공감애라는 보편적 감성을 기반으로 하지 않고 작동하는 이성은 도구적 이성이 될 가능성이 크다. 도구적 이성만을 앞세울 때 인간은 가장 폭력적이 되고 타자에 대한 절대적인 거부 태도를 유지한다. 흔히 인간은 이성적 동물이라고 하지만 보편적 감성을 갖추지 못한 이성은 역설적으로 인간을 가장 비인간적으로 만든다. 보편적 감성을 가진 성찰 능력으로서의 이성, 이것이 바로 인간의 마음이다. 인간의 마음에 대한 믿음이 없다면 연대는 불가능하다. 연대가 없다면 사회를 변화하고자 하는 운동도 불가능하다.

결론

성 담론과 미디어

성은 물리적 실체로 존재한다. 남성과 여성의 생식기, 호르몬의 영향으로 2차 성징을 통해 나타나는 신체적 특성 등은 부정할 수 없이 존재하는 물리적 실체이다. 하지만 성 정체성은 이 물리적 실체로부터 곧장 추출되는 것이 아니라 이 물리적 실체를 인식하고 해석하는 작업을 통해 구성된다. 그런 점에서 극단적으로 말하자면 눈에 보이는 부정할 수 없는 생식기조차도 그 자체로 온전히 자연적이고 생물적인 것은 아니다. 사람이 인식하고 해석하지 않은 순수한 상태의 생식기는 적어도 우리 눈에는 보이지 않기 때문이다. 우리가 생식기를 보는 순간 그것은 여러 가지 단어로 불리게 되고 각 단어는 역사적, 사회적, 문화적으로 구성되어 온 각자의 의미를 생식기에 부여한다. 우리는 역사적, 사회적, 문화적 의미를 통하지 않고서는 생식기를 인지할 수 없다.

그렇기에 성 정체성이란 사회적 정체성이다. 그것은 기본적으로 내가 어떤 집단에 속한다는 것을 느끼는 감정과 의식의 총체이다. 내가 남성이나 여성이라고 생각하는 것은 남성이나 여성 집단에 속한다는 것을 받아들인다는 의미이다. 나는 자신을 남성이나 여성 집단의 일원으로 인식하고 해당 집단의 규범을 받아들이면서 그 집단과 정서적으로 강한 유대감을 형성하며 남성이나 여성 일반과 나를 동일시한다. 이렇게 형성된 성 정체성, 젠더 의식에 따라 남성이나 여성은 자신이 속한다고 생각하는 젠더 집단에 부여된 사회적 역할을 수행하고 주어진 규범에 순응하면서 다른 사람들도 고정된 젠더 집단에 속하는 것으로 범주화하고 젠더에 대한 사회적 규범과 고정관념에 따라 자신의 행동과 타인의 행동을 평가한다.

이처럼 사회에서 남성이나 여성으로 행동하는 것은 젠더에 대한 사회적 규범에 따르는 일이기 때문에 사람은 남성이나 여성으로 태어나는 것이 아니라 젠더에 대한 사회적 규범을 받아들이면서 남성이나 여성으로 구성된다고 할 수 있다. 즉, 젠더 정체성을 형성하는 과정에서는 내가 어떤 생식기를 갖고 있느냐가 중요한 것이 아니라 내가 어떤 생식기를 갖고 있다고 인식하느냐가 더 중요한 것이다. 생식기의 기능이 아니라 생식기에 부여된 의미가 젠더 정체성을 형성하는 데 더 중요하게 작용한다. 유전자나 호르몬과 같은 생물학적 요인들이 남성과 여성의 태도와 행동에 어떤 영향을 미치는지와는 별개로 남성과 여성의 태도와 행동에 대한 사회적 의미가 부여된다. 이 사회적 의미는 원래부터 남성과 여성의 속성이었던 것처럼 이해된다. 사회화 혹은 문화화라고 할 수 있는 일련의 과정은 사람들이 이와 같은 사회적 의미를 습득하는 과정이다. 우리는 아버지와 어머니의 말과 행동을 듣고 보면서, 교사나 어른들의 가르침을 받으면서 미디어 콘텐츠를 소비하면서 젠더에 부여된 사회적 의미를 자연스럽게 습득하고 태도와 행동을 통제하는 규범을 수용한다.

젠더 정체성이나 섹슈얼리티의 형성 및 유지와 관련해 미디어는 중요한 역할을 한다. 일반적으로 미디어는 현실을 특정한 방식으로 재현한다고 간주된다. 대상을 재현representation한다는 것은 글자 그대로 대상을 다시 보여준다re+present는 의미이다. 대상 자체를 그대로 보여주는 것이 아니라 특정한 언어를 이용해 대상을 다시 묘사한다는 점에서 재현은 특정한 관점에서 대상을 재구성해서 특정한 의미를 부여하는 작업이라고 할 수 있다. 홀Stuart Hall에 따르면, 재현은 "다른 사람들에게 세계에 대해 의미 있는 어떤 것을 말하기 위해 언어를 사용하는 것"이다Hall, 1997, 15. 여기에서 언어는 의미를 담아 전달할 수 있는 기호로서 말, 문자, 영상 등을 포함한다. 언어를 통해 대상을 재현하는 것은 언어를 통해 대상에 대한 의미를 만들어내고 전달하는 것이다. 언어라는 것이 한 사회의 구성원들이 공유하는 문화적 산물이라는 점에서 재현은 같은 언어를 사용하는 사람들이 세계에 대한 생각과 의미를 공유하는 작업이다.

홀에 따르면, 언어를 통한 대상의 재현은 크게 세 가지 관점에서 이해될 수 있다. 첫 번째, 반영적reflective 관점이 있다. 이것은 언어가 마치 거울처럼 대상을 반영한다는 생각에 기반을 둔다. 대상의 의미는 이미 대상 안에 들어있고 언어는 단지 대상의 의미를 그대로 비춰 보여줄 뿐이라는 것이 이 생각의 요지이다. 영상, 특히 사진영상은 거울이 대상을 반영하듯이 대상의 모습을 그대로 보여주는 것처럼 이해될 수 있기에 영상에 의한 재현은 대상의 충실한 반영으로 이해될 수 있다. 두 번째, 의도적intentional 관점이 있다. 언어의 사용자는 자신만이 가진 특별한 의미를 대상에 부여하는 방식으로 대상을 재현할 수 있다. 즉, 언어 사용자의 의도에 의해 대상의 의미가 결정되는 것이다. 세 번째, 구성주의적constructionist 관점이 있다. 이 관점에 따르면, 대상의 의미는 대상 자체나 언어 사용자의 의도가 아니라 사회의 재현 체계에 의해 구성된다. 다시 말해, 대상의 의미는 사회문화적으로 구성된다. 언어 자체가 사회문화적으로 만들어진 것이고 사회 구성원들에 의해 공유되는 상징체계라는 점에서 언어를 통한 재현은 사회문화적 의미의 구성 행위이다. 홀은 이 세 가지 관점 중에서 구성주의적 관점이 재현의 속성을 가장 잘 이해하고 있다고 주장한다Hall, 1997, 24-26.

기업 형태로 운영되는 매스미디어는 경제적 이윤을 추구하기 때문에 인간이 가진 기본적 욕망 중의 하나인 성욕을 적극적으로 이용한 콘텐츠들을 만들어내는 경향이 있다. 이 과정에서 매스미디어는 필연적으로 젠더와 섹슈얼리티를 재현한다. 매스미디어는 글과 영상을 통해 남성과 여성의 몸을 묘사하고 사랑을 재현한다. 인간의 신체를 이용한 다양한 종류의 커뮤니케이션 행위를 묘사하고 젠더의 규범적 태도와 행동을 재현한다. 다양한 콘텐츠를 통해 매스미디어는 젠더와 섹슈얼리티에 대해 기계적인 단순한 모사나 반영이 아니라 특정한 방식의 재현을 한다. 젠더와 섹슈얼리티에 대한 미디어의 재현은 젠더와 섹슈얼리티에 대한 사회적 규범을 만들어내고 기존 규범을 확대 재생산해 내거나 때로는 변화시키기도 한다. 이와 같은 미디어의 재현 콘텐츠를 소비하면서 우리는 남성과 여성이 어떤 방식으로 생각하고 행동해야 하는지를 자연스럽게 배운다.

사진, 영화, 텔레비전, 비디오 등 영상 미디어 기술의 발달을 기반으로 영상 문명의 사회가 도래한 상황에서 '본다'는 행위가 매우 중요해졌다. 본다는 행위는 기본적으로 보는 자와 보이는 자 사이에 응시의 권력 관계를 만들어낸다. 본다는 행위는 단순히 시각적으로 주위 환경을 지각하는 행위를 넘어서서 보이는 대상을 관찰하고 분석함으로써 대상에 의미를 부여하고 그 의미를 통해 대상을 감시하고 통제하는 행위이다. 이때 본다는 행위는 수동적 시지각의 행위가 아니라 대상에 대한 권력을 행사하는 응시의 행위이다. 오직 권력을 가진 자만이 대상을 응시할 수 있다. 시각을 매개로 맺어지는 부모와 자식의 관계, 교사와 학생의 관계, 간수와 죄수의 관계, 교통경찰관과 자동차 운전자의 관계 등은 응시의 권력이 어떻게 작동하는지를 잘 보여준다.

영상 문명의 사회에서 매스미디어는 응시의 권력이 행사되는 매개체가 된다. 특히 인간의 성욕을 자극하기 위해 매스미디어는 신체를 대상으로 한 영상 콘텐츠를 제공한다. 인간의 신체는 섹슈얼리티와 결합하는 방식으로 매스미디어에 의해 영상으로 재현된다. 매스미디어에 의해 영상화되는 신체는 모든 신체가 아니라 특정한 범주의 신체이다. 젊은 여성의 몸, 젊은 남성의 몸이 가장 자주 대상화되는 신체이다. 응시의 대상이 된 신체들은 파편적으로 재현되면서 성적 의미를 부여받은 기호로 전환된다. 신체가 기호로 기능하게 됨에 따라, "의미와 가치들이 유동적인 시대에, 육체는 겨우 한 장의 스크린만큼의 두께를 갖는다. 그 위로 일시적인 장식들로 쉼 없이 갱신되는 픽션이 투사된다"Le Breton, 1990, 174. 기호화된 남성과 여성의 몸은 젠더에 대한 사회적 규범을 가시화하는 역할을 한다. 바람직한 남성의 몸, 바람직한 여성의 몸이 재현된다. 가부장적 사회에서 응시의 권력을 남성이 독점하는 상황이기에 바람직한 남성의 몸과 바람직한 여성의 몸은 남성이 보기에 바람직한 몸이다. 이런 이유로 매스미디어에서 가장 자주, 가장 많이 대상화되고 성적으로 소비되는 몸은 젊은 여성의 몸이다.

남성적 응시의 중심에는 관음증과 물신주의적 응시fetish gaze가 있다. 자신은 노출되지 않으면서 남을 몰래 보는 즐거움을 제공하는 관음증적 응시는 대상에 대한 감시와 통제의 권력을 보여준다. 물신주의적 응시는 신체의 특정 부분을 중점적으로 바라봄으로써 성적 의미를 부여한다. 여성의 신체 일부분을 클로즈업으로 촬영함으로써 파편화하는 것이 물신주의적 응시가 구현되는 대표적 방법이다. 매스미디어에서 여성의 신체는 일반적으로 파편화되어 재현된다. 눈, 입술, 다리, 머리카락, 목덜미, 엉덩이, 골반 등의 부위가 파편화되어 재현되는 경우가 많다. 이것은 여성의 신체가 가진 성적 의미를 강조하는 장치이다. 남성의 신체는 그처럼 파편화되어 재현되는 경우가 상대적으로 적으며 그렇게 재현되는 경우에도 여성의 시선을 위해서가 아니라 남성의 응시를 위한 경우가 많다. 매스미디어가 재현하는 남성의 신체는 남성의 동성애적 욕망을 자극하거나 동성사회적 인정을 얻기 위한 수단으로 사용되는 경우가 많은 것이다. 남성들은 매스미디어에 등장하는 근육질의 우람한 스포츠선수와 유명인의 몸을 동경하면서 육체적 힘을 과시하는 근육질의 몸을 만들어 자신의 남성성을 드러내고자 노력한다. 근육질의 몸을 만드는데 과도하게 몰입하는 남성의 경우에는 스테로이드 등의 약물 복용 문제를 경험하기도 한다McCreary, Saucier, & Courtenay, 2005; Daniel & Bridges, 2010. 이와 같은 남성의 강한 몸 만들기는 힘을 통해 상대를 압도하고자 하는 욕망의 결과라는 점에서 다른 남성의 시선을 의식한 행위이다.

매스미디어가 재현하는 바람직한 신체의 이미지가 대중적으로 소비됨에 따라 그 이미지에 맞춰 자신의 몸을 가꾸려는 사람들이 증가한다. 신자유주의 체제에서 자기계발을 통해 자신의 인간 자본을 축적하고 증가시키는 것이 중요해짐에 따라 에로틱 자본의 증가를 위해 신체에 투자하는 사람들이 늘어난다. 그들은 매스미디어가 재현하는 바람직한 신체의 이미지에 근접하는 몸을 만들고자 노력한다. 여성의 경우, 남성의 응시를 위해 성애화된 여성의 몸이 바람직한 신체로 인식되기에 매스미디어에 의해 재현되는 신체의 영상을 소비하는 여성은 이상적인 것으로 제시된 여성의 신체 이미지에 자신의 몸을 맞추고자 한다. 바람직한 신체가 남성의 응시에 의해 대상화된 신체라는 점에서 여성의 몸 가꾸기는 주체적 역량의 강화로 이어지기보다는 남성의 성적 흥분과 만족을 위한 신체의 도구화로 이어진다. 실제로 남성의 몸 가꾸기가 대부분 근육을 길러 육체적 힘을 증가시킴으로써 타인에 대한 경쟁력과 지배력을 유지, 강화하는 방식으로 실행되는 반면에, 여성의 몸 가꾸기는 과도한 다이어트나 성형, 화장 등을 통해 신체적 능력을 잃어버리고 건강을 해침으로써 장기적으로 주체적 삶을 어렵게 하는 방식으로 진행되는 경우가 많다. 여성차별주의에서 벗어나고 여성의 주체적 삶의 역량을 키우는 운동의 하나로 '탈코르셋 운동'이 조직되는 이유가 바로 여기에 있다. 남성의 응시 권력을 통해 여성에게 강요되는 바람직한 여성 신체의 이미지를 거부하고 폐기하고자 하는 것이 탈코르셋 운동의 핵심 생각이다. 몸 가꾸기 자체를 포기하거나 거부하는 것이 아니라 주체적 생활을 할 수 있는 건강한 몸을 가꾸는 것이 핵심이다. 여성의 건강한 몸 가꾸기를 통한 임파워먼트 운동인 것이다.

젠더와 섹슈얼리티를 재현하는 매스미디어의 콘텐츠를 비판과 성찰 없이 단순히 소비하는 것은 자신을 충실한 소비자이자 정신적 노예로 만드는 것과 같다. 매스미디어의 콘텐츠는 인간의 욕망을 노골적으로 자극하는 방식으로 구성되어 있기에 그것을 비판적인 거리를 두고 소비하는 것은 쉬운 일이 아니다. 여기에서 중요한 것이 바로 자기에 대한 성찰이다. 우리는 현실에 대해 분석하고 미디어 콘텐츠에 대해 탐구하기보다는 먼저 현실과 미디어를 앞에 둔 자기 자신에 대해 성찰해야 한다. 현실을 만들어가는 것도 나이고 미디어를 통해 현실을 보는 것도 나이기 때문이다. 자신에 대한 성찰이 없다면 현실은 알 수 없는 무서운 덫이 될 것이고 미디어는 헤어나기 힘든 마법의 구렁텅이가 될 것이다. 남자, 여자, 학생, 교사, 아시아인, 백인, 흑인, 한국인, 일본인, 프랑스인, 이성애자, 동성애자 등, 우리가 서 있는 위치를 알려주는 수많은 표지들이 있다. 그런 표지들이 무엇이고 어떤 방식으로 구성되는지를 잘 살펴봐야 한다. 그리고 그것들이 내가 세상을 보고 미디어를 이해하는 방식에 어떻게 영향을 미치는지에 대해 생각해 봐야 한다. 그것이 자기성찰이다. 자기성찰은 젠더와 섹슈얼리티를 재현하는 영상 앞에서 무조건적 증오나 탐닉에 빠지는 것을 막아줄 수 있다. 자기성찰은 우리를 압도하는 미디어의 힘 앞에서도 온전한 나의 정체성을 만들어가는 좋은 방법이 될 것이다.

참고문헌

찾아보기

강성률. (2012). 1950년대 후반 한국영화 속 도시의 문화적 풍경과 젠더. <도시연구>, 7, 145-170.

김경미. (2004). 일반논문 : 음사소설(淫詞小說)의 수용과 19세기 한문소설의 변화 : 『금병매』를 중심으로. <고전문학연구>, 25, 331-360.

김경미. (2008a). 젠더 위반에 대한 조선사회의 새로운 상상-『방한림전』. <한국고전연구>, 17, 189-216.

김경미. (2008b). 조선후기 성 담론과 한문소설에 재현된 섹슈얼리티. <한국한문학연구>, 42, 127-153.

김영미 (2017). 노동시장 피해자 경쟁과 여성혐오. <황해문화>, 97, 36-51.

김윤아 (2010). 구원과 응징, 새로운 아버지의 등장. <씨네포럼>, 11, 5-36.

김종원, 정중헌 (2005). 『우리 영화 100년』. 현암사.

김지영 (2012). '연애'란 무엇이었는가. <새국어생활>, 22(2), 127-135

김효진 (2013). 한국 동인문화와 야오이. <만화애니메이션 연구>, 30, 263-291

김훈순, 김민정 (2004). 팬픽의 생산과 소비를 통해 본 소녀들의 성 환타지와 정치적 함의. <한국언론학보>, 48(3), 330-353

민관동.(2018). 中國禁書小說의 目錄分析과 국내 수용. <중국소설논총>, 56(1), 281-310.

박진형. (2001). 대체된 포르노그라피 : 1990년대 후반 한국 에로 영화의 양상. <영상예술연구>, 1, 187-206.

박혜영. (2019). 생태위기와 에코페미니즘의 '젠더'론 — 젠더의 저항성 회복을 위한 모색. <인문논총>, 76(4), 325-356.

송진영. (2005). 명청소설에 묘사된 성적 소수자에 관한 시론 : 남성동성애(男性同性愛)를 중심으로. <중국어문학지>, 17, 393-424.

신유한 (2008). 『대마도에서 도쿄까지. 조선 선비의 일본견문록-해유록』. 강혜선 옮김. 서울: 이마고.

신지연. (2006). 1920~30년대 "동성(연)애" 관련 기사의 수사적 맥락. <민족문화연구>, 45, 265-292.

심혜경. (2018). 1960년대 문화영화와 젠더, 그리고 가족-국가. <현대영화연구>, 31, 69-105.

연동원 (2006). 『포르노 영화 역사를 만나다』. 연경미디어

윤일권 (2009). 고대 그리스 사회와 신화 속의 동성애. <유럽사회문화>, 3, 5-27.

이나영 외 (2013). 『다시 보는 미디어와 젠더』. 이화출판

이대범, 정수완 (2017). 1960년대 '개발동원체제' 균열의 봉합체로서 『팔도강산』. <현대영화연구>, 27, 245-280.

이미영. (2016). 도시희극 속 '정숙한 창녀' 읽기. <중세르네상스영문학>, 24(1), 167-98.

이상록 (2018). 1980년대 중산층 담론과 호모 에코노미쿠스의 확산. <사학연구>. 130, 275-334

이현진 (2014). 1980년대 성애영화 재평가를 위한 소고(小考). <현대영화연구>, 10(2), 93- 126.

임은희. (2010). 탈주하는 성, 한국 현대소설 : 1910~20년대 소설의 동성애적 모티프에 나타난 탈식민주의적 연구. <한국문학이론과 비평>, 47, 231-257.

전원근. (2015). 1980년대 『선데이서울』에 나타난 동성애 담론과 남성 동성애자들의 경험. <젠더와 문화>, 8(2), 139-170.

전지니. (2014). 체화 불/가능한 양풍과 불/건전한 자유연애: 해방기와 50년대 전후 코미디극의 겹쳐 읽기. <한국극예술연구>, 43, 133-166.

정귀훈. (2012). 포르노그래피적 응시와 여성의 욕망: 마샤 노먼의 『출옥』. <현대영어영문학>, 56(3), 147-169.

정상모 (2009). 유전자와 문화. <철학논총>, 56, 107-127

정영권. (2018). 리얼리즘에서 소비주의로 : 한국과 영국 뉴 웨이브 영화의 사회문화사. <현대영화연구>, 32(0), 177-212.

조영미. (2018). 근대 초기 드라마의 프랑스 병 전용 연구: 『정숙한 창녀』를 중심으로. <영미문학연구>, 35, 83-114.

조진희 (2008). 여공, 스크린 재현의 정치학. <영화연구>, 35, 77-104.
주은우 (2018). 한국 재난영화의 탄생과 국가적 트라우마의 반복. <사회와 이론>, 33, 45-106.
주형일 (2016). 그레마스 기호학을 이용한 서사 분석의 문제: <겨울왕국>을 중심으로. <한국언론정보학보>, 76, 7-30.
주형일 (2020). <겨울왕국2>에 나타난 젠더 재현의 문제: <겨울왕국>과의 서사구조 비교를 중심으로. <한국언론정보학보>, 101, 440-464.
주형일 (2020). 『영상미디어와 사회』. 한울 아카데미.
최세림, 방형준 (2018). 『생애주기에 따른 성별 임금격차 : 결혼과 출산의 영향을 중심으로』. 한국노동연구원.
최영준 외 (2008). 『한국영화산업 투자환경 및 자본조달구조: 금융자본 유입 이후를 중심으로. 영화진흥위원회 연구보고서 2007-4』, 커뮤니케이션북스.
최윤주 (2016). 『閩都別記』에 나타난 同性爱 故事 类型 小考. <중국소설논총>, 50, 129-158.
최재천 (2003). 『여성시대에는 남자도 화장을 한다』. 궁리.
한영현. (2019). 세속의 성녀들 : 1970년대 한국영화에 재현된 젠더 표상. <현대영화연구>, 37, 195-217.
황슬하, 강진숙 (2014). 온라인 여성 호명 담론에 대한 질적 연구. <한국방송학보>, 28(4), 356-388.
Bagemihl, B. (1999). *Biological Exuberance : Animal Homosexuality and Natural Diversity*. New York: St. Martin's Press.
Bailey, B. L. (1993). *From Front Porch to Back Seat: Courtship in Twentieth-Century America*. 백준걸 옮김 (2015). 『데이트의 탄생』. 앨피.
Bauer, J. (2006). *Prinzip Menschlichkeit*. 이미옥 옮김 (2007). 『인간을 인간이게 하는 원칙』. 에코리브르.
Bauer, J. (2008). *Das Kooperative Gen*. 이미옥 옮김 (2010). 『협력하는 유전자』. 생각의 나무.

Beauvoir, S. (1949). *Le deuxième sexe, t. II (L'expérience vécue)*. Paris: Gallimard.

Berger, J. (1972). *Ways of Seeing*. London: BBC and Penguin.

Bourdieu, P. (1979). *La Distinction. Critique sociale du jugement*. 하종철 옮김 (2005). 『구별짓기: 문화와 취향의 사회학』. 새물결.

Broca, P. (1861). Sur le volume et la forme du cerveau suivant les individus et suivant les races, *Bulletin de la Société d'anthropologie de Paris,*2, 139-204, 283-322.

Buss, D.(1994), *The evolution of desire: Strategies of human mating*. New York: Basic Books.

Butler, J. (1988). Performative Acts and Gender Constitution: An Essay in Phenomenology and Feminist *Theory. Theatre Journal*, 40(4), 519-531.

Coulon, A. (2007). *La photographie en France(1) : De Niépce aux frères Lumière*, SCÉRÉN-CNDP.

Coyne, S. M., Linder, J. R., Rasmussen, E. E., Nelson, D. A. & Birkbeck, V. (2016). Pretty as a Princess: Longitudinal Effects of Engagement with Disney Princesses on Gender Stereotypes, Body Esteem, and Prosocial Behavior in Children. *Child Development*, 87, 1909-1925.

Daniel, S., & Bridges, S. K. (2010). The drive for muscularity in men: Media influences and objectification theory. *Body Image*, 7(1), 32-38.

Dawkins, R. (2016). *The Selfish Gene: 40th Anniversary Edition*. 홍영남, 이상임 옮김 (2019). 『이기적 유전자』. 을유문화사

Dekker, Th. (1955). The Honest Whore, Part 2. in Bowers, F. (Ed.). *The Dramatic Works of Thomas Dekker*. Cambridge: Cambridge UP. 136-227.

Dekker, Th. & Middleton, Th. (1955). The Honest Whore, Part 1. in Bowers, F. (Ed.). *The Dramatic Works of Thomas Dekker*. Cambridge: Cambridge UP. 20-130.

Dundes, L., Streiff, M. & Streiff, Z. (2018). Storm Power, an Icy Tower and Elsa's Bower: The Winds of Change in Disney's Frozen. *Social Sciences*,

7(6), 86.

Dworkin, A. (1981). *Pornography: Men Possessing Women*. London: Penguin Books.

Engels, F. (1902). *The Origin of the Family, Private Property and the State*. Untermann, E. (trans.). Chicago: Charles H. Kerr & Co.

Foucault, M. (1976). *Histoire de la sexualité tme I: La vonté de savoir*. 이규현 옮김 (1997). 『성의 역사 제1권. 앎의 의지』. 서울: 나남.

Foucault, M. (2001). Le sujet et le pouvoir. in *Dits et écrits II, 1976-1988*, Paris: Gallimard. 1041-1062.

Foucault, M. (2004a). *Sécurité, territorie, population: Cours au collége de france, 1977-1978*. Paris: Gallimard. 오트르망 옮김 (2011). 『안전, 영토, 인구. 콜레주드프랑스 강의 1977-78년』. 난장.

Foucault, M. (2004b). *Naissance de la biopolitique: Cours au collége de france, 1978-1979*. Paris: Gallimard. 오트르망 옮김 (2012). 『생명관리정치의 탄생. 콜레주드프랑스 강의 1978~79년』. 난장.

Franke, P. (2012). Before scientia sexualis in Islamic culture: 'ilm al-bāh between erotology, medicine and pornography. *Social Identities*, 18(2), 161-173.

Garlen, J. C. & Sandlin, J. A. (2017). Happily (N)ever After: The Cruel Optimism of Disney's Romantic Ideal. *Feminist Media Studies*, 17, 957-971.

Gazda, C. (2015). The (de)Evolution of the Disney Princess, *Dissenting Voices*, 4(1), 29-46.

Gerhard, J. (2001). *Desiring Revolution: Second-Wave Feminism and the Rewriting of Twentieth-Century American Sexual Thought*. New York: Columbia University Press.

Hakim, C. (2010). Erotic capital. *European Sociological Review*. 26 (5): 499-518.

Hall, S. (1997, ed.). *Representation: cultural representations and signifying practices*.

London: Sage

Hines, M. & Alexander, G. M. (2008). Monkeys, girls, boys and toys: A confirmation. *Hormones and Behavior.* 54 (3): 478-479.

Hunt, L. (1993). *The Invention of Pornography: Obscenity and the Origins of Modernity, 1500-1800.* 조한욱 옮김. 『포르노그라피의 발명 외설성과 현대성의 기원, 1500-1800』. 책세상.

Iemmola, F. & Camperio Ciani, A. (2008). New Evidence of Genetic Factors Influencing Sexual Orientation in Men: Female Fecundity Increase in the Maternal Line. *Archives of sexual behavior*, 38, 393-399.

Illouz, E. (2011). *Warum Liebe weh tut.* 김희상 옮김 (2013). 『사랑은 왜 아픈가 : 사랑의 사회학』. 돌베개.

Kellner, D. (2016). Social apocalypse in contemporary Hollywood film. *MATRIZes*, 10(1), 13-28.

Koedt, A. (1970). *The myth of the vaginal orgasm.* Somerville: New England Free Press.

Kropotkin, P. A. (1902). *Mutual Aid: A Factor of Evolution.* 김영범 옮김 (2005). 『만물은 서로 돕는다: 크로포트킨의 상호부조론』. 르네상스.

Le Bon, G. (1895). *Lois psychologiques de l'évolution des peuples.* Paris: Félix Alcan.

Le Breton, D. (1990). *Anthropologie du corps et modernité.* Quadridge/PUF. Paris.

Levinson, R. M. (1975). From Olive Oyl to Sweet Polly Purebred: Sex role stereotypes and televised cartoons. *Journal of Popular Culture*, 9, 561-572.

Lewontin, R. C., Rose, S., and Kamin, L. J. (1988). *Not In Our Genes: Biology, Ideology, and Human Nature.* New York: Penguin Books. 이상원 옮김 (1993). 『우리 유전자 안에 없다: 생물학, 이념, 인간의 본성』. 한울아카데미.

Licht, H. (1993). *Sexual life in ancient Greece.* 정성호 옮김 (2003). 『그리스 성풍속사 II』. 산수야.

Lorber, J. (2012). *Gender inequality: Feminist theories and politics.* New York: Oxford University Press. Chicago.

Macaluso, M. (2016). The Postfeminist Princess: Public Discourse and Disney's Curricular Guide to Feminism. in Sandlin, J. A. & Garlen, J. C. (eds.). *Disney, Culture, and Curriculum*(pp. 73-86). New York: Routledge.

Macfarlane, A. (1986). Love and Capitalism. *Cambridge Anthropology,* 11(2), 22-39.

McCreary, D. R., Saucier, D. M., & Courtenay, W. H. (2005). The Drive for Muscularity and Masculinity: Testing the Associations Among Gender-Role Traits, Behaviors, Attitudes, and Conflict. *Psychology of Men & Masculinity*, 6(2), 83-94.

McGhee, P. E. & Frueh, T. (1980). Television viewing and the learning of sex-role stereotypes. Sex Roles, 6(2), 179-188.

Mulvey, L. (1975). Visual Pleasure and Narrative Cinema. *Screen*, 16(3), 6-18.

Mulvey, L. (1975). Visual Pleasure and Narrative Cinema. *Screen*, 16(3), 6-18.

Ng, V. (1987). Ideology and Sexuality: Rape Laws in Qing China. *The Journal of Asian Studies*, 46(1), 57-70.

Norberg, K. (1993). The Libertine Whore: Prostitution in French Pornography from Margot to Juliette, in Hunt, L. (1993). *The Invention of Pornography: Obscenity and the Origins of Modernity, 1500–1800.* New York: Zone Books. 225-255.

Paris, G. (1883). Études sur les romans de la Table Ronde: Lancelot du Lac. II: Le conte de la charrette, *Romania*, 12, 459-534.

Paula Sanfelice, P. (2018). Homoeroticism and performances: representations of bodies and human relationships in ancient Rome in paintings of Pompeii. *Heródoto*, 2(2), 332-364.

Penley, C. (1992). Feminism, psychoanalysis, and the study of popular culture, in L Grossberg, CNelson, & P Treichler (eds.), *Cultural studies.* New York: Routledge.

Ridley, M. (1996). *The Origins of Virtue: Human Instincts and the Evolution of Cooperation.* 신좌섭 옮김 (2001). 『이타적 유전자』. 사이언스북스.

Salmon, C. (2004). The Pornography Debate: What Sex Differences in Erotica Can Tell About Human Sexuality. In C. Crawford & C. Salmon (Eds.), *Evolutionary psychology, public policy and personal decisions.* Lawrence Erlbaum Associates Publishers. 217-230.

Schneider, R. (1997). *The Explicit Body in Performance.* New York: Routledge.

Sober, E. & Wilson, D. S. (1998), Unto Others: The Evolution and Psychology of Unselfish Behavior. 설선혜, 김민우 옮김 (2013). 『타인에게로: 이타 행동의 진화와 심리학』. 서울대학교출판문화원.

Sober, E. (2000), *Philosophy of Biology*, 2nd, Westview Press.

Sternglanz, S. H. & Serbin, L. A. (1974). Sex role stereotyping in children's television programs. *Developmental Psychology*, 10, 710-715.

Stone, L. (1989). Passionate attachments in the West in historical perspective. in W. Gaylin & E. Person (Eds.), *Passionate attachments: Thinking about love.* New York, NY: Touchstone. 15-26.

Stover, C. (2013). Damsels and Heroines: The Conundrum of the Post-Feminist Disney Princess. *LUX: A Journal of Transdisciplinary Writing and Research from Claremont Graduate University*, 2(1), 1-10.

Streicher, H. W. (1974). The girls in the cartoons. *Journal of Communication*, 24(2), 125-129.

Symons, D. (1979). *The Evolution of Human Sexuality.* New York: Oxford University Press.

Tamagne, F. (2001). Mauvais Genre?: Une histoire des représentations de l'homosexualité. 이상빈 옮김 (2007).『동성애의 역사』. 이마고.

Wilde, S. (2014). Advertising in Repackaging the Disney Princess: A Postfeminist Reading of Modern Day Fairy Tales. *Journal of Promotional Communications*, 2(1), 132-153.

Williams, L. (2004). Porn Studies. London: Duke University Press.

Wilson, E. O. (1979). *On Human Nature*. 이한음 옮김 (2000). 『인간 본성에 대하여』. 사이언스북스.

Wilson, E. O. (1998). *Consilience-The Unity of Knowledge*. 최재천, 장대익 옮김 (2005). 『통섭 : 지식의 대통합』. 사이언스북스.

Wuketits, F. M. (1990). *Gene, Kultur und Moral. Soziobiologie – pro und kontra*. 김영철 옮김 (1999). 『사회생물학 논쟁』. 사이언스북스.

Wyngaard, A. S. (2015). *Bad Books: Rétif de la Bretonne, Sexuality, and Pornography*. University of Delaware Pres

찾아보기

ㅎ